KB201742

공간주권으로의 초대

이 도서의 국립중앙도서관 출판시도서목록(CIP)은 e-CIP홈페이지(http://www.nl.go.kr/ecip)와
국가자료공동목록시스템(http://www.nl.go.kr/kolisnet)에서 이용하실 수 있습니다.(CIP제어번호
: CIP2013002808)

공간주권
으로의
초대

—

New Perspectives on
Space Sovereignty

SSK 공간주권 연구팀 엮음 |
강현수·김현경·문재원·미류·박정수·
안숙영·오정진·유진상·전진성 지음

한울
아카데미

책을 펴내며

우리의 일상은 집, 거리, 일터, 공원, 광장 및 시장과 같은 다양한 공간에서 이루어진다. 우리는 공간이 없이는 살아갈 수 없으며 항상 일정한 공간을 필요로 한다. 이런 점에서 인간은 기본적으로 공간적 존재다. 공간은 모든 사람들의 공적 활동은 물론 개개인의 일상이 전개되는 삶의 터전인 것이다. 매일매일 접하는 바로 그 일상의 공간에 우리의 삶이 담겨 있다는 점에서, 인간과 공간의 관계에 대한 천착은 우리 삶의 현주소를 확인하는 동시에 우리 삶의 미래적 비전을 탐색하기 위한 방법으로서의 의미를 갖는다.

이처럼 우리가 일상의 공간성, 공간의 일상성으로 시선을 돌리면, 우리가 '텅 빈 환경'으로서의 어떤 '객관적 공간'에 서 있는 것이 아니라 사람과 사람이 서로 만나 북적대고 부대끼는 어떤 장소, 즉 어떤 관계적 공간에 위치해 있음을 깨닫게 된다. 왜냐하면 공간은 그 자체로 사회적 관계가 구성되고 재구성되는 '사회적 공간'으로서, 계층, 젠더, 섹슈얼리티, 인종, 연령, 장애와 같은 다양한 사회적 관계가 응축되어 나타나는 장이기 때문이다. 공간은 결코 중립적이지 않으며 정치적이고 이데올로기적이다. 그러므로 공간에 대한 사회과학적 연구는 물리적 공간에 대한 연구라기보다는, 사회 내의 권력과 억압 그리고 자원배분에 관심을 기울이는 동시에 이런 권력관계의 해부를 바탕으로 일정한 공간에서 작동하는 사회적 관계를 변화시키는 데 그 목적을 두는 연구다.

이처럼 공간의 프레임으로 한국사회를 분석한다 할 때, 우리는 공간이 사회적 강자의 관점에서 배치되고 작동됨으로써 공간에 대한 접근에 위계와 차별이 발생하고 소수자가 배제되고 있음을 알 수 있다. 또한 다분히 행정적 편의나 자본 및 정치적 권력관계에 토대를 두고 개발중심으로 구성됨으로써 삶의 질이나 지속가능성 등에 대한 고려가 제대로 이루어지지 않고 있음을 알 수 있다. '용산 참사'나 '두리반 싸움'이라 불리는 사건들에서 대표적으로 엿볼 수 있듯이 말이다.

이런 현실에서 이 책은 공간 개념을 주권 개념과 결합하여 '공간주권(Space Sovereignty)'이라는 새로운 의제를 제시함으로써, 「대한민국헌법」 제1조 1항에 모든 권력은 국민으로부터 나온다고 명기되어 있는 대한민국에서 국민 혹은 시민 스스로가 자신의 구체적인 삶이 전개되는 공간에 대해서도 주권자로서의 권력을 행사할 수 있어야 한다는 점을 새롭게 부각하고자 한다. '주권'이라는 표현을 사용함으로써 시민들 스스로가 공간을 구상하고 운영하는 데 최고의 권한을 갖고 책임감 있게 지속적으로 이를 수행해야 함을 널리 알리고자 한다. 한국사회에서 공간주권을 구현하기 위해서는 공간의 공공성·민주성·인간성·생태성을 지향하는 가운데 시민들이 민주적으로 공간을 구성하고 운영할 수 있어야 한다. 이를 바탕으로 향후 한국사회의 공간은 그저 물리적인 장소가 아니라 사회정의와 윤리를 실행하는 대안적인 삶의 정치가 배태되는 장으로 거듭날 것이다.

이러한 문제의식의 확산을 위해, SSK 공간주권 연구팀은 2011년 3월부터 2012년 3월까지 여러 차례에 걸쳐 '공간주권 포럼'을 개최함으로써 공간과 주권의 만남을 위한 장을 마련해왔다. 우리 자신이 공간을 구성할 수 있는 권리를 지닌 주권자라는 점을 이론화하고 공론화하기 위해서는 공간을 탐구하는 여러 학문 및 분야 간의 대화가 무엇보다 필수적이라는 문제의식에서다. 포럼은 문화인류학, 도시행정학, 법학, 건축학, 역사학, 국문학 등 다양한 학문에 종사하는 전문가뿐만 아니라, 공간문제에 대한 실천적 관심을 가지고 현장에서 활동하고 있는 활동가를 초대하여 대안적 공간정치의 가능성을 모색해왔고, 이 책은 바로 이 포럼의 결과물이다.

이 책을 엮은 SSK 공간주권 연구팀은 2010년 9월 교육과학기술부와 한국연구재단이 공동으로 추진한 '2010년 한국사회기반연구사업(Social Science Korea: SSK 사업)'에 선정된 이후로, 한국사회의 위기를 공간의 프레임으로 분석하면서 공간과 주권의 결합을 통해 공간주권을 구현하기 위한 방안을 찾고자 지난 2년 반에 걸쳐 다양한 이론적·실천적 노력을 기울여왔다. 이 책의 발간을 계기로 공간주권의 관점에서 한국사회를 재구성하기 위한 신선한 방안에 대한 논의가 더욱 활발해지기를 희망해본다.

이 책의 발간을 흔쾌히 맡아주신 도서출판 한울의 김종수 대표님, 기획과정에서 많은 조언을 주신 윤순현 기획실 과장님 그리고 꼼꼼하게 편집을 해주신 이원숙 선생님께 고마운 마음을 전하며, 공간에 대한 주권적 상상력을 발휘하고자 하는 모든 분들께 이 책을 바친다.

2013년 4월
SSK 공간주권 연구팀

차례

공간과 주권의 만남을 위하여

오정진 | 부산대학교 법학전문대학원 교수

1. 몸과 관계의 공간성

'공간'에 대한 이미지나 연상되는 것 — 외부와 차단된 장소, 나만의 것, 경계, 비어 있는 허공 등 — 은 저마다 다양하지만 모든 인간이 공간적 존재인 것만은 틀림없다. 공간은 사람의 공적 활동은 물론 일상적 삶의 터전이 되며, 어떤 공간에서 어떻게 있느냐에 따라 인간의 몸과 행위는 달라진다. 사람의 관계 역시 공간에 따라 영향을 받는다. '사이의 존재'인 인간(人間)은 공간에서 어떻게 자리하느냐에 따라 달라지는 상황적 존재인 까닭이다(해러웨이, 1991: 350~353).

그리하여 공간은 늘, 그저 물리적 장소만이 아니라 '사회적 힘의 산물'(발렌타인, 2009: 13)로서, 계층, 젠더, 섹슈얼리티, 인종, 연령, 장애와 같은 다양한 사회적 권력관계가 응축되어 나타나는 장(champ/field)이며, 그 자체로 '사회적 공간'이다(부르디외, 1997: 195, 200; Bourdieu, 1998: 32). 실로 공간이라는 프레임을 통해 보면 권력관계의 분포와 배치가 세밀한 부분까지 여실히 드러나곤 한다. 공간의 문제는 사회불평등, 사회정의, 인권의 문제와 맞물리지 않을 수 없기 때문이다(페인, 2008: 11~16).

실제로 예전이나 지금이나 대부분의 사회 문제는 공간을 둘러싸고 불거지고 있다. 2009년 1월의 용산 참사, 4대강 개발, 제주 강정마을 해군기지 건설 문제 등이 그 대표적인 사례이며, 이들 문제는 다만 공간을 어떻게 활용하느냐에 대한 의견 차이에서 비롯된 것이 아니라 그간의 공간 구성이나 운영 원리에 대한 가치관의 차이, 나아가 인간 존재와 세상살이에 대한 철학의 차이를 노정하고 있다.

2. 그간의 공간 구성/운영 원리와 그 문제점

1) 사유화

그간의 공간 구성에서 지속적으로 강화되어온 원리는 사유화이며, 그로 인한 문제로는 공간에 대한 독과점과 공통성의 말살을 들 수 있을 것이다. 공간의 사유화는 자본주의하에서 자연스러운 것으로 받아들여지고는 있지만 실은 자본주의가 일반적인 체제로 정착되기 이전부터 추진되었던 것이다. 즉, 로와 스미스(Low and Smith, 2006)에 따르면 공간에 깃들어 있는 문제 혹은 한계는 근세의 여러 '자유주의 사상'에 이미 집중적으로 표현되어 있었다.

자유주의자들은 봉건제의 멍에로부터 신흥부르주아를 해방시키는 한편, '공통의 대지'라는 유구한 전통을 희생시켜 사유재산의 원리를 보편성으로 일으켜 세워버린 것이다. 로크(John Locke)의 '이윤 창출을 위한 공간 사용은 자연권이다'라는 언명은 그 대표적인 정당화로서, 이후 영국의 '인클로저'는 농민 사회가 양성해온 '공유지 혹은 공통의 영역(the commons)'을 파괴하는 방식으로 그어졌다(이와사부로 코소, 2012: 82~83).

그리하여 지금 끝없이 이어지는 영국의 드넓은 목초지는 실제로는 전자 철조망으로 각각 구획되어 있으며, 양들은 그 엄격한 각자의 사유지, 경계 내에서 사육된다. 국경을 필두로, 임대아파트와 '일반' 아파트를 가르는 벽 등 공간을 분절하는 곳곳의 경계들은 물리적으로뿐만 아니라 심리적으로도 사람들을 분류하고 달리 취급한다. 회사의 통근버스에서 정규직과 비정규 직의 자리가 분리된 경우는 가히 인종 분리 버스의 현대 한국적 변형이라고 할 만하다(장귀연, 2011). 아울러 도서관과 아파트 현관 등의 전자인식시스템 의 확산에서 보듯 공간은 다분히 폐쇄적으로 운영되고 있다.

또한 그러한 폐쇄적·배타적 공간 소유는 비단 사적 공간에 그치지 않고 공동의 공간에 대한 독과점으로 연결되어 더욱 문제이다. 예컨대 공동의 것 인, 아니 누구의 것도 아닌 바다나 강, 산의 풍경마저 강가에 도열하듯 건설 되는, 해변에 병풍처럼 올려지는, 산허리에 세워지는 사유의 고층 건물들로 인해 독점적으로 사유화되고 있는 것이다(하용삼, 2012).

2) 위계적

근대는 가히 공간의 유동성을 발휘할 수 있는 힘이 높이 평가되는 시기이 다(바우만, 2005: 16~18). 그러나 휴일이면 공원에 쪼그려 앉아 있는 홍콩의 이주여성 가정부처럼 이동의 자유를 구가하고 있는 것은 자본에 한정될 뿐, 인간에 대한 전 지구적인 위계적 착취는 더욱 심각해진 탓에 많은 사람들의 삶은 공간적으로도 지극히 협소하고 불안정한 상황이다. 한국의 공간 역시 주로 사회적 강자의 관점에서 위계적으로 배치되고 작동됨으로써 시민의 동등한 공간 접근은 위태로운 실정이다.

'강남'이라는 말로 대변되는 부동산의 위력, 그에 대비되는 게토화된 임대아파트, 용산 참사 등 도시 정비와 재개발 과정에서 불거진 문제는 한국사회의 공간이 계층에 따라 불균등하게 구축되었음을 보여주는 증거이다. 타워팰리스에서 공공임대주택까지, 또 판자촌과 노숙인까지 주거 자체가 신분이 되는 가히 '주거 신분사회'(최민섭 외, 2010)라고 불릴 만하다.

한편 그동안 공적 공간은 남성의 것으로 보는 반면, 가족 등 사적 공간은 여성의 것으로 보는 젠더에 따른 이분법(Elshtain, 1981: 317~353), '여성적' 공간의 타자화(콜로미나, 2005: 12)에 대한 논의가 있었으며, 자유로운 공간으로 전제되는 '거리'도 기실 여성에게 종종 두려움의 공간으로 다가온다(발렌타인, 2009: 224~230). 또한 흔히 보는 지하철 풍경 — 다리를 벌린 채 앉아 있는 남성과 그 옆에 옹색하게 몸을 움츠리고 있는 여성 — 에서 알 수 있듯이, 한국사회의 공간은 젠더에 따라 달리 배치되어 성별에 따라 불균등한 영향이 미치고 있다.

그런가 하면 장애인, 어린이, 노약자와 같은 소수자는 공간의 주체적 이용이 어려운 상황이다. 장애인의 경우 시설 등의 동등한 접근권(「장애인·노인·임산부 등의 편의증진보장에 관한 법률」 제4조)과 이동권(「교통약자의 이동편의 증진법」 제3조)이 명시되어 있고 이동 등에서의 차별금지를 규정하고 있지만(「장애인차별금지 및 권리구제 등에 관한 법률」 제19조), 실제로는 여전히 이동에 제약을 받고 있으며 생활공간 자체가 관련 시설 내에 한정됨으로써 시설 밖에서 살 권리는 누리지 못하고 있다.

공간 운영은 종종 반인권적이기도 하다. 여고생이 임신했다고 본인의 의

사와 상관없이 퇴교시키거나, 의자가 비치되어 있지 않은 마트, 밥 먹을 공간조차 확보되지 않는 일용직 청소노동자의 상황, 저소득층 월세 연체가 증가하면서 임대주택에서 강제퇴거되는 일이 속출(김향미·남지원·이혜인, 2011)하는 등이 그 예이다.

3) 토건개발 중심

도시는 자연적인 현상이 아니라 특수한 역사적 조건과 정치적 상황의 산물이며 '생성된 것'이다(정기용, 1993: 217~218). 근현대의 도시는 자본주의와 떼어놓고 생각할 수 없으며, '산업화=도시화' 도식이 성립한다. 그러나 대자본가와 권력의 핵심층이 도시의 실제 권력을 장악하면서 절대 다수의 시민들은 주변으로 끝없이 내몰리는 소외현상이 발생한다. 특히 한국의 공간은 다분히 행정적 편의나 자본과 정치적 권력관계에 토대를 두고 개발 중심으로 구성됨으로써 삶의 질이나 생태적 지속가능성 등에 대한 고려는 제대로 이루어지지 않고 있다.

'아파트공화국'(줄레조, 2007: 83)이란 호칭에서 보듯, 한국의 공간은 도시와 농촌을 막론하고 옛것은 간단히 허물고 새로 짓는 토건적 개발정책으로 인해 생명력 없이 지어진 아파트로 가득 차 있다(경향신문 편집진, 2010).[1] 이처럼 아파트를 마구 지어 올리는 것은 건설사의 잇속 때문이며, 권력이 그에

---

[1] 2010년 〈Thomas Struth〉 사진전은 그러한 모습의 남한의 도시와 함께, 그에 대비되는 경주의 오래된 동네와 한옥, 아울러 맥락은 다르지만 비슷한 모습의 아파트가 건설되고 있는 평양과 비무장지대의 철조망을 보여준다. 2011년 6월 열린 〈유승하, 최호철의 '하하호호'〉전 역시 아파트 개발로 둘러싸였지만 정취 있는 골목길 등 달동네의 풍경을 만화로 보여준다.

유착되어 있기 때문이다. 이를 위해 아파트 건설과 분양 중심의 주택정책, 아파트 찬양 일색의 광고, 재개발 자체를 공익으로 간주하는 법령과 성찰 없이 그를 추수하는 공공기관의 해석 등이 유기적으로 기능하고 있음은 물론이다.

더욱 유감스러운 것은, 이윤을 추구하는 기업이 추진하는 것뿐만 아니라 심지어 공공기관이 국민이나 시민 일반의 세금으로 수행한 개발조차도 모든 사람에게 그 혜택이 돌아가기보다는 일부만 거기서 이익을 얻을 뿐 다른 많은 사람들에 대한 배려는 찾아보기 힘들다는 점이다. 예컨대 마천루가 가득한 말레이시아 쿠알라룸푸르의 경우 횡단보도가 거의 없어서, 자동차는 쌩쌩 달릴 수 있지만 사람들은 지독히 더운 날씨 속에서 길을 건너는 것조차 힘들다. 이처럼 전반적으로 공간 개발 시 도로교통이 최우선가치가 되어(두메루, 2010: 16) 보행로는 없거나 협소하며 사람이 도저히 살 수 없을 것 같은 집들을 지어놓고, 그런 집에도 결국은 누군가 들어가 살아야 되는 상황이다(김미월, 2010: 203). 용산 참사에서 보듯, 열악한 조건의 공간이나마 가진 것 없는 사람들이 다른 이들과 더불어 거주하면서 생업을 이어가던 집이나 가게가 재개발로 인해 여지없이 파괴되어 길거리로 내몰리는 상황을 맞고, 그에 저항하다 목숨까지 잃는 모습은 더욱 처참하다.

또한 한국의 경우 어디에나 시멘트를 들이붓는 방식의 개발에서 생태에 대한 고려는 찾아보기 힘들다. 공공공간에서조차 녹지는 날로 줄어들고 있으며, 대부분의 개발은 산을 여지없이 깎아내고 강과 바다를 메우는 방식으로 이루어진다. 4대강 개발사업에서 보듯, '4대강 보호'를 내세우지만 아무런 실질적 용도나 기여 없이, 절차상 위법한데도 일단 시작된 공사이기 때문에 계속 수행해야 한다는 법적 판단이 내려지기도 한다. 또 제주 강정마을 해군기지 건설에서 보듯, 국가사업이라는 이유로 자연보존지역을 간단히 해제해버리기도 한다.

4) 비민주성

안타까운 것은, 위와 같이 공간이 번번이 배타적이고 위계적으로 구성되고 운영되어 인간의 삶이나 생태계 전체에 여러 가지 문제를 낳는데도 공간 구성과 사용의 주체인 시민의 의견이나 권리는 민주적으로 반영되지 못하고 있다는 점이다. 개발과 재개발 관련 법규의 제·개정 및 관련 정책의 시행이 보통 사람들의 의견 수렴과 결정 과정의 참여를 통해서 이루어지기보다는 소수의 가진 자들의 관점에서 이루어지며, 심지어 해당 지역 주민의 찬성을 요건으로 하는 사안의 경우에도 정작 주민의 의견은 무시되거나 조작되는 경우를 드물지 않게 보게 된다.

일본 나리타공항 건설 과정 시의 투쟁에 대한 평가는 "그들의 이해도 협력도 구하지 않은 채 공항건설을 진행시키는 것은 주권이 국민에게 있다고 정한 헌법의 정신에 위배되는 것"(오제 아키라, 2012b: 222)이며, 저항하는 자가 "지키는 것은 민주주의"(오제 아키라, 2012a: 223)라고 했다. 이는 현재 한국 제주 강정마을에서 자행되고 있는, 주민 의사와 국민 비판의견을 무시한 비민주적 해군기지 건설공사에도 마찬가지로 적용된다.

5) 공/사 영역의 착종

이처럼 공간은 자본주의적으로 팽창해가는 반면, 공간 사용의 주체인 시민의 의견이나 권리는 민주적으로 반영되지 못하고 있다. 이로 인해 개인이 시민으로 성장하는 데 어려움을 겪고 동등한 자격을 가진 주체들 간의 공동 논의를 통한 공간 구성 경험이 부족하다보니, 공/사 영역이 공간적으로 착종되는 장면 역시 빈번히 벌어진다.

이는 기본적으로 개인의 사적 공간이 다분히 취약한 탓이다. 몸을 밀치며 걷는 이들에 의해 나의 영역은 간단히 침범되고, 이것이 이곳저곳에서 반복되면 너 나 할 것 없이 자신도 손해 보고만 살 수 없다는 판단 혹은 계산에서 비슷한 방식으로 거칠게 행동하게 된다.

그리하여 차곡차곡 층마다 사람이 살고 있는, 게다가 대부분은 부실하게 지어지는 아파트에서도 쿵쿵 발소리를 내며 걸어다니고, 대중교통시설 등 공공장소에서도 통화 내용이 들리든 말든 아무렇지 않게 휴대전화를 사용하며, 극장에서 앞 좌석을 발로 차거나 식당에서 남에게 불쾌감을 주면서도 의식조차 못하는 모습을 흔하게 본다. 그런 것들이 공동의 공간 사용의 예의와 규칙에 어긋나는 것이며 타인에게 침해를 끼친다는 점에 대한 인식, 요컨대 공간의 관계성과 공공성에 대한 인식이 한국사회에서 극히 미약함을 보여주는 증거이다.

3. 공간에 주권 적용하기

한국사회가 미래에 공동으로 지속하기 위해서는 다양한 사회적 구성원들이 보편적 인권에 근거해 균등하게 접근하고 조화로운 방식으로 활용할 수 있도록 공간을 새롭게 조직해야 한다. "대한민국의 주권은 국민에게 있고, 모든 권력은 국민으로부터 나온다"라고 하는데(「대한민국헌법」 제1조 2항), 시민이 주권을 갖고 있다면 공간을 구상하고 운영하는 데에도 시민 스스로가 최고의 권한을 갖고 책임감 있게 지속적으로 이를 수행해야 할 것이기 때문이다. 이는 마르크스(Karl Heinrich Marx)의 '시간의 주제화'(최형익, 2005: 85~90)와 '시간주권'(강수돌, 2007)의 논의를 공간에도 적용하여 시민이 공간에 대해서도 주권(sovereignty)을 보유함을 천명하는 것을 의미한다. 그리하여 공간주권(space sovereignty)은 주권자인 시민이 각자의 차이로 차별을 겪지 않고 행복을 추구할 수 있는 자유의 공간, 열린 공간을 만들며(김원영, 2010: 136, 216), 그에 동등하게 접근하고 활용하는 것을 의미한다. 그로써 향후 한국사회의 공간은 물리적인 어떤 장소가 아니라 사회정의와 윤리를 실행하는 대안적인 삶의 정치가 배태되는 장으로 거듭날 수있을 것이다.

1) 공간에 대한 개인의 권리를 넘어 집단의 공간주권으로

일조권이나 조망권 등 공간에 대해 개개인이 가지는 권리에 대한 인식과 그에 관한 보장은 이미 꽤 진전되어왔다. 반면 해당 공간 구성원 모두가 함께 갖는, 소유보다는 전유(appropriation)에 바탕을 둔 '도시에 대한 권리'(하비, 2009: 328) 혹은 '공간에 대한 권리'(Brenner and Elden, 2009: 167, 210)[2]는 진작 제기된 개념임에도 아직 낯선 느낌이다. 그러나 모든 공간은 서로 관계를 맺고 있어 개인의 집도 순전히 개인의 것이라고만은 할 수 없는 까닭에, 기본적으로 일정 지역의 공간은 해당 지역 모든 이들이 관련된 공동의 것으로, 집단

----

2 르페브르(Henri Lefebvre)는 1968년 "The Right to the City"라는 글을 통해 도시에 대해 사람들은 집단적으로 권리를 가지며 그 권리는 소유권이라기보다 전유권이라고 주장했으며, 이후 이를 공간(Space)에 대한 권리로 발전시켜 전개하였다.

전체의 민주적인 논의와 결정에 따라 구성과 운영이 이루어져야 할 것이다.

또한 이 공간주권은 '주권'이기에, 누구에게 주장하여 얻거나 확보하는 것이 아니라 별도의 근거를 요하지 않고 우리가 그것을 말함으로써 또한 그에 따라 행동함으로써 회복하게 된다.

2) 국가의 영토주권에서 시민주권으로

그동안 주권은 대체로 국가의 영토적 주권을 의미하는 것으로 이해되어 왔다. 근래 들어, 기존의 주권이 몸과 공간에 대한 규율 권력(푸코, 1994: 237) 혹은 제국적 자본주의적 주권(네그리·하트, 2001: 248, 422)으로 변이한다거나 주권의 기능은 예외 상태를 결정하거나(슈미트, 2010) 포함과 배제(아감벤, 2008)에 있다는 등 주권 이론에 대해 재조명이 이루어지고 있지만, 여전히 보통 사람들에게 주권은 국가 혹은 정부에 있는 것으로 생각되곤 한다. 이 때문에 미군기지 이전을 위해 대추리의 농민들을 일방적이고 폭력적으로 몰아냈을 때도, 요즘 제주 강정에서 주민의 반대에도 불구하고 생태계를 파괴하면서 해군기지 건설공사를 강행하면서도, 국가 혹은 정부는 이를 국가주권에 의거한 국가적 시책사업의 정당한 추진으로 정당화하고자 한다.

그렇지만 주권은 예전처럼 그것을 왕이 가진다고 생각하든, 최고통수권자가 가진다고 생각하든, 아니면 인민이 가지되 의회가 이를 대신한다고 생각하든 간에, 실은 애초에 별도의 내용이나 근거를 갖고 있기보다는 비어 있다(Fitzpatrick, 2005). 더욱이 르포르(Lefort, 1986)에 따르면, 근대 이후 민주주의적 사회 구성의 특이성은 주권의 권력이 공공연한 통치 장소에서 부재의 장소로 이동하는 데 있으므로, 현재의 민주주의 사회에서는 보통의 시민이야말로 주권의 유일한 담지자임을 분명히 해야 할 것이다.

3) 포함/배제의 주권에서 열린 공동체의 주권으로

다만 주권은 그간의 속성상 언제나 배제와 포함의 경계를 그으며 경계 밖의 헐벗은 이들을 양산해왔다(아감벤, 2008: 45, 217).

공간에 대한 시민주권을 말할 경우 공간과 시민의 범주 구성에 종래의 포함/배제의 순환논법에서 최대한 벗어나려는 노력을 끊임없이 기울여야 할 것이다. 예컨대 9·11 이후 미국에서 공공공간에 대한 통제가 심해지면서 사회적으로 배제된 사람들의 도시에 대한 권리가 침해되고 그것이 일반적인 시민권의 약화로 이어진 것(Mitchell, 2003)을 교훈으로 삼아, 공간주권의 대상 영역과 주체의 범주화 과정의 어떤 상황에서 일정한 한계를 갖는 것이 불가피하더라도 종래의 경계 자체를 보호하는 방식은 되지 않도록, 지속적으로 공동체의 경계 자체를 의문시하고 질문을 던짐으로써 열린 주권을 지향해야 할 것이다.

아울러 르포르에 따르면 공동체는 통일된 내용보다는 오히려 분열의 틈새를 통해 드러날 것이므로, 우리는 수면에 잠겨 있거나 내재된 공동체(달마이어, 2012: 182) 혹은 보이지 않는 공동체에 대해 생각해보아야 한다.

따라서 국적 등 기존의 법적 자격을 가진 사람만이 아니라 한 공간에서 실제로 살아가는 구성원 모두가 주체가 될 수 있도록, 직접적인 관련이 있는 공간만이 아니라 간접적으로 연결되는 공간에 대해서도 관심과 책임을 다할 수 있도록, 그럼으로써 "소수자가 꾸리는 경계 없는 나라"(박정수, 2011)의 이상에 접근할 수 있도록 해야 한다.

4. 주권적 공간 구성 원리

공간주권을 한국사회에서 구현하기 위해서는 종래의 공간 구성과 운영 방식에서 벗어나 공간의 공공성, 인간성, 생태성을 지향하는 가운데 시민이 민주적으로 공간을 구성하고 운영해야 한다.

1) 공공성

우리는 모두 그 자체로 '공동 – 내의 – 존재(étre-en-commun)'이므로(블랑 쇼·낭시, 2005: 124), 공간의 공공성은 인간 존재적으로도 포기할 수 없는 원리이다. 공간의 공공성은 일본에서처럼 곳곳에 텃밭 등 공동공간을 둠으로써 마을의 정체성을 환기하는 방식일 수도 있고, 바르셀로나의 'City of Justice' 프로젝트에 따른 건축가 치퍼필드(David Chipperfield)의 병원, 법원, 미술관 등 일련의 동선건축이나 무주군의 공공건축 프로젝트[3]에서처럼 공공성을 염두에 둔 공공건물의 건설일 수도 있을 것이며, 나아가 촛불집회에서 보듯이 관료적 공간을 공적 광장으로 거듭나게 하거나 한진중공업 크레인 아래 마당에 모인 희망버스에서 보듯 새롭게 공공의 장을 만들어내는 행위에 의해 확보될 수도 있을 것이다.

....

[3] 건축가 정기용이 10년에 걸쳐 지은, 목욕탕이 딸린 주민자치센터, 등나무덩굴로 그늘을 만든 공설운동장, 삶과 죽음을 동시에 보듬는 화장장, 힘든 삶을 매만지는 동선의 복지시설 등 일련의 공공건축물을 말한다. 그는 풍경의 공유, 자연과의 소통, 거주했던 곳과의 인연, 보통 사람들의 복리 등을 중시하여 건물을 지었으며, 실제 그의 작품은 벽과 지붕의 쪽창을 통해 햇살과 먼 풍경이 안으로 들어오고 밤하늘의 별이 보이며 회랑을 통해 공간이 연결되는 등의 특색을 지니고 있다.

아울러 공간의 공공성은 공공건물 자체로 담보되는 것이 아니라 그 핵심은 실제로 모든 사람에게 개방되며 공적으로 운용되는지 여부에 있으므로, 공공공간을 운영하거나 사용하는 모든 이의 주체성과 열린 자세가 요청된다.

그런 차원에서 보자면 벤치를 잘게 구획하여 몸을 눕힐 수 없게 만든 부산역이나 툭하면 노숙자들을 몰아내는 서울역이 한쪽에 있다면, 누구에게나 무료로 개방되어 노숙자들도 그곳에서 편안히 책을 보는 뉴욕 공공도서관(이와사부로 코소, 2012: 90~91)은 다른 한쪽에 있는 예라 할 것이다.

2) 민주성

그처럼 공간의 공공성을 견지해내기 위해서라도 시민이 소통의 장(場)을 확보하고, 적극적으로 민주적 공론의 장을 구성하고 운영해야 한다(바버, 2006: 116~117). 그리하여 주민이 함께 참여하여 공간을 구성하는 가운데 공/사 영역 모두에서 공간 구성관계의 정의를 추구해야 한다(Okin, 1989: 6~8).

이때 작동하는 민주주의는 절차적/의사소통적(하버마스, 2000: 366~367)인 것에서 더 나아가 다원적/경합적(무페, 2007: 10~21)인 것도 기꺼이 감당하는 것이어야 한다. 다만 내몰린 이들, 경계선에 있는 이들이 안팎의 구조와 고통을 가장 잘 이해하므로(회, 2009: 53) 민주주의적 논의의 시작점은 그 지점으로 재설정되어야 한다.

3) 인간성

무릇 공간은 인간의 동등한 존엄성과 다양성을 존중하는 방식으로 설계되고 운영되어야 한다. 그것은 임대주택을 사회주택(아우버한트 · 다알렌, 2005: 169)으로 재개념화하는 등 사회적 인권인 주거권(프레드먼, 2009: 444~447)을 보장하고, 인권(안드레아센 · 마크스, 2010: 344~349) 양립적 개발정책을 수립하며, 일본 국립시(國立市)에서 보듯 모든 공공시설에 "장애인이 당연한 국립시 선언"을 게시하고 약자 편의시설을 완비하는 한편, 조례로써 풍부한 보행공간을 위한 공지(空地)를 확보하게 하고, 몬트리올이 그러하듯이 보행자 중심으로 지하와 지상공간을 연결하며, 그저 맹목적으로 '우측통행'을 강제하기보다는 일본 전철역에서처럼 합리적인 동선 안내문을 붙이고, 그에 더해 타인의 몸과 공간에 대한 예의가 일반화되는 것으로 나타날 것이다.

아울러 인간적인 공간은 공간의 역사와 마음의 기억 역시 소중히 간직할 것이므로[4] 섣부른 개조보다는 흔적을 간직하는 공간의 중요성을 헤아리고, 일본에서 흔히 보듯이 지하철역 벽에 마을의 역사와 특징을 한껏 살린 게시문을 거는 등 장소에 대한 귀속감을 중시하며, 따라서 개발을 목적으로 함부로 오래된 동네를 파괴하지 않으며, 행정구역 통합 등 불가피한 공간 재조정의 경우라도 주민의 정체성 상실에 대한 배려를 아끼지 않아야 한다.

---

[4] 때로 동네에 대한 오래된 기억은 불후의 예술작품이 되기도 한다. 2011년 2월의 〈마르크 샤갈〉 전에서 거장의 마음속에 늘 고향마을의 풍경이 깃들어 있음을 알 수 있었다면, 같은 시기 열린 〈장욱진〉 전은 한국의 마을과 집, 자연에 대한 따뜻하고 우묵한, 어쩌면 우리 모두에게 아직 남아 있을 정서를 느낄 수 있었다.

4) 생태성

나아가 미래 사회와 세대에 대한 책임을 인식하고 지속가능성을 보장하기 위해서는 공간의 생태성 확보가 필수적이다. 어쩔 수 없이 개발을 하는 경우에도 자연과 생태계 파괴를 최소화하며, 일본 국립시가 "도시경관형성조례"에 근거하여 가로수와 길가 주택의 녹색 관리, 식목 등을 행하는 것처럼 일상생활에서 녹지를 늘리는 노력을 기울여야 할 것이다.

아울러 공간에는 여백 역시 필요하다. 사람의 손으로 계획하지 않고 온전히 자연의 것은 자연으로 돌려주는 비움과 내버려둠이 오히려 하이데거(Martin Heidegger)의 말마따나 '돌봄'일 것이며, 그를 통하여 인간과 생태는 같이 숨 쉴 여유와 힘을 얻고 공간에 대한 대안적 상상력을 현실화할 수 있을 것이다.[5] 또한 그를 바탕으로 인간은 동물, 자연과 자연스럽게 공존하면서 정의로운 관계를 형성하고 유지할 수 있을 것이다.

새를 위해 감을 다 따지 않고 남겼던 선조들의 지혜와 품위를 현대적으로 복원하고, 길고양이가 사람을 보면 도망가기 바쁜 현재 한국 도시의 모습이

---

[5] 2011년 2월의 〈훈데르트바서(Hundertwasser) 한국전시회〉에서는 자연과 인간의 풍성하고도 자유로운 공존을 통해 '보다 나은 세상'을 만들고자 한 작가의 비전을 엿볼 수 있었다. 예컨대 그가 그린 감옥은 푸른 마당으로 둘러싸여 있다. 한편 2011년 3월 〈마이클 케냐(Michael Kenna): 철학자의 나무〉 전에 걸린 사진들－물길과 안개, 물가의 나무들, 물에 비친 나무들, 눈밭의 나무들－에서는 생태적 공간의 역사성과 철학이 배어났다. 그런가 하면 우리와 비슷하게 한때 불도저식 개발을 거쳤던 일본만 해도 의외로 아직 도시 안에 군데군데 빈터가 있어 동물들은 그곳에서 놀거나 휴식하고 사람들은 잠깐씩 걸음을 멈추고 때론 그런 동물을, 빈 곳을, 그곳에 자연히 자라난 초목을 보곤 한다.

아니라 평화롭게 동식물과 공존하는 마을을 꿈꾼다.

5. 주권적 공간 구성을 위한 실천 방안

1) 공간에 대한 감수성 증진

공간주권을 구현하기 위해서는 먼저 "공간과 대화"(박영택, 2011)하는 등 공간에 대한 감각을 일깨우기 위해 노력해야 한다. 그것을 바탕으로 타인의 존재를 인식하고 자연스럽게 배려함으로써 평화롭고 정의롭게 공존하는 삶의 양식이 공간 운영을 통해서도 드러나기를 기대한다. 예를 들면 문을 잡아주는 것, 다른 사람을 앞서가야 할 때 목례를 하는 것, 적어도 몸 불편한 사람 옆을 거칠게 지나가지 않는 것 등이다.

2) 대안적 공간 만들기

아울러 "공간이 달라지면 사람도 바뀐다"(고성호, 2012)고 할 만큼 공간은 사회적 정체성을 구성하고 재생산하는 데 능동적인 역할을 하기도 한다. 그렇다면 우리의 공간을 종래와 다르게 만들거나 활용함으로써 좀 더 평화롭고 정의로운 사회관계의 배태를 도모할 수도 있다. 예컨대 대학은 스승이면서 친구인 관계, 그러한 네트워크가 살아 숨 쉬는 곳이어야 하며(고미숙, 2011), "누구라도 그러하듯이 길을 걸으면 생각이 난다"[6]고 노래할 수 있도록

----

6 배인숙의 노래 「누구라도 그러하듯이」(1979)의 가사이다.

안전하며, 사색도 가능한 걷는 길, 동시에 여백을 확보해야 한다(김현진, 2011). 아울러 하이데거에게 '숲길'(하이데거, 2008)이, 비틀즈(The Beatles)에게 〈Abbey Road〉와 〈Penny Lane〉이 그러했던 것처럼 휴식이자 영감의 원천이 되는 공간 — 예를 들면 한국인에게는 어디에나 있는 동네의 산이나 산길이 아닐까? — 도 만날 수 있어야 한다.

옛 동네와 골목길을 다시 돌아보고 살펴서 다른 공간으로 거듭나게 하는 것은 그런 맥락에서 필요하다.

'카페 삼덕상회'(박주희, 2011)에서처럼, 오래된 건물을 무조건 부수지 않고 보존하거나 고쳐서 문화공간으로 활용하면서 공동체와 함께 호흡하거나, 공공미술을 넘어 곳곳에서 행해지고 있는 '커뮤니티 아트'[7] 작업, 그리고 영국 토트네스(Transition Town Totnes, 2010)[8]를 비롯한 국내외 여러 곳에서 활발하게 진행되고 있는 마을 만들기 등이 그 예이다.

3) 공간주권 회복을 위한 투쟁의 전개

소유하는 것이 불가능한 '대지'와 소유로부터 출현한 '영토' 사이에는 늘

---

[7] 벽화로 유명한 울산 신화마을의 경우조차 사람들은 그저 잠깐 놀러 가서 둘러보고 사진 찍기에 몰두할 뿐, 화장실이나 찻집 등 편의시설이 없어 머무를 수 없으며 벽화를 소재로 한 캐릭터조차 상품화되지 않았다. 반면, 근래의 커뮤니티 아트는 작가와 주민이 공존하며 동네가게를 운영하는 등 일상성과 지속성을 담보하는 방식으로 진화하고 있다.

[8] 토트네스(Totnes)는 특히 에너지 감축 계획에 주력하고 있는데, 마을의 이상과 세계 시민성을 위한 활발한 주민 교육, 공동체 화폐의 광범위한 사용, 예술활동의 진작 등의 분위기를 실제 방문으로 확인할 수 있었다.

투쟁이 있어왔다(이와사부로 코소, 2012: 389~390). 예컨대 뉴욕 센트럴 파크의 경우 공원이 완성될 때까지 몇 번 자금난이 발생했으며, 그때마다 노동자 해고와 노동쟁의가 반복적으로 일어났다.

그런데 바로 그 투쟁이야말로 센트럴 파크를 둘러싸고 노동자가 '공중'으로서 자기를 표현한 순간이었으며, 그 순간마다 '공공공간'이 형성되었다(이와사부로 코소, 2012: 65).

집단적인 자전거 행진인 〈크리티컬 매스〉도 마찬가지이다. 이는 스포츠로서의 자전거가 아니라 '도시공간에 대한 신체적 개입'을 되찾기 위한 매개로서의 자전거이며, 이 달리는 민중의 집합 신체에 의한 생명체의 흐름은 진정한 의미에서 이동하는 일시적 자율공간을 형성한다(이와사부로 코소, 2012: 235~236).

'도시에 대한 권리', 이 '기본적인 권리'의 탈환은 그 자체로 '거리를 형성하는 운동'이다(이와사부로 코소, 2012: 113). 2011년 미국 뉴욕 월가에서 시작된 '점령하라(OCCUPY)'운동 역시 "민주주의를 위한 공간, 대화를 위한 공간을 여는 것"(시트린, 2011: 27)으로 평가할 수 있다. 실제 참가자들은 "점령운동의 본질은 누군가를 살아 숨 쉬게 하는 표현의 형태를 권력이 가로막지 않는 공공의 공간에 있는 것"(그리프, 2011: 92)이라고 천명하면서, 거리는 우리의 것임을 외쳤다(슈미트·테일러·그리프, 2011: 22; 레스닉·게센·레너드, 2011: 77). 그들은 점령운동은 "우리가 국민임을 몸으로 보여주고 있는 것"(버틀러, 2011: 281)이며, 그를 통해 "어쩐지 세상이 우리 모두의 것일 수도 있을 것 같은 기분"(매해러월, 2011: 70)을 느꼈다고 기록한다.

이는 가히 '집단 육체의 정치학'인데, 참가자들은 나아가 "우리는 모든 것을 점령한다. 왜냐하면 이미 우리 모두의 것이기 때문이다"(딘, 2011: 137)라고 천명한다. 그렇게 점령의 의미가 "무언가 아름다운 것으로, 무언가 공동체를 하나로 묶는 것으로, 무언가 사랑과 행복과 희망을 부르는 것으로"(데이비스, 2011: 193) 바뀌어갔다.

4) 환대와 우정

기실 모든 개체는 항상 이미 집합체이기에(고병권 외, 2007: 5) 대구의 '담장 허물기 운동'에서 시도된 것처럼, 공간 공유와 연대는 가능하며 또 필요하다. 무엇보다 그것은 그로 인한 기쁨의 정치를 기대할 수 있기 때문이다.

그간 도시화는 타자의 존재를 소거하는 방식으로 진행되어왔지만(Sennett, 1992: 62),[9] 인류는 이동하는 존재의 다른 이름이며, 어느 도시건 다른 도시(땅)에 대한 추모, 사랑, 동정으로 가득 차 있음을 상기한다면(이와사부로 코소, 2012: 392), 레비나스(Emmanuel Levinas)를 좇아 공간 운영의 실행 원리로서 환대와 우정(포세, 2010)을 도입할 만하다.

다만 찾아와 머무는 친구의 역할은 여러 문화를 무차별적으로 뒤섞는 방식으로 통합하거나 융합하는 것은 아닐 것이다. 낯선 사람이나 여행자인 친구는 통합적인 비전으로 무장하는 것이 아니라, 모든 사물이 다르다는 것을 인정하면서 그것을 부드러운 빛으로 감싸 안는 '달'빛을 발할 것이다.

친구는 모든 존재가 갖는 각자의 거리를 존중하고 보존하면서 그 거리를 지키며, 모든 집에서 손님으로 남아 있고 방해가 될 만한 어떤 간섭도 조용히 삼갈 것이다(달마이어, 2012: 328).

....

9 2011년 1월의 〈김인숙, 위대한 거울〉전은 저마다 아파트에 있는 고독한 현대인의 자기 응시를 보여주며, 같은 해 4월의 〈서용선, 시선의 정치학: 사람, 도시, 풍경〉전 역시 대도시의 거리 풍경과 함께 지하철역의 사람과 그 헛헛한 시선에 주목한다.

그렇게, 어떤 공간에서 조건 없이, 기쁘고도 무구하게 주어지는 타자에 대한 환대와 조용히 머무는 친구의 은은한 우정이 자연스럽게 어우러질 때 우리의 공간은 추억할 만한 곳으로 기억되며, 그 자체로 생명력을 띠게 될 것이다.

제1부 공간주권의 이론적 탐색

제1장

인민의 권리와 인민이 될 권리
— 공간주권이라는 화두에 대하여

김현경 ㅣ 연세대학교 문화인류학과 강사

1. 공간주권의 개념

공간주권의 개념은 우리가 분명히 가지고 있지만 일상적으로 쉽게 부인당하는 어떤 권리의 회복에 대해 말하고 있는 것 같다. 우리가, 예를 들어 촛불을 들고 광장에 모일 때, 우리에게 있다고 믿는 권리, 하지만 우리를 검문하고 제지하고 연행하고 기소하는 공권력에 의해 간단히 부정되는 권리 말이다. 그럴 때 우리는 그저 광장이라는 공간의 사용권을 박탈당한 것이 아니라, 주권자로서의 지위 자체를 공격당했다고 느낀다. 이것은 조금도 과장이 아니다. 주권이란 본래 어떤 한정된 공간에 미치는 힘이며 — 즉, 주권의 개념은 처음부터 공간과의 관계를 함축하며—, 광장과 대로는 이 공간과 제유관계에 있기 때문이다. 우리는 주권의 원천이라 일컬어지는 인민의 의지가 공간을 점거하는 행위를 통해 분출되었던 역사적 순간들을 기억한다(1980년 5월의 광주 금남로와 1987년 6월의 서울 시청 앞 광장). 집단의 무의식 속에 선명하게 저장된 그 순간들은 세월이 흐른 후에, 상이한 계기들 속에서, 변형되었지만 여전히 알아볼 수 있는 모습으로 몇 번이고 다시 불려 나오곤 하였다(2002년 월드컵 당시의 거리 응원이나 2008년의 촛불시위, 그 이듬해 노무현 전 대통령의 장례식).

그러므로 공간주권은 공간에 대한 권리일 뿐 아니라, 공간에 대한 관계 속에서 표현되고 확인되는, 인민의 권리 자체일 것이다. 하지만 '인민'은 누구인가? 주권의 개념이 영토의 관념, 따라서 경계선의 관념과 연결된 이상, 우리는 이 질문을 피할 수 없다. 예컨대 우리가 노숙자나 철거민의 권리를 옹호하기 위해 공간주권의 개념에 의지하려 할 때(마음 놓고 몸을 누일 한 평의 땅도 없는 사람들, 대한민국의 영토에 대해 현실적으로 어떤 권리도 행사하지 못하는 이들에게 과연 주권이 있다고 말할 수 있을까?), 그 노숙자나 철거민이 대한민국의 국민임을 선결조건으로 확인해야 할까? 만일 그가 불법체류 상태의 외국인이라면, 주권이라는 단어를 사용하는 것이 어불성설일까? 우리가 우리 안의 이방인(자기 땅에서 난민이 된 사람)의 이름으로 요구하는 권리가 국경선 너머에서 온 진짜 이방인(또는 난민)에게는 해당되지 않는 것일까? 아니면 후자를 위해서 별도의 개념 — 이를테면 '환대의 권리' 같은 — 이 필요한 것일까?

이 어려운 질문 앞에서 할 말을 찾으면서 나는 한 장의 사진을 떠올린다. 광주항쟁에 대한 수많은 재현 속에서 반복적으로 인용되었기에, 여러분의 눈에도 설지 않을 사진이다.^{사진...1} 계엄군이 물러간 광주 시내를 지프차 한 대가 지나간다. 지프차에는 시민군이 타고 있다. 저마다 손에 무기를 들고 있고 의기양양한 모습이다. 한가운데 순진한 얼굴로 활짝 웃는 청년이 보인다. 그 옆의 청년은 누군가가 내민 음료수 상자를 받으려 하고 있다. 광주시민 모두가 하나가 되어 승리를 자축하는 순간이다. 그런데 지프차의 옆구리에 태극기가 펄럭인다, 국경일을 맞아 퍼레이드라도 벌이는 것처럼. 이것은 무

1...해방 광주의 태극기(1980).

엇을 의미하는가? 이 청년들은 왜 광주를 해방하는 상징물로서 다름 아닌 태극기를 선택했는가? 이렇게 묻는 이유는 태극기가 독재 정권이 애호하는 상징이기도 하기 때문이다(해질 녘 거리에 애국가가 울려 퍼지면 발길을 멈추고 가슴에 손을 얹어야 했던 기억, 조회 때마다 외웠던 '국기에 대한 맹세'). 물론 독재 정권에 의해 전유되기 전에 태극기는 독립운동의 상징이었고 우리 민족의 상징이었다. 그렇다면 이들은 스스로를 독립투사의 후예로 생각하는 것일까? 분단과 독재로 이어진 거짓의 해방이 아닌, 진정한 해방을 위한 길고 험난한 투쟁 속에 그들의 싸움을 자리매김하는 것일까?

또 한 장의 사진이 여기 겹쳐진다.^{사진...2} 6월 항쟁 당시 부산진시장 앞에서 찍은 것이다. 커다랗게 펼쳐진 태극기를 배경으로, 웃통을 벗은 남자가 두 팔을 벌리고 뛰어간다. 결승 지점을 통과하는 마라토너 같이, 온몸으로 환호하며 혹은 절규하며. 마스크로 입을 가린 시위대가 저만치 떨어져서 그를 응원하듯 지켜보고 있다. 이 태극기는 무엇을 의미하는가?

근대국가에서는 국가의 이름으로 국민을 죽이는 것이 원칙적으로 불가능하다. 국가의 존재 이유가 국민을 보호하는 데 있기 때문이다[푸코(Michel Foucault)라면 "살게 하고, 죽게 내버려두는 권력"이라고 말할 것이다]. 국민을 죽

2...〈나의 조국〉(고명진, 1987).

인 정권은 즉시 정당성을 상실하며, 단 한 명을 죽였을 경우에도 그러하다. 4·19 혁명과 6월 항쟁이 각각 단 한 사람의 죽음을 계기로 시작되었다는 점을 상기하자. 광주학살을 정당화하는 논리는 희생자들이 국민이 아니라는 것이었다. "그들은 반란군, 폭도, 빨갱이, 첩자, 북괴의 사주를 받은 자, 자유민주주의의 적이자 국가의 적이다. 따라서 그들을 죽이는 것은 학살이 아니라 전쟁"이라는 논리이다.[1] 그러므로 우리는 태극기를 항쟁의 참가자를 비

---

1 누군가는 여기서 근대국가에서도 사형이 집행되지 않느냐고 반문할지 모른다. 그에 대한 대답으로서 나는 사형과 전쟁의 본질적인 유사성을 지적하고자 한다. 로크(John Locke)는 자연법이 생명권을 보장하고 있음에도 범죄자에 대해 사형을 집행할 수 있는 근거를 다음과 같이 설명한다. "그 범죄자는 이성, 곧 하느님이 인류에게 준 공통의 규칙과 척도를 포기하고, 그가 다른 사람에게 저지른 부당한 폭력과 살인으로 전 인류에게 전쟁을 선포한 셈이기 때문에, 호랑이나 사자처럼 살해되어 마땅하다. 인간은 이처럼 잔혹한 야수들과 더불어 한 사회를 이룰 수도 없고, 또한 안전을 보장할 수도 없기 때문이다"[존 로크, 『통치론』, 강정인·문지영 옮김(까치, 1996), 17쪽]. 같은 이유에서 체자레 베카리아(Cesare Beccaria)는 사형에 반대한다. "사형은 어떤 의미에서도 권리의 문제가 아니다. 사형은 한 사람의 시민에 대한 국가의 전쟁이다"[체자레 베카리아, 『범죄와 형벌』, 한인섭 옮김(박영사, 2006), 112쪽].

국민으로 몰아가려는 담론에 대한 상징적 저항으로 해석할 수 있다.^{사진...1} 그것은 "우리는 반란군이 아니다, 우리가 바로 국민이다"라는 메시지를 전달한다.

6월 항쟁^{사진...2}은 광주라는 트라우마 없이 설명할 수 없다. 6월 항쟁의 참가자들은 그들의 실존에 깊은 균열을 남긴 이 상처에 의해 결합되어 있었다. 이한열의 장례식 당시 시청 앞 광장을 가득 메운 군중은 광주에서 죽어간 사람들의 영령을 추모하는 행렬이기도 했다. 광주에서 그랬듯이 여기서도 태극기는 항쟁의 정당성을 주장하는 상징물이다. "주권은 우리에게서 나온다. 그러므로 누구도 우리를 처벌할 수 없다."

불법체류자는 국민이 아니기 때문에, '주권'에 대해 말할 수 없다고 생각하는 사람은 정통성이 의문시되는 정권에 의해 국민과 비국민의 경계가 폭력으로 획정되었던 어두운 역사를 잊고 있다. 주권자가 되는 것과 국적의 취득은 별개이다. 국적의 취득은 법적인 문제이며, 법 자체는 주권자의 의지에 의해 얼마든지 바뀔 수 있기 때문이다. 그러므로 공간주권의 개념이 어떤 잊힌 권리의 회복을 촉구한다면, 이는 판사가 법정에서 그러듯이, 제도화된, 명문화된, 합의되고 승인된, 군대와 경찰과 사법제도의 정당한 폭력을 등에 업은, 어떤 법을 참조함에 의해서가 아니라, 아직 태어나지 않은 법을 위한 무수한 투쟁의 기억을 소환함으로써이다. 그 투쟁은 인민의 권리를 위한 투쟁일 뿐 아니라, "인민이 되기 위한" 투쟁이기도 하다.

2. 인민이 된다는 것

인민이 된다는 것은 무슨 뜻인가? 어떤 보이지 않는 공동체에서 성원권을 얻는다는 것이다. 그런데 이 공동체와 국가의 관계를 설정하는 것이 어려운

3...〈모내기〉〈신학철〉.

일이다. 어떤 사람들은 이 공동체가 곧 민족을 의미한다고 믿는다. 스탈린 (Iosif Stalin)이 정의한 바와 같이, "언어, 지역, 경제생활 및 문화의 공통성 속에 나타나는 심리상태의 공통성을 기초로 하여 역사적으로 구성된 견고한 공동체"로서의 민족 말이다(서경식, 2006: 28). 민족의 기초는 민중이다. 민족의 '상층부'인 엘리트는 외국의 영향에 노출되어 — 개발도상국가의 엘리트는 흔히 해외유학을 통해 충원된다 — 문화적 정체성을 쉽게 상실하는 데 비해, '하층부', 즉 좀 더 뿌리에 가까운 쪽은 원래의 특성을 잘 간직하고 있다고 믿어지기 때문이다. 주권의 담지자이자 민주주의의 단위인 인민은 이렇게 해서 민족과 민중을 동시에 의미하는데(people은 이 세 가지 의미를 모두 지닌다), 이는 '민족, 민주, 민중'이라는 1980년대 민주화운동의 삼위일체 속에 잘 나타나 있다.

신학철의 〈모내기〉는 인민에 대한 이러한 이해를 도상적으로 표현하고 있다.[사진...3] 이 작품은 민족과 외세, 공동체적 가치와 퇴폐적 소비문화, 생명에 속하는 것과 죽음에 속하는 것, 현재와 미래 같은 일련의 대립 위에 구축되

어 있는데, 이는 화면의 윗부분에 배치된 모내기 도중 밥을 먹는 농민들과
— 화가는 배경에 백두산(을 연상시키는 산)을 그려 넣음으로써 이들이 한민족의
알레고리임을 알린다 — 하단에 배치된 잡동사니의 대립으로 형상화된다. 한
가운데 우뚝 서서 쟁기질을 하는 농부에 의해 아래쪽으로 밀려나고 있는 이
잡동사니는 미사일, 양담배, 성조기, 철조망, 코카콜라를 포함한다. 한마디
로 말해, 이 작품의 기본 구도를 결정하는 것은 "향그러운 흙가슴"과 "그 모
오든 쇠붙이"(신동엽)의 대립이다.

　1980년대 민중문화운동에 널리 퍼져 있었던 이 이분법이 어떻게 반동적
인 지배계급의 문화적 이상과 덩굴현상을 일으켰는가를 살펴보는 것은 분명
히 흥미로운 과제이리라. 퇴폐적인 외국문화에 대한 비판과 민족공동체의
원형으로서의 농촌공동체에 대한 찬양은 박정희 시대의 지배 이데올로기의
핵심 요소이기도 하기 때문이다. 우리는 아마 그러한 고찰을 독일 보수혁명
의 기원에 대한 질문, 특히 문화비관주의(Kulturpessimismus)와 생철학이 어떻
게 나치 이데올로기의 거푸집을 마련하는가에 대한 탐구(전진성, 2001; Dupeux,
1984 참조)와 병치시킬 수 있을 것이다. 하지만 이것은 이 글의 범위를 벗어
난다. 여기서는 인민과 민족의 동일시가 초래하는 어떤 난관 또는 위험을 언
급하는 데 그치려 한다.

　인민을 곧 민족으로 이해하고, 민족을 다시 그 문화적 정체성에 따라 정의
할 때, 민족에 정체성을 부여한다고 믿어지는 문화적 특성을 갖지 못한 사람
들은 인민의 자격이 없는 불완전하고 오염된 존재로 재현되며, 그리하여 공
동체의 경계로 밀려나게 된다. 그들이 법적으로 공동체의 다른 성원과 동등
한 지위를 갖더라도 사회적 성원권은 여전히 불안정하며, 그만큼 '예외적 상
황'에서 이들의 법적 지위를 박탈하는 것이 쉬워진다.

　일제강점기에 자기들의 의사와 무관하게 일본국민이 되었다가 종전 후

다시 "국민에서 방출"된 재일조선인이 그런 경우이다. 일제는 그들에게 동화를 강요하면서도, 다른 한편으로는 그들을 결코 진짜 일본인이 될 수 없는 별개의 카테고리로 취급하였다. 사회적 차원, 다시 말해 집합적인 재현과 일상적 의례의 차원에서는 한 번도 일본인으로 여겨진 적이 없었기에, 이들을 다시 외국인으로 만드는 것은 어렵지 않았다. 하지만 '외국인'이라는 말이 곧 일본 바깥에 '자기 나라'가 있어서 언제든지 그리로 돌아갈 수 있다는 의미는 아니다. 모국은 이미 낯선 장소가 된 지 오래여서, 재일조선인들은, 법적 신분이 어떻게 바뀌었든, 그때까지 뿌리를 내리고 살아온 일본 땅에서 그대로 사는 수밖에 없었다. 그뿐만 아니라 역설적이게도 그들은 일본 국민이 아니기 때문에 오히려 일본을 마음대로 떠날 수 없게 되었다. 일본정부가 여권을 발급해주지 않는 까닭이다.

내 책상서랍 속에 있는 대한민국 여권의 첫 페이지에는 다음과 같은 말이 쓰여 있다.

대한민국 국민인 이 여권소지인이 아무 지장 없이 통행할 수 있도록 하여 주시고 필요한 모든 편의 및 보호를 베풀어주실 것을 관계자 여러분께 요청합니다. 대한민국 외교통상부 장관.

그 아래에는 같은 내용이 영어로 쓰여 있는데, '대한민국 국민(a national of the Republic of Korea)'을 '일본국민(a Japanese national)'으로 바꾸기만 하면, 일본국 여권에 사용되는 문구와 거의 동일하다. 칸트(Immanuel Kant)가 모든 사람이 인류의 구성원으로서 갖는다고 생각했던 환대의 권리는 이처럼 현실에서 국가들이 상호협약을 통해 자국민에게 보장하는 권리로 나타난다. 국민이 아닌 사람, 어떤 국가에도 속하지 않는 단순한 '인류의 구성원'은 누릴 수 없는 권리인 것이다.

많은 재일조선인이 이런 이유로 한국 국적을 취득한다. 즉, 공항의 검색대를 통과할 자유를 얻기 위해서 말이다. 하지만 그들이 이렇게 해서 자기들의 자리가 없는 장소에 그들을 잡아두는 무국적 상태에서 벗어나더라도, 이것이 곧 한국사회에서 완전한 성원권을 갖는 것을 의미하지는 않는다. 재일조선인은 오랫동안 모국어와 민족문화로부터 단절되어 살아왔기에, '모국'에서도 이방인 취급을 받는다. '모국'의 '동포'들은 재일조선인의 처지에 대해 대체로 무관심하며, 재일조선인이 일본에서 외국인으로 취급된다는 사실조차 모르는 경우가 많다. 안다고 해도 그것이 무엇을 의미하는지 깨닫지 못한다. 재일조선인이 일본 바깥으로 나갔다가 다시 돌아가려면 '재입국 허가증'을 받아야 한다든지,[2] 일본에서 태어나 자랐으면서도 참정권이 없다든지, 공무원 시험에 응시할 수 없는 것은 물론, 1960년대 말까지 의료보험에도 가입할 수 없었다는 말을 들으면 그제야 놀란 표정을 짓는다.

재일조선인이 '한민족공동체'의 일원임을 강조한다면 이러한 상황을 해결하는 데 도움이 될까? 한국인에게 일본에 있는 동포들의 어려운 처지에 대해 설명하고, 그들을 따뜻하게 맞아주자고 말한다면? 아니면 우리는 한민족공동체 같은 단어에 연연하지 말고, 일본사회 안에서 현실적으로 재일조

---

2 서경식은 재일조선인이 처한 부조리한 상황을 단적으로 보여주는 예로써 이 '재입국 허가증' 문제를 든다. "우리는 일본으로 돌아올 때도 일본정부의 재입국 허가라는 것이 필요하다. 설령 태어나 일본 밖으로 한 걸음도 나가본 적이 없어도 외국인 취급을 당하는 것이다. '재입국 신청서'라는 서류의 '여행목적' 난에 우리가 뭐라고 쓰는가 하면, '거주(residence)'라고 적는다. 거주를 목적으로 여행하는 자, 곧 난민이다. '재입국 신청서'를 쓸 때마다 나는 '그래, 우리는 태어나면서부터 난민인 게야' 하는 생각에 사로잡힌다"[서경식, 『난민과 국민 사이』, 임성모 · 이규수 옮김(돌베개, 2006), 32쪽].

선인의 지위를 향상시킬 수 있도록 외교적인 노력을 기울여야 할까? 어느 쪽이든 좋다. 하지만 우리가 어떤 해결책을 모색하기에 앞서 깨달아야 할 사실이 있다. 바로 일본의 편협한 국민주의/민족주의가 한국의 편협한 국민주의/민족주의와 닮은꼴이라는 점이다(영어의 nationalism은 국민주의와 민족주의, 어느 쪽으로도 번역가능하다). 서경식은 재일조선인에 대한 부당한 차별이 일본인 다수자의 내면 깊숙이 침투한 국민주의 이데올로기에서 비롯된다고 지적한다.

현행 일본 헌법에는 기본적 인권을 향유할 주체가 '국민'이라고 되어 있습니다. 잘 알려져 있듯이, 이는 이른바 '맥아더 헌법 초안'에 'people(인민)'이라되어 있던 것을 '국민'으로 번역했기 때문입니다. 이로부터 파생해 정착한 것이, '국민'이란 '일본 국적 보유자'를 가리키며, 따라서 '일본 국적 보유자'가 아닌 자는 기본적 인권을 보장받지 못한다고 하는 견해입니다. 즉 일본인 다수자들은 오랫동안 '기본적 인권'이란 '국민'에게만 허용된 특권이라고 생각해온 것입니다.[3]

그런데 이러한 비판은 우리에게도 해당된다. 대한민국헌법은 처음부터 끝까지 '국민'의 권리에 대해서만 말하고 있다. 이때의 국민은 대한민국 국적을 가진 자를 가리킨다. 하지만 국민에 해당하는 영어 national이 형용사로 사용되었을 때는 보통 '민족적'이라고 번역된다는 사실에서 간파할 수 있듯이, 이 국민의 핵심은 혈통과 문화에 의해 정의된 '민족'이다. '민족'의 구성원이 아닌 국민은 '자격이 부족한 국민'인 것이다. 그러한 국민은 끊임

---

3   서경식, 『난민과 국민 사이』, 211쪽.

없이 의례적 수준에서, 자신의 국민 자격을 증명하지 않으면 안 된다(포대기에 아이를 싸 업고 김치를 손으로 죽죽 찢어서 입에 넣는다든지, 빨간 티셔츠를 입고 '대한민국'을 외친다든지). 하지만 그런다 해도 그들은 여전히 '외국인'으로 여겨질 것이다[한국인보다 더 한국적인 한국 국적(!)의 외국인]. 일본과 한국의 헌법을 만든 사람들은 people을 '국민'으로 번역하면서 자연스럽게 민족을 염두에 두고 있었던 게 아닐까? 국민이라는 법적 지위는 우선적으로 그리고 사실상 배타적으로 민족의 구성원에게 주어질 예정이었으니 말이다. 물론 민족의 구성원 중에서도 이러저러한 이유로 자격을 상실한 자들은 배제해야겠지만, 그리고 국가는 여기서 언제나 최종적인 판단의 권한을 쥐고 있을 테지만.

3. 주권자와 인민

먼저 인민이 있고, 이들이 힘을 합쳐 국가를 건설한다는 생각의 맞은편에는 국가가 자신의 인민을 지정한다는 좀 더 현실적인 관찰이 있다. 「독립 선언들」에서 데리다(Jacques Derrida)는 독립의 아버지들이 인민을 대표한다고 주장하면서 그들이 대표하는 인민을 발명하는 모순을 지적한다. "「선언」의 '우리'는 '인민의 이름으로' 말한다. 그런데 이 인민은 실존하지 않는다. 인민은 이 선언에 앞서 그 자체로는 실존하지 않는다. 만약 인민이 자유롭고 독립적인 주체로서, 가능한 서명자로서 스스로를 탄생시킨다면, 이는 이 서명 행위에 의해서만 이행될 수 있다. 서명은 서명자를 발명한다. 서명자는 이렇게 말할 수 있다면, 일단 자신의 서명을 모두 마친 뒤에 일종의 허구적인 소급 작용에 의해서만 스스로 서명을 할 수 있도록 권한을 부여할 수 있다"(데

리다, 2009: 175~176).

　우리는 '예외상태'에 대한 아감벤(Giorgio Agamben)의 논의(아감벤, 2009)에서 비슷한 모순을 만난다. 아감벤은 "주권자는 예외상태를 결정하는 자"라는 슈미트(Carl Schmitt)의 명제에서 출발한다. 여기서 '주권자'가 전제군주 속에 인격화되어 있느냐, 아니면 합법적으로 선출된 인민의 대표에 의해 대리되느냐는 아무래도 좋다. 또한 주권자와 그 구성원의 관계가 계약적이든 유기적이든 마찬가지이다.[4] 주권자에게 헌법을 제정하는 권위가 있다면, 헌법에 대한 예외상태를 선포하는 권위 역시 있을 것이다. 전쟁이나 내란 또는 혁명과 같은 상황에서는 헌법의 효력이 이렇게 해서 정지된다. 하지만 이것은 헌법이 보장하는 제반 권리의 정지를 의미하며, 개인이 법의 보호에서 벗어나 국가의 폭력 아래 노출되는 것을 의미한다. 인민의 이름으로, 어제까지 인민의 일원이었던 어떤 사람을 '벌거벗은 생명'의 상태로 떨어뜨리는 일이 가능해지는 것이다. 이것이 나치 치하의 독일에서 유태인에게 일어났던 일이다.

　아렌트(Hannah Arendt)는 무국적자 문제와 관련하여 아감벤과 유사한 통찰

4　루소(Jean-Jacques Rousseau)는 주권자와 인민의 관계를 다음과 같이 설명한다. "[사회계약의 결과 성립된 공적 인격에 대해] 구성원들은 이것이 수동적일 때는 국가(État), 능동적일 때는 주권자(Souverain)라 부른다. … 또 이런 단체의 구성원들은 집합적으로는 인민(Peuple)이라고 불리고, 주권에 참여하는 개인이라는 뜻에서는 시민(Citoyens), 국가의 법률에 종속된다는 의미로는 신민(sujets)이라 불린다"[장 자크 루소, 『사회계약론』, 이환 옮김(서울대학교 출판부, 1999), 21~22쪽]. 프랑스어판(Jean-Jacques Rousseau, *Du contrat social*(Paris: Flammarion, 1992)을 참조하여 용어를 일부 수정하였다(한글판에는 Peuple이 '국민'으로 번역되어 있음). 루소는 주권자와 인민의 관계가 계약적이라고 보았지만, 그럼에도 주권자가 요구할 때는 그 구성원인 개인이 언제든지 목숨을 바쳐야 한다고 주장한다(장 자크 루소, 『사회계약론』, 42~49쪽).

을 보여주었다. 벌거벗은 생명이 된다는 것은 법적 인격(legal personality)을 인정받지 못한다는 것과 같다. 법적 인격을 인정받지 못하는 난민의 증가는 20세기의 특징이다. 제1차 세계대전의 여파로 국민국가의 경계 안에 간신히 봉합되었던 종족 갈등이 터지면서 난민의 수는 걷잡을 수 없이 불어났고, 이들은 어떤 국가에 의해서도 인지되지 못했기에 벌거벗은 생명의 상태에 머물렀다. "국제회의를 통해 무국적자에게 합법적 지위를 부여하려던 시도는 모두 실패로 돌아갔는데, 그것은 어떤 협정도 기존의 법질서에서 외국인을 송환할 수 있는 영토를 대신할 수 없었기 때문이다. 피난민 문제를 둘러싼 모든 토론은 이 한 문제를 중심으로 이루어졌다. 피난민을 어떻게 다시 추방할 수 있는가? 존재하지 않는 고국을 대신할 수 있는 유일하게 실용적인 것이 포로수용소임을 보여주는 데 제2차 세계대전과 난민수용소가 필요한 것은 아니었다. 실제로 이미 1930년대의 포로수용소는 세상이 무국적자들에게 제공할 수 있는 유일한 '국가'였던 것이다"(아렌트, 2006: 514).

그래서 아렌트는 정치공동체에 속할 권리야말로 다른 모든 권리에 앞서는 기본적인 권리라고 주장한다. "권리를 상실한 사람들의 재난은 그들이 생명, 자유와 행복 추구 또는 법 앞에서의 평등과 의견의 자유 — 주어진 공동체 안에서 발생하는 문제들을 풀기 위해 고안된 공식 — 를 빼앗겼다는 것이 아니라 어느 공동체에도 속하지 않는다는 것이다. 그들의 곤경은 그들이 법 앞에서 평등하지 않아서가 아니라 그들을 위한 어떤 법도 존재하지 않기 때문이고, 그들이 탄압을 받아서가 아니라 아무도 그들을 탄압하려 하지 않는다는 데 있다"(아렌트, 같은 책, 531).

하지만 아렌트는 정치공동체에 속하는 일이 어떻게 가능한지 이야기하지 않는다. 지구의 표면 — 인간이 거주할 수 있는 유일한 곳 — 이 국민국가에 의해 빈틈없이 분할 점령된 상황에서, 이미 존재하는 정치공동체를 파괴하지 않고 새로운 정치공동체를 수립하는 일이 어떻게 가능하겠는가? 하지만 그런 방식으로 난민의 상태에서 벗어나는 것은 (예를 들면 유대인이 팔레스타인에서 그랬던 것처럼) 새로운 난민을 만들어낼 뿐이다. 이러한 의문은 우리를 환대의 문제로 데려간다. 적대 — 적대란 "타인의 존재에 대한 부정"이라고 슈미트는 말하였다 — 와 반대되는 개념으로서의 환대.

4. 환대의 권리

아감벤, 아렌트, 슈미트의 문제점은 사람이라는 것(personhood)을 법적이고 정치적인 수준에서만 사고하였다는 데 있다. 그들은 모든 인간이 출생과 동시에 자동으로 사람이 되지 않는다는 것을 이해할 정도로 냉정하고 통찰력이 있었다. 개개의 인간은 다른 사람들에 의해 사람으로 인정받음으로써 비로소 사람이 된다. 하지만 그들은 이 인정을 법적이고 정치적인 관점에서만 사고하였다. 그 결과 그들은 해결할 수 없는 모순에 빠지고 말았다. 주권은 인민에게서 나오지만, 인민을 구성하는 개개의 사람은 바로 그 주권의 행사에 따라 사람의 지위를 언제든지 상실할 수 있다는 모순이 그것이다. 이 모순에서 벗어나는 방법은 사회적인 것(the social)의 층위를 도입하는 것이다. 우리는 법적으로 인정받기 이전에, 사회적 환대를 통해 사람이 된다. 사회적인 환대는 법적인 인정보다 더 근본적이다. 법적으로 사람이더라도, 사회적으로 사람대접을 받지 못한다면, 그는 완전한 사람이라고 할 수 없다. 그는 자신의 사람 지위를 잃을 위험에 지속적으로 노출되어 있다. 역으로 법이 어떤 사람에게서 사람의 지위를 박탈하여 그를 벌거벗은 생명으로 만들려 할 때, '사회적인 것'의 수준에서 효과적인 저항이 이루어진다면 그 법은 관철되지 못할 것이다.

유대인들은 벌거벗은 생명이 되기 전에 이미 그들의 사람 자격을 부정하는 일련의 폭력 과정을 겪었다. 유대인에게만 해당되었던 통행금지나 그들이 오염된 존재임을 멀리서도 알아볼 수 있게 하는 노란 별, 언제라도 당할 수 있는 모욕과 폭행, '제국 수정의 밤(Reichskrystallnacht)'에 있었던 것과 같은 거처와 생계수단의 공공연한 파괴와 약탈 등. 법의 이름으로, 혹은 법의 방조 아래 사적으로 이루어졌던 이 크고 작은 폭력의 목표는 유대인들의 인격을 체계적으로 모독하고 ─ 고프먼(Erving Goffman)이 『요양원(Asylums)』에서 묘사한 mortification ─ 그들이 사람으로서 사회 안에 성원권을 가지고 있음을 부정하는 데 있다. 집단수용소는 이러한 긴 과정의 마지막 단계로 나타난다. 죽음의 캠프로 끌려갈 때 유대인들은 이미 사회적으로 죽어 있었다. 그들이 사람이라고 감히 주장하는 사람이 아무도 없었기에 ─ 이것이 '사회적으로 죽어 있다'는 말의 의미이다 ─ 그들을 죽이는 일은 그토록 쉬웠다.

아감벤과 아렌트는 어떻게 인민이 난민으로 바뀌고, 사람이 벌거벗은 생명으로 바뀌는지에 대해서만 말할 뿐, 그 반대의 경우에 대해서는 언급하지 않는다. 하지만 사람이 벌거벗은 생명이 될 수 있듯이, 벌거벗은 생명 역시 사람이 될 수 있다. 나는 미국의 흑인들이 어떻게 사람이 되었는지 이야기하고 싶다.

미국에 처음 도착한 흑인의 법적 지위는 사람이 아니라 물건이었다. 그들은 물건이라는 지위에 걸맞게 배에 짐짝처럼 실려 왔다.[5] 그리고 적당한 가

---

5 중간항해(middle passage)라 불리는, 대서양을 건너는 이 긴 여정이 얼마나 끔찍한 것이었는지에 대해 여기서 새삼 길게 이야기할 필요는 없을 것이다. 나는 다만 한 가지 사례에 대해서만 주의를 환기시키고자 한다. "종(Zong) 호의 선장은 노예를 태우고

격이 붙여져 원하는 사람에게 팔려 갔다. 물건이었기 때문에 흑인은 인민에 속할 수 없었고, 미합중국의 건설에 참여할 수도 없었다. 1863년의 노예해방 선언과 더불어 이들은 비로소 법적으로 사람의 지위를 얻으며, 이는 참정권의 획득으로 이어진다(1870년 수정헌법 제15조에 따라 흑인 남성도 투표권을 갖는다).

그런데 노예제에서 풀려나 미국 시민이 된 후에도 사회적 차원에서 본다면, 이들은 여전히 사람대접을 받지 못하였다. 이것은 무엇보다 공간과의 관계 속에서 표현되었다. 흑인은 백인을 위한 장소에 들어갈 수 없었고, 별도의 식당, 버스, 학교를 이용해야 했다. 달리 말하면 흑인은 공공장소에 제한적으로만 입장이 허가되었다. 왜냐하면 흑인은 이 장소를 오염시키는 존재로 여겨졌기 때문이다.

오염의 메타포는 법적으로 사람의 지위를 얻었으나 사회적으로는 아직 그렇지 못했던 흑인의 어정쩡한 지위를 표현한다. 정확히 말하면 그들은 노예 신분에서 벗어나 아웃카스트(outcast)로 이행한 것이다. 패터슨(Orlando Patterson)에 따르면 아웃카스트와 달리 노예는 '더럽다'고 여겨지지 않는다(Patterson, 1982: 45~51). 왜냐하면 노예는 '보이지 않기' 때문이다. 노예는 사회의 바깥에 있기에, 아무런 자리를 차지하지 않는다. 노예의 신분에서 벗어

항해하던 중에 물이 부족해지자 132명의 흑인을 바다로 던져서 익사시켰다. 1783년에 사업주는 법원에 이 사건으로 입은 손해를 보험회사가 보전해주어야 한다고 요구해 왔다. 그가 당한 사건은 보험약관상 '해상 위험'에 속한다는 것이다. 법원의 판결은 놀랍게도 '말을 바다에 던진 것과 마찬가지 경우'에 해당하므로 흑인 1명당 30파운드의 보상을 하라는 것이었다. 그런 행위가 살인 범죄라는 생각은 누구도 하지 않았다"[주경철, 『대항해시대』(서울대학교 출판부, 2008), 334쪽]. 노예는 사람이 아니라는 말의 의미를 이처럼 분명하게 전달하는 예도 드물 것이다.

나 '보이게' 되면서, 흑인은 비로소 '더러워진다'.

우리는 민권운동 이전의 흑인의 처지를 단순한 은유가 아니라 엄밀하게 인류학적 관점에서 달리트(dalit, 불가촉천민)와 비교할 수 있다. 인도의 농촌에서 달리트는 마을 외곽의 특수한 구역에서 살면서 마을의 허드렛일을 한다. 그들은 도시로 나가 살더라도 이런 일을 하기 위해 주기적으로 마을로 돌아와야 한다. 하지만 그들은 이렇게 마을에 매여 있으면서도 촌락사회 안에서 성원권을 갖지 못한다. 이것은 달리트가 장소를 오염시키는 존재로 간주된다는 사실에서 상징적으로 드러난다. 예를 들어 어떤 곳에서는 달리트가 마을을 지나갈 때면 자기가 지나간 자리를 쓸면서 가도록 되어 있다. 더글러스(Mary Douglas)가 말했듯이, "더럽다는 것은 제자리에 있지 않다는 것"이다. 달리트는 사회의 구성원이 아니면서도 사회 공간 안에 들어와 있기 때문에 더럽다고 여겨지는 것이다. "분리되었지만 평등하다"라는 그럴듯한 구호로 포장되었지만, 미국의 흑백분리정책의 밑에 있는 생각은 바로 이것이었다. 흑인들은 '사회'의 구성원이 아니라는 것, 사회 안에 그들을 위한 자리는 없다는 것.

그리하여 1960년대를 휩쓴 민권운동(civil rights movement)은 사회 안에서 흑인의 자리/장소를 요구하는 것으로 시작되었다. 예를 들면 흑인에게 입장이 금지된 콘서트 홀, 도서관, 의회, 백인전용 식당 등에 들어가서 앉아 있는 단순한 것이었다.

1960년 2월 1일, 노스캐롤라이나주 그린즈버러에 있는 흑인 대학의 신입생 4명이 백인전용인 울워스백화점 간이식당에 가서 앉기로 결심했다. 식당 종업원은 주문도 받지 않았고, 학생들이 나가려 하지 않자 아예 식당문을 닫아버렸다. 다음 날 학생들은 다시 식당으로 찾아갔고, 매일같이 그 일이 반복되자 다른 흑인들도 아무 말 없이 식당의 자리를 차지하고 앉았다. 2주일이 지나자 앉아있기운동(sit-ins)은 남부 5개 주 15개 도시로 확산되었다.[6]

앉아있기는 인종차별에 대항하여 이 시기에 전개된 다양한 비폭력투쟁 — 인종분리 버스에 대한 승차거부와 인종분리 상점에 대한 불매운동, 주 정부를 상대로 한 소송, 유권자 등록 캠페인 — 의 일부일 뿐이다. 그러나 그 행위의 상징성은 다른 어떤 형태의 저항보다도 분명하게 민권운동의 목표를 전달한다. 그 목표는 곧 유색인이 사회라 불리는 공적 공간 안에 동료시민과 동등한 자격으로 들어가는 것, 다른 말로 표현하면 완전한 사회적 성원권을 획득하는 것이다.

여기서 우리가 숙고해야 할 문제는 사회적 성원권과 시민권 또는 '환대의 권리'와 시민권의 관계이다. 민권운동은 그 명칭이 시사하듯, 시민권의 확장 내지는 완전한 시민권(full citizenship)의 획득으로 이해된다. 흑인은 노예해방과 더불어 명목상 미국시민권을 얻었지만, 그 후에도 계속 같은 시민보다 더 열등한 위치에, 말하자면 '2등 시민'의 신분에 머물렀기 때문이다. 하지만 사실 공공장소를 이용할 권리, 카페에 들어가거나 버스를 탈 권리는 시민권이 없는 외국인에게도 주어지는 것이다. 이러한 권리는 칸트가 말하는 환대의 권리에 속하는 것으로, 사람이라면 누구나 갖고 있다고 인정된다. 이는 환대의 권리와 시민권을 위계적이며 서로 독립적인 권리로 생각하는 것을 재고해야 함을 뜻한다. 민권운동은 미국의 흑인들이 주권자로서의 완전한 지위를 회복하기 위한 투쟁이었을 뿐 아니라(그런 의미에서 '인민'이 되기 위한 운동이었을 뿐 아니라), 사람이 되기 위한 투쟁이기도 하였다.

....

6   하워드 진, 『미국민중사 2』, 유강은 옮김(이후, 2006), 175~176쪽.

칸트는 이방인에 대한 환대의 의무를 일시적인 체류를 허락할 의무로 한정시켰다(칸트, 2011). 이것은 일정 기간을 넘어서 체류하는 난민이나 이주노동자들을 그들이 떠나온 곳으로 강제 송환하는 것을 정당화하는 근거로 사용될 수 있다. 설령 강제 송환의 대상자에게 이러한 조치가 커다란 불행으로 다가오더라도 그렇다. 어떤 정치철학자들은 이것을 '자유주의'(불법체류자의 인권을 우선으로 고려하는 것)와 '민주주의'(그가 머무는 나라의 인민의 결정권을 우선하는 것)의 충돌이라는 관점에서 설명한다. 자유주의와 민주주의 모두 소중하기 때문에 어느 한쪽을 일방적으로 편들 수 없다는 것이다. 하지만 이러한 주장은 "인민은 누구인가? 인민이 될 자격(권리를 가질 권리)은 어떻게 획득되는가?"라는 질문을 회피하기 때문에, '인권'과 '민주주의' 중 하나를 선택해야 하는 딜레마에 빠지고 만다.

인민은 시민권을 가진 사람으로만 구성되는 게 아니다. 이미 시민권을 가진 사람만이 인민이라면, 시민권의 확대가 민주주의의 이름으로 언제까지나 유보되는 일도 가능할 것이다. 예를 들어 민주주의의 이름으로 여성이나 흑인 같은 특정한 범주의 사람들에게 시민권을 주지 않는 것이 가능할 것이다. 하지만 실제로 시민권을 갖지 못한 사람도 이미 일상적 상호작용 속에 참여하면서 다른 사람에 의해 사람으로 인정되기 때문에 인민에 포함된다. 즉, 인민이 될 자격(권리를 가질 권리)은 일상공간에서 매일매일 벌어지는 상징적 투쟁 속에서 주장되고 또 승인되는 것이다. 불법체류자는 우리 사회 속에서 이미 '사람'으로서 살아가고 있기 때문에 그의 의사를 무시하고 '민주적 결정'을 내리는 것은 불가능하다.

인민을 이렇게 정의하는 것은 주권의 개념을 지나치게 확장하는 것일까? 주권의 개념은 불가피하게 전쟁의 개념과 결합하는가? 즉, 전쟁을 하는 국가들의 존재를 전제하는가? 아니면 주권을 '절대적 환대에 기초한 인류사회'라는 칸트적 이상 위에서, 특정한 장소의 거주자들이 갖는 자치권으로 생각할 수 있을까? 공간주권이라는 화두는 이러한 질문의 지평을 열고 있는 것처럼 보인다. 하지만 그것은 어느 정도까지 대답이 될 수 있을까?

제2장

삶의 공간을 지키고 보호할 권리

강현수 | 중부대학교 도시행정학과 교수

1. 자신의 삶터에서 쫓겨나는 주민들

2009년 용산 4구역과 2012년 제주 강정마을은 시공간적으로 멀리 떨어져 있지만 공통점이 있다. 이곳의 주민들이 자신들의 삶의 공간을 지키기 위해 공권력에 맞서 거세게 투쟁했던, 그리고 지금도 투쟁 중인 장소라는 점이다. 그런데 이 두 곳에서 주민들의 투쟁은 실정법상 불법행위로 간주되어 법을 집행하는 국가 공권력에 의해 폭력으로 진압되었고, 지금도 진압 중이다.

제주 강정마을은 해군기지 건설로 인해 주민들의 삶터 일부가 국가에 수용된 경우이다. 국가의 가장 중요한 역할이 국가 안보이고, 이를 위해 해군 기지가 필요하다는 것이다. 이로 인해 불가피하게 주민의 땅을 수용해야 하며, 주민의 피해에 대해서는 정당한 보상을 해주었다는 것이 국가 공권력의 논리이다. 반면 주민들은 자신들의 오랜 삶터에서 자신들이 전혀 원하지 않는 해군기지 건설을 밀어붙이는 국가 공권력에 거세게 저항하고 있다. 주민들이 원하는 바는 아주 단순하다. 우리 마을은 우리가 알아서 할 터이니 제발 원래 살던 그대로 가만히 놔두라는 것이다.

용산 4구역은 민간조합이 주도하는 재개발이 진행되던 곳이다. 재개발로 상가 건물들이 철거되고 이곳에서 영업하던 상가 세입자들이 아무런 대책 없이 쫓겨나자 농성을 시작했다. 재개발추진조합 측은 세입자에게 전세 보증금은 물론이고 법에 규정된 보상비까지 주었으므로 아무런 법적 하자가 없다고 주장했다. 반면 세입자 측은 철거 이전과 비슷한 수준의 영업을 재개하려면 조합 측에서 주겠다는 보상비로는 턱없이 부족하다고 주장했다. 세입자들이 더 많은 보상을 요구하며 건물 점거 농성에 들어가자 이를 불법행위로 규정한 국가 공권력이 나서서 세입자들의 농성을 강제 진압했다. 이로 인해 6명의 귀중한 생명을 잃는 참사가 발생했다.

이 두 경우 모두 국가 공권력은 법적 절차에 따라 정당한 법 집행을 하고 있으며, 주민들이 정당한 법 집행을 방해하는 불법을 자행하고 있다고 주장한다. 그 후 자신들의 삶의 공간을 지키기 위해 앞장섰던 주민들은 공권력에 의해 처벌을 받았다. 그러나 국가 공권력이 불법으로 규정한 주민들의 저항을 외부의 많은 시민들이 지지하고 나섰으며, 정당하게 법을 집행했다는 국가 공권력을 비난했다. 용산 참사의 경우 사건 발생 이후 종교인, 인권활동가를 포함한 수많은 시민이 모여 공권력의 사과와 재발 방지 대책을 요구했다. 강정마을의 경우에도 마을 주민들의 투쟁을 지원하기 위해 종교인과 시민사회단체, 외국인을 포함한 수많은 각계각층의 자발적인 시민들이 자비로 제주도에 와서 연대 투쟁을 진행하고 있다. 이처럼 두 곳의 주민들은 자신들의 삶의 터전을 파괴하는 공권력에 맞서 거세게 저항했다. 이런 저항이 설령 불법행위로 간주된다 하더라도 외부 여론의 상당한 공감과 지지를 받은 경우는 이 두 사례만이 아니다.

2007년 평택 대추리는 미군기지 건설 때문에 주민들이 자신의 삶의 터전에서 강제로 쫓겨났다는 점에서 2012년 강정마을과 큰 차이가 없는 경우이다. 화성 매향리에서는 미군 폭격장 반대투쟁이, 부안에서는 핵폐기물 처리장 건설 반대투쟁이, 삼척에서는 핵발전소 유치 반대투쟁이 거세게 일어났다. 국가 발전을 명분으로 한 댐, 간척지, 도로, 철도, 공업단지 등의 건설로 인해 자신들의 삶의 터전을 잃어버리게 된 수많은 주민들이 거세게 반발하였다. 그리고 이러한 반발은 지금도 계속 이어지고 있다. 양평 두물머리 농민들은 정부가 추진하는 4대강 사업에 의해 자신들이 애써 농사짓던 팔당 유기농단지가 강제 수용되자 이를 저지하는 투쟁을 몇 년째 진행 중이다. 밀양 보라마을의 주민들은 동네를 가로지르는 한국전력 초고압 송전탑 건설에 반대하는 싸움을 7년간 벌여왔다. 그동안 세간의 관심을 받지 못하다가 2012년 1월 주민의 반대에도 공사를 강행하던 한국전력 측에 항의하던 이치우 할아버지가 분신함으로써 외부에 사건이 알려졌다.

제주 강정마을 같은 농어촌지역에서는 주로 정부의 대형 국책사업이나 개발프로젝트로 주민의 삶의 터전이 파괴되거나 정든 곳을 강제로 떠나야 하는 경우가 발생한다면, 서울 같은 대도시에서는 이윤의 논리가 지배하는 도시 재개발, 재건축 과정으로 기존의 주택이나 상가가 철거되면서 주민의 삶의 공간이 파괴되는 경우가 많다.

용산 4구역 상가 세입자들의 저항은 1980년대 서울 양동, 상계동, 목동, 사당동 등의 서민 주거지 철거 과정에서 나타났던 철거 반대 싸움의 연장선상에 있다. 1980년대 사례가 주로 주거지 재개발에 따른 집과 마을 철거에 저항했던 싸움인 데 비해, 2009년 용산의 사례는 상가 재개발에 따른 영업지 철거에 저항했던 싸움이라는 점이 다를 뿐이다. 용산 참사 이후 2011년 서울 홍대 앞 음식점 두리반과 명동의 카페 마리에서 일어난 상가 세입자의 저항은 용산 4구역과 똑같이 상가 재개발이 원인이었다.

자신의 삶의 터전이 파괴되고, 그로 인해 오랫동안 정든 곳에서 아무 대책 없이 강제로 쫓겨나고, 이에 격렬히 저항하는 싸움은 한국뿐 아니라, 다른 나라에서도 자주 발생하는 일이다. 전 세계적으로 보면 매년 100만 명 가까운 사람이 자신들이 살던 집과 땅에서 강제로 퇴거당한다고 한다. 하지만 대부분의 경우 주민의 저항이 무시되며, 무시하기 어려울 만큼 거세게 폭발하는 경우에는 국가 공권력이 나서서 저항하는 주민을 힘으로 누르거나 처벌하곤 한다. 국가 공권력에 따른 처벌을 감수하면서까지 주민이 저항하는 이유는 자신들의 삶의 터전에서 쫓겨난다는 것이 곧 자신들의 삶에 대한 엄청난 위협이기 때문이다. 주민이 살던 집과 마을의 파괴는 곧 주민의 물리적 거처의 파괴일 뿐 아니라, 일자리와 사회관계의 파괴로 이어진다. 서식지가 파괴된 동식물의 생존이 위협에 처하듯이, 생활공간이 파괴된 주민은 생존의 위기를 겪는다. 주민은 자신들의 삶을 지키기 위해 저항할 수밖에 없다. 그렇다면 이러한 주민의 저항의 명분과 정당성은 어디에 있는가? 집과 마을 같은 삶의 터전을 지키기 위해, 이를 파괴하려는 세력이나 국가 공권력에 맞서 주민이 주장할 수 있는 권리가 있는가? 만약 있다면 어떤 권리가 있으며 그 근거는 무엇인가?

이 글은 삶의 공간의 파괴에 맞서 저항하는 사람들이 주장할 수 있는 권리로서, 우선은 '재산권'이 있고 그다음으로는 보편적 인권으로서 '주거권'이 있으며, 최근 새롭게 주목받는 '도시에 대한 권리'가 있음을 보여주고자 한다. 그리고 삶의 공간을 지키기 위한 권리로서 재산권이 가지는 한계와 아울러, 주거권과 도시에 대한 권리의 제도화와 개념의 확장을 통해 주민의 삶의 터전에 대한 권리가 보편적으로 인정받아야 함을 주장하고자 한다.

2. 주민의 재산권

삶의 터전에서 여러 가지 이유로 강제로 쫓겨나는 주민들이 가장 먼저 주장할 수 있는 권리로 토지나 건물의 재산권이 있다. 재산권은 인류 역사에서 가장 오래된 권리 중 하나이며, 자본주의 질서의 근간이 되는 권리이다. 또한 우리나라 헌법에 규정된 헌법적 권리이며 세계인권선언에 규정된 인권이다. 1948년 공표된 세계인권선언 제17조 2항에는 "어느 누구도 자의적으로 자신의 재산을 박탈당하지 아니한다"라고 되어 있다. 그러나 재산권이 항상 절대적으로 보호받는 것은 아니다. 우리나라 헌법 제23조는 재산권에 대해 "모든 국민의 재산권은 보장되지만, 재산권의 행사는 공공복리에 적합하도록 하여야 하며, 공공필요에 의한 재산권의 수용·사용 또는 제한 및 그에 대한 보상은 법률로써 하되, 정당한 보상을 지급하여야 한다"고 규정하고 있다.

자신의 삶의 터전에서 쫓겨나는 주민들에게 재산권은 가장 먼저 주장할 수 있는 권리지만 그 한계도 많다. 지금 전 세계에서 자신의 삶터에서 쫓겨나는 주민들의 저항이 가장 심각한 나라가 중국이다. 그 이유는 현재 중국의 도시화·산업화 단계가 대규모 지역 개발이나 도시 개발 과정을 수반하는 단계이기도 하지만, 또 하나의 중요한 이유는 사회주의 토지제도를 표방한 중국에서는 주민이 주장할 수 있는 토지소유권이 없기 때문이다. 이에 반해 선진 자본주의국가의 경우 기존 주민의 토지나 건물의 재산권이 철저히 보호되기 때문에, 기존의 주민 거주지에서 중국과 같은 대규모 개발사업을 추진하기가 어렵다. 따라서 강제적인 주민퇴거도 별로 발생하지 않는다.

그러나 토지나 건물의 재산권을 잘 보호해주는 자본주의국가라도 자신의 삶의 터전에서 쫓겨나는 주민에게 재산권이 아무런 보호가 될 수 없는 경우

도 많다. 첫째, 주민이 토지나 건물을 소유하지 못한 경우, 예를 들어 소작농
민이나 세입자의 경우 재산권을 주장할 수가 없어 자신을 방어할 수단이 없
다.[1] 둘째, 국가나 공권력이 나서서 공공필요라는 명분으로 재산권을 수용
하는 절차를 거치면 이에 대응하기가 어렵다.[2] 공익을 명분으로 재산권 수
용 절차를 거치면, 주민의 저항은 불법화되고, 이를 탄압하는 공권력은 합법
성을 부여받는다. 전 세계적으로 나타나는 강제퇴거는 거의 대부분 합법이
다. 그럼에도 많은 주민이 이러한 강제퇴거에 저항하며, 또 많은 외부인이
이들의 저항을 지지한다. 그렇다면 재산권 외에 삶의 터전을 지키기 위해 주
민들이 주장할 수 있는 다른 어떤 권리가 있을까?

---

[1] 소유권이 없다고 해서 재산권을 주장할 수 없는 것은 아니라는 입장도 있다. 이계수
    는 우리나라 헌법의 재산권 개념을 우리 사회의 지금까지의 통념인 민법상의 소유권
    과 동일한 것으로 협소하게 해석하지 말고, 그 대신 임차인의 점유권도 포함된 개념으
    로 새롭게 확장 해석할 수 있다고 본다. 이렇게 재산권 개념을 새롭게 해석하는 것은 사
    람들의 생존을 위한 물질적 기초와 관련된 내용도 재산권에 포함된다는 것을 의미한다.
    즉, 인권으로 재구성된 재산권이 가능하다는 것이다. 이에 대해서는 이계수, 「주거권
    의 재산권적 재구성: 강제퇴거금지법 제정운동에 붙여」, ≪민주법학≫, 제46호(2011),
    13~55쪽 참조.
[2] 사유재산권이 가장 잘 보호된다는 미국에서도, 공적인 이유로 개인의 재산권을 수용
    하는 것이 정당화되는 경우가 많다. 가장 극적인 사례가 2005년 미국 연방대법원의
    Kelo v. New London 사건 판례이다. 미국 뉴런던 시는 낙후된 지역의 개발을 위해 민
    간기업의 유치를 추진했고, 기업 부지를 마련해주기 위해 주민 토지를 수용했는데, 여
    기에 켈로(Kelo)를 비롯한 일부 주민이 자신들의 토지 수용에 반대하여 소송을 제기
    했다. 많은 논란을 거쳐 최종적으로 미국 연방대법원은 5대 4의 다수의견으로 공익에
    도움이 된다면 민간기업을 위한 개발을 위해 사유재산을 수용하는 것이 정당하다고
    판결했다. 이 판결은 이후에도 많은 논란이 되고 있다.

3. 인권으로서 주거권과 강제퇴거 금지규약

실정법상 합법화된 개발과 재개발에 맞서서 자신들의 삶의 터전에서 강제로 쫓겨나는 주민의 저항을 정당화할 수 있는 또 하나의 권리로 주거권 (the right to housing)이 있다. 주거권은 세계인권선언에서 규정된 보편적 인권이다. 세계인권선언 제25조 1항에서는 "모든 사람은 자신과 가족의 건강과 안녕에 적합한 생활수준을 누릴 권리가 있으며, 이러한 권리에는 음식, 의복, 주거, 의료, 그리고 생활에 필요한 사회서비스를 누릴 권리가 포함된다"고 선언하고 있다.[3] 세계인권선언의 내용을 개별 국가에서 의무적으로 이행하기 위해 만들어진 것이 국제인권규약이다. 국제인권규약에 가입한 국가들은 자국 내에서 이를 의무적으로 이행해야 한다. 세계인권선언에서 규정된 주거권에 대한 내용은 경제적·사회적·문화적 권리에 관한 규약(이하 사회권규약)에서 재차 언급된다.[4] 사회권규약 제11조에서는 "모든 사람은 자신과 그의 가정을 위해 적절한 음식, 의복, 주거 등 적정한 생활수준을 누릴 권리가 있으며, 생활수준을 지속적으로 개선할 권리가 있으며, 이 규약에 가입한 국가는 이러한 권리의 실현을 보장하기 위한 적절한 조치를 취해야 한다"고 규정하고 있다.

이렇게 선언적으로 표방된 주거권의 구체적 의미와 내용을 자세히 해석하고 설명한 것이 유엔 경제적, 사회적, 문화적 권리위원회가 1991년 채택한

---

3 인권으로서 주거권에 대해서는 조효제, 『인권을 찾아서 ─ 신세대를 위한 세계인권선언』(한울, 2011), 213~218쪽; 서종균, 「주거복지와 주거권」, 한국도시연구소 기획, 『주거복지의 새로운 패러다임』(사회평론, 2011), 17~45쪽 참조.

4 영어 명칭은 The International Covenant on Economic, Social and Cultural Rights이다. 1966년 채택된 이 규약에 한국은 1990년에 가입했다.

「적절한 주거권에 관한 일반논평 4(General Comment No. 4: The right to adequate housing, 이하 일반논평 4)」이다. 이 「일반논평 4」에서는 주거권을 "안전하고 평화롭고 존엄하게 살 권리(the right to live somewhere in security, peace and dignity)"로 정의하면서, 주거의 의미를 단순히 비를 피할 수 있는 거처나 상품(commodity)이라는 좁은 의미로 해석해서는 안 된다는 점을 강조하고 있다.[5] 이 「일반논평 4」에서는 적절한 주거권을 구성하는 구체적인 요소 일곱 가지를 자세히 설명하고 있는데, ① 강제퇴거의 위협으로부터 임차기간을 보호받아야 하는 점유의 법적 보장, ② 물, 전기, 도로, 에너지 같은 서비스, 물자, 시설, 기반시설의 이용가능성, ③ 주거비용의 부담 적정성, ④ 추위, 더위, 비바람을 막을 수 있는 거주 적정성, ⑤ 노인, 장애인, 어린이의 접근성, ⑥ 일터나 학교, 병원 등으로부터 멀리 떨어지지 않은 입지, ⑦ 문화적 다양성을 인정하는 문화적 적절성 등이다.[6]

주거권을 가장 침해하는 행위가 바로 강제퇴거(forced eviction)이다. 유엔 경제적, 사회적, 문화적 권리위원회는 강제퇴거행위를 주거권뿐만 아니라 다른 인권을 침해하는 중요하고도 심각한 사안으로 간주하고, 특별히 1997년 「적절한 주거권에 관한 일반논평 7(General comment No. 7: The right to

---

[5] 유엔 경제적, 사회적, 문화적 권리위원회가 채택한 적절한 주거에 관한 일반논평 원문은 유엔인권고등판무관실(The Office of the United Nations High Commissioner for Human Rights: OHCHR)홈페이지에서 찾아볼 수 있다. 이에 대한 한국어 번역은 국가인권위원회, 『유엔인권조약감시기구의 일반논평 및 일반권고 - 경제적·사회적 및 문화적 권리위원회』(2006) 참조.

[6] 여기에 대한 좀 더 자세하고 쉬운 설명은 하성규, 「헌법과 국제인권규범을 통해서 본 주거권과 "적절한 주거(Adequate housing)" 확보 방안」, ≪한국사회정책≫, 제17집 제1호(2010), 334~339쪽 참조.

adequate housing, 이하 일반논평 7)」을 공표하였다. 「일반논평 7」에서는 강제
퇴거를 "개인, 가족 및 공동체가 자신의 의지에 반하여 점유하고 있는 집이
나 땅으로부터 적절한 법적 형태 또는 다른 형태의 보호도 받지 못한 채 영
구적 혹은 일시적으로 축출되는 것"으로 정의한다. 가장 심각한 강제퇴거는
국가 간의 전쟁이나 내전으로 발생하지만, 개발이라는 명목하에 발생하는
경우도 많다. 특히 댐 건설 같은 대규모 공공사업이나, 도시화나 도시 재개
발 과정에서 많이 발생한다. 대규모 행사 준비 과정에서 발생하는 경우도 많
다. 2008년 베이징 올림픽 경기를 준비하기 위해 중국 당국은 백만 명 가까
운 주민들을 삶의 터전에서 쫓아냈다고 한다.[7] 정도의 차이는 있지만 1988
년 한국의 서울 올림픽, 2010년 남아프리카 공화국 월드컵 준비 때도 마찬가
지로 국제 스포츠 행사에 참여하는 외국인에게 좋은 인상을 심어주어야 한
다는 명분으로 오랫동안 해당 지역에 거주했던 가난한 주민 다수가 강제퇴
거당했다.

　강제퇴거가 특히 문제가 되는 이유는 모든 인권의 상호연관성과 상호의
존성으로 강제퇴거가 주거권은 물론 기본적 시민권, 그 밖의 정치적 · 경제
적 · 사회적 · 문화적 권리를 동시에 침해할 가능성이 높기 때문이다. 강제
퇴거는 해당 주민의 고용, 교육, 건강, 사회적 관계에 악영향을 미치며 생명
에 대한 권리, 거주이전의 자유, 사생활 보호, 표현의 자유, 집회와 결사의 자
유 등에 대한 심각한 침해를 유발한다. 따라서 유엔 경제적, 사회적, 문화적
권리위원회에서는 강제퇴거가 용인될 수 있는 경우는 아주 예외적 상황으로
국제법의 관련 원칙에 부합하는 경우에만 정당화될 수 있다고 규정하고 있

---

[7] COHRE, *Fair Play for Housing Rights: Mega-Events, Olympic Games and Housing Rights*(2007).

다.[8] 또한 해당 요건에 부합하더라도 강제퇴거는 국제인권법을 엄격하게 준수하고 수행되어야 한다고 규정한다.[9]

유엔 경제적, 사회적, 문화적 권리위원회가 사회권규약에 가입한 국가에게 사회권의 침해 사항에 대한 시정을 권고하고 있는데, 한국의 경우 강제퇴거 문제가 항상 시정 권고 대상이 되고 있다. 2009년의 경우에는 특히 용산참사를 언급하면서 강제퇴거와 관련된 위원회 「일반논평 7」에 부합하도록

----

[8] 「적절한 주거권에 관한 일반논평 4」 제18조.
[9] 강제퇴거가 용인되는 경우란 다음과 같은 상황을 말한다.
(a) 거주자나 주민이 이웃 주민에게 인종차별과 같은 차별적 언행이나 공격 또는 취급을 하는 경우, (b) 임차한 재산을 부당하게 파괴하는 경우, (c) 집주인이 거주가능성에 대한 보장의 의무를 이행하지 않은 적이 없음에도, 임차인이 이미 입증된 지불 능력을 갖추고서도 임대료를 계속 지불하지 않는 경우, (d) 이웃을 괴롭히거나 위협 또는 협박하는 반사회적 행동을 지속한다거나, 공중보건 또는 공공의 안전을 위협하는 행위를 지속적으로 자행하는 경우, (e) 다른 사람의 권리를 위협하는, 법에 규정된 명백한 범죄행위를 자행한 경우, (f) 사람이 거주하고 있는 토지를 불법 점유하는 경우, (g) 점령국 국민이 피점령지 국민의 토지나 주택을 점유하는 경우[국가인권위원회, 『유엔인권해설집 - 강제퇴거와 인권』(2005), 16쪽에서 재인용].
한편 강제퇴거와 관련된 보호절차는 다음과 같다.
(a) 피해자와 성실히 협의할 기회, (b) 예정된 강제퇴거일 이전에 모든 당사자에게 적절하고 합법적인 방법으로 통지, (c) 제안된 강제퇴거에 관한 정보 및 가능한 경우 모든 피해자에게 합리적 기간 내에 토지 및 주택이 이용될 수 있거나 유용하게 쓰일 수 있는 대안적 용도에 대한 정보, (d) 특히 집단이 관련된 경우, 정부 관리 혹은 정부 대표의 현장 파견, (e) 모든 퇴거 집행자의 신원 제시, (f) 퇴거 당사자의 동의 없이는 악천후 시 혹은 야간에 퇴거 감행의 금지, (g) 법적 구제의 제공, (h) 가능한 경우 법원으로부터 배상 신청을 할 필요가 있는 자를 도울 법률구조의 제공 등[국가인권위원회, 『유엔인권조약감시기구의 일반논평 및 일반권고 - 경제적·사회적 및 문화적 권리위원회』(2006), 61쪽에서 재인용].

"개발사업과 주거환경 개선사업을 시행하기 전에 동 사업으로 영향을 받게 될 거주자들과의 공개 토론과 유의미한 협의를 보증할 것"을 권고하였다.[10]

지금까지 살펴본 것처럼 인권으로서 주거권은 인류 보편적으로 인정받고 있는 인권이며, 국제규약을 통해 그 내용과 적용 범위를 상세하게 규정하고 있다. 따라서 자신의 삶의 터전에서 쫓겨난 사람들의 권리를 지키기 위한 저항운동에 훌륭한 명분과 정당성을 제공하고 있다. 1960년대 이후 한국 도시화 과정이 본격화되면서 나타난 수많은 철거 반대 싸움에서 끊임없이 주장했던 것도 바로 주거권 보장이었다. 철거 대상 지역 주민은 합법성으로 무장한 공권력의 개입에 맞서 싸우는 자신들의 정당성을 인권으로서 주거권에서 찾았다.

「일반논평 4」에서 자세히 설명하는 것처럼 주거권은 주택이라는 물리적 거처에 대한 권리로 좁게 해석될 것이 아니라, 사람들의 주거생활에 필요한 경제적·사회적 환경까지 포함한 권리를 의미한다. 즉, 비바람을 피할 수 있는 주택에 거주할 권리를 넘어서, 제대로 사람다운 생활을 할 수 있는 시설을 갖춘 집과 동시에 생활환경을 갖춘 동네에서 거주할 수 있는 권리를 의미한다. 그런 의미에서 주거권은 곧 생활공간, 삶의 공간에 대한 권리이기도 하다.

이렇게 주거권이 폭넓은 의미로 해석됨에도, 최근 한국에서 나타나는 철거 혹은 강제퇴거에 저항하는 주민운동 중에는 주거권을 내세우지 않았던 저항이 꽤 많다. 일종의 철거 반대 싸움이라는 공통점은 있지만, 용산 4구역,

---

10 유엔 경제적, 사회적, 문화적 권리위원회가 용산 참사와 관련해서 한국정부에 권고한 구체적 내용과 의미에 대해서는 국가인권위원회, 『유엔 경제적, 사회적, 문화적 권리위원회 대한민국 제3차 최종견해 평가 및 이행전략 모색을 위한 토론회 자료집』(2010) 참조.

홍대 앞 두리반, 명동 카페 마리에서 벌어진 주민 저항은 강제퇴거에 대한 저항은 맞지만 주거권을 주장하지는 않았다. 상가 세입자였던 이곳 주민들은 자신들이 애써 일구어놓은 가게의 영업권 보상을 요구했다. 은평뉴타운 건설로 아름다운 정든 마을이 파괴되는 것에 반대했던 서울 은평구 한양마을 주민들의 저항도 주거권을 요구하지는 않았다. 단지 주민들의 의사에 반하는 뉴타운 지정과 그로 인한 강제퇴거에 반대하면서, 자신들의 마을을 있는 그대로 보전해달라고 요구했다. 마찬가지로 평택 대추리, 제주 강정마을, 밀양 보라마을 주민들의 저항 역시 삶의 터전인 지역 공간을 지키기 위한 저항이지만, 이들의 요구가 주거권은 아니었다. 아마 평택 대추리 주민들은 정부가 충분한 금전보상을 해주고 이주 대책을 마련해주었어도 저항을 계속했을 것이다. 주민들이 오랜 세월 가꾸어온 마을공동체의 파괴는 금전적으로 보상될 수 있는 성질이 아니기 때문이다. 강정마을 주민도 주거지 파괴에 반대하는 게 아니라, 주민 의사를 무시하고 외부인이 마음대로 마을을 개발하는 데 반대하는 것이다. 자기 집이 철거되는 것이 아니라, 마을의 상징인 구럼비 바위가 파괴되는 것에 저항하는 주민의 외침을 주거권 요구로 해석하기는 곤란하다. 앞서 예를 든 양평 두물머리 농민이나 밀양 보라마을 주민의 투쟁 역시 주민의 주택이 아니라 좀 더 넓은 차원의 공간, 즉 일터나 삶터, 마을과 동네를 지키기 위한 싸움이었다. 이처럼 인권으로서 주거권의 요구로 보기에는 곤란하지만, 한국 곳곳에서 나타나는 다양한 형태의 삶의 공간을 지키기 위한 주민의 저항을 정당화할 수 있는 또 다른 대안은 무엇인가?

최근 들어 세계적으로 새롭게 주목받고 있는 또 하나의 권리가 있다. 바로 도시에 대한 권리이다.

4. 도시에 대한 권리

자신의 삶터에서 강제로 쫓겨나는 사람들이 주장할 수 있는 또 하나의 권리로서 "도시에 대한 권리(the right to the city)"가 있다. 도시에 대한 권리는 프랑스나 브라질 같은 일부 국가에서는 실정법으로 구체화되어 있는 권리이지만, 아직 국제적으로나 보편적으로 인정받고 있는 권리는 아니다. 세계인권선언이나 국제규약에 의해 확립된 인권도 아니다. 그러나 최근 들어 여러 나라의 시민사회운동 진영에서 요구하고 있는 권리이며, 유엔을 비롯한 국제기구에서 큰 관심을 가지고 있는 새로운 영역의 권리이다.

도시에 대한 권리 개념의 출발은 1960년대 프랑스 철학자 르페브르의 주장에서부터 비롯된다.[11] 1960년대 프랑스에서는 도시화가 진전되면서 농촌 사람뿐만 아니라 옛 프랑스 식민지였던 아프리카 출신 외국인 노동자가 대거 파리와 같은 대도시로 몰려들었다. 급격한 도시화의 당연한 귀결로 주택이 부족해지고, 주택 가격이 폭등하고, 주거비 부담에 대한 서민의 고통이 커졌다. 서민의 불만이 높아지자 프랑스정부가 직접 나서서 파리 교외에 대규모 임대 주택 단지를 건설했다. 그랑 앙상블(grand ensemble)이라고 명명된 이 대규모 고층 아파트 단지는 주택이 부족한 상황에서 서민과 사회적 약자를 배려하기 위해 국가가 적극 개입해 건설한 것이었지만, 결과적으로 사회적 약자를 도시와 사회의 중심에서 배제시키고 공간으로 격리시키는 문제를

---

[11] 이하 르페브르의 도시에 대한 권리 개념의 주장에 대해서는 강현수, 「도시에 대한 권리 개념 및 관련 실천운동의 흐름」, ≪공간과 사회≫, 통권 제32호(2009), 41~88쪽; 강현수, 『도시에 대한 권리 ― 도시의 주인은 누구인가』(책세상, 2010)에 서술된 내용을 압축 요약한 것이다.

낳았다.

당시 프랑스의 도시 상황 속에서 르페브르는 도시에서 자본의 이윤 추구 논리, 즉 교환가치 논리가 성행하는 것을 비판했다. 그는 사람들의 생존과 생활의 논리, 즉 사용가치 논리가 더 우선되어야 한다고 역설했다. 동시에 프랑스정부의 대안이었던 대규모 주거 단지 건설을 비판했다. 이러한 형태의 교외 주거지 건설은 서민에게 극도로 단순화된 주거 기능, 즉 단순 거주의 기능만 제공할 뿐, 일상의 삶을 위한 진정한 거주의 기능은 제대로 제공하지 못한다는 것이다. 여기서 르페브르가 말한 '거주(프랑스어 habiter, 영어 dwell 혹은 inhabit)'는 포괄적인 삶의 의미를 담고 있는 개념으로서 독일의 철학자 하이데거의 영향을 받은 것이다. 르페브르는 단지 주택, 즉 협소한 거주의 기능으로 왜소화된 교외의 고층주택 단지 속에서 사람들이 자기 존재를 자리매김하고 타인과 관계를 맺어가는 거주 기능을 상실하고 있다고 보았다.

이러한 도시 상황을 해결하기 위해서는 도시 거주민들이 "도시에 대한 권리"를 적극적으로 요구하고 외쳐야 한다는 것이 당시 르페브르의 주장이었다. 르페브르가 주창한 "도시에 대한 권리"는 도시 거주자들이 도시에 대해 주장할 수 있는 여러 권리가 모아진 총체적 권리이다. 다시 말하면 도시 거주자 누구나 도시가 제공하는 편익을 누릴 권리, 도시 정치와 행정에 참여할 수 있는 권리, 자신들이 원하는 도시를 만들 권리이다. 그중에서도 특히 르페브르가 강조했던 권리는 도시공간에 대한 전유(appropriation)의 권리였다. 이는 도시 토지의 소유권을 가지고 있지 못한 자들도 도시공간에 대한 사용권이 있다는 것이다. 또한 르페브르는 도시 거주자들이 도시공간의 사용과 관련된 의사 결정 과정인 도시의 행정과 관리에 적극적으로 참여할 수 있는 권리를 강조했다. 르페브르가 보기에 참다운 도시생활의 실현은 거주자들이 도시의 모든 영역에 적극 참여하여 자신의 요구를 주장함으로써 가능해진다.

르페브르가 처음 주창한 "도시에 대한 권리" 개념은 이론에 그친 것이 아니라, 여러 나라와 도시에서 사회운동의 실천 이념으로 활용되었다. 그 후 이러한 운동의 성과가 국제적·국가적·도시적 차원에서 다양한 형태로 구현되었다. 브라질의 경우 헌법과 법률에 명시적으로 구현되었고, 유엔이나 유럽연합의 경우 정책 가이드라인이나 인권헌장의 형태로 구현되었다. 그 외 개별 도시의 경우 헌장이나 행동지침 성격으로 구현되고 있다.

특히 몇 년 전부터 유엔 산하기관인 유네스코와 유엔해비타트(UN-HABITAT)는 "도시에 대한 권리"에 입각한 도시정책을 소개하고 보급하는 사업을 활발히 진행하고 있다. 이 국제기구들은 르페브르의 도시사상의 핵심인 도시를 특정 개인의 전유물이 아니라, 그 안에 살고 있는 모든 사람이 함께 공유하는 집합공간으로 보았다. 또한 국제기구들은 다음과 같은 내용을 담은 도시에 대한 권리 개념이 전 세계의 도시에 확산되도록 하는 캠페인을 진행 중이다.

도시에 대한 권리를 강조하는 입장은 도시 거주자들이 도시의 혜택을 향유하고, 도시 행정과 정치에 참여하고, 도시를 만들고 생산할 권리를 보편적인 권리로 인정받아야 한다는 입장이다. 즉, 도시에서 살아가는 거주자의 일상생활의 요구가 보편적이고 정당한 권리로 인정되어야 한다는 것이다. 특히 사적 소유권과는 대비되는 도시공간의 평등한 이용권과 사용권을 중시하고 도시의 다양한 사안에 대한 참여권을 강조한다.

영어권에서 가장 영향력 있는 비판적 지리학자인 하비(David Harvey)는 가장 빈곤한 계층의 소유권을 침탈하면서 진행되는 신자유주의 도시화 과정에 대항하기 위해 "도시에 대한 권리"를 실천의 슬로건이자 정치적 이상으로 채택해야 한다고 주장한다. 하비가 보기에 르페브르가 말한 도시에 대한 권리는 이미 존재하는 도시에 대한 접근 권리뿐만 아니라, 우리의 가슴이 바라는 것을 좇아 도시를 변화시킬 권리까지 포함한다. 즉, 우리 가슴속의 희망을 좇아 도시를 변화시킴으로써 우리 자신을 변화시킬 권리이다. 하비는 우리 자신과 도시를 재창조하는 작업은 우리의 가장 소중한 인권임에도 가장 무시되었던 인권이라고 강조한다.[12]

이런 차원에서 도시에 대한 권리는 주거권보다 더욱 급진적이며, 포괄적인 권리라고 볼 수 있다. 또한 주거권보다 더 넓은 차원의 공간을 포괄하는 데 적절하다. 그러나 도시에 대한 권리를 도시에서 자행된 용산 4구역이나 두리반 철거 반대운동의 정당화에 사용할 수는 있지만, 제주 강정마을이나 평택 대추리 같은 농촌마을의 저항에 사용하기는 곤란해 보인다. 이러한 문제를 해결하기 위해 퍼셀(M. Purcell)은 도시에 대한 권리는 도시 단위를 넘어 공간의 범위를 확장해야 한다고 본다. 즉, 도시에 대한 권리가 도시보다 더 넓은 공간에 대한 권리로, 보다 일반적인 정주에 대한 권리로, 어떤 지역에 살더라도 그곳의 거주자 전체가 자신의 일상생활을 결정할 수 있는 권리로 확장되어야 한다는 것이다.[13]

이에 파넬(S. Parnell)과 피에터스(E. Pieterse)는 인간의 기본적인 권리, 즉

----

[12] David Harvey, "Debates and developments: the right to the city," *International Journal of Urban and Regional Research*, Vol. 27, No. 4(2003), p. 939; David Harvey, "The Right to the City," *New Left Review* 53(September-October, 2008), p. 23 참조.

[13] M. Purcell, *Recapturing Democracy: Neoliberalization and the struggle for alternative urban futures*(New York: Routledge, 2008), p. 102; M. Purcell, "Citizenship and the right to the global city: reimagining the capitalist world order," *International Journal of Urban and Regional Research*, Vol. 27, No. 3(2003), p. 583 참조.

인권을 강조하는 것이 신자유주의의 대안이 될 수 있는데, 인권이 새로운 담론으로 설득력을 얻기 위해서는 다양한 공간에서 상호연관된 실천 행동이 동시에 이루어져야 한다고 본다. 예를 들어 빈곤을 줄이려면 개인, 동네, 도시, 광역 도시권, 국가, 세계적 차원에서의 권리 증진 노력이 상호결합되어야 한다. 그런데 그동안의 논의들은 개인 차원의 권리에만 초점을 맞추었다는 한계를 가지고 있다. 따라서 민주주의의 심화와 사회경제적 향상을 위해서는 개인 차원의 권리 확보에서 한 걸음 더 나아가 도시에 대한 권리를 주장해야 한다. 파넬과 피에터스에 따르면 도시에 대한 권리는 개인 차원의 권리인 1세대 인권을 넘어서 공간 규모가 확장된 2, 3, 4세대 인권과 관련된다. 그들은 인권이 공간 규모를 확장하면서 진화하고 있고, 또 진화해야 한다고 본다.

- 1세대 인권: 개인 차원의 권리(투표권, 교육권 등)
- 2세대 인권: 주거 차원의 권리(주택, 물, 에너지에 대한 권리 등)
- 3세대 인권: 마을 혹은 도시 차원의 권리(안전, 쾌적성, 대중교통에 대한 권리 등)
- 4세대 인권: 외부에서 유발된 인위적 위협으로부터의 자유(전쟁, 경제 침체, 기후 변화 같은 위협으로부터 벗어날 자유)[14]

만약 한국뿐만 아니라 국제적으로도 보편적으로 확립되지 않은 "도시에

---

14 S. Parnell and E. Pieterse., "The Right to the City: Institutional Imperatives of a Developmental State," *International Journal of Urban and Regional Research*, Vol. 34, Issue. 1(2010), p. 149.

대한 권리"가 도시뿐만 아니라 어떤 지역에서든 그곳의 거주자들이 자신의 일상생활을 결정할 수 있는 권리로 확립된다면, 외부의 힘으로 자신들의 삶의 터전이 파괴되어 쫓겨나는 주민들이 의지할 수 있는 매우 중요한 권리가 될 수 있을 것이다.

5. 맺음말

사람들의 삶은 공간 속에서 이루어진다. 가장 작은 공간인 신체공간에서부터, 한 몸을 누일 수 있는 방, 가족이 함께 거주하는 집, 이웃과 함께 생활하는 동네, 나아가 도시, 더 나아가 국가, 전 세계와 우주로 삶의 공간 규모가 확대된다.

그런데 아무리 정보화, 지구화 시대가 도래하더라도 일상생활의 중심이 되는 공간 단위, 즉 가장 중요한 삶의 공간은 집, 동네, 도시 단위이다. 그리고 이렇게 중요한 일상생활의 공간이 파괴되거나 추방되는 것은 삶의 위기를 초래한다. 따라서 주민에게 삶의 공간을 지킬 수 있는 권리, 한 걸음 더 나아가 보다 나은 삶을 위해 삶의 공간을 희망대로 새롭게 만들 수 있는 권리는 매우 중요한 권리이다.

여기에서는 이러한 삶의 공간을 지키고 만들기 위한 권리로서 재산권이 가진 한계와 아울러, 주거권과 도시에 대한 권리를 살펴보았다. 강제퇴거 금지를 포함한 주거권은 세계적으로 확립된 보편적 인권이지만, 아직까지 한국 현실에서는 제대로 제도화되지 못하고 있다. 도시에 대한 권리는 일부 국가에서 이제 막 제도화된 권리이지만, 주거권보다 좀 더 넓은 규모의 삶의 공간을 지키기 위한 새로운 대안적 권리가 될 수 있다.

주거권이나 도시에 대한 권리를 주장하는 것이 새로운 개발사업을 하지 말자는 것은 아니다. 보다 나은 주거, 보다 나은 도시, 보다 나은 정주환경을 만들기 위해 새로운 개발사업이 필요할 경우가 많다. 문제는 누가 주체가 되는, 누구를 위한 개발사업이냐 하는 점이다. 한국 개발사업의 상당수는 공익을 위한 사업으로 규정되지만, 공익을 위해 원래 거주민이 강제퇴거당하는 경우가 많다. 추상적인 공익만큼 중요한 것이 지금 거주하고 있는 주민을 위한 사업이어야 한다는 것이다. 더 중요한 것은 사업의 주체가 주민이 되어야 한다는 점이다. 주민은 사업의 시혜 대상이 아니라, 당당한 사업의 계획, 운영, 책임 주체가 되어야 한다.

지금과 같이 삶의 공간을 지키기 위한 주민의 저항이 불법행위로 간주되거나 님비(NIMBY)현상으로 폄하되지 않고, 너무나 당연한 기본적 권리로 주장하기 위해서는 주민들이 스스로 삶터의 주인이라는 관념이 사회에 좀 더 깊숙이 뿌리내려야 한다. 주거권과 도시에 대한 권리의 제도화는 이런 관념의 확산에 큰 힘이 될 수 있을 것이다.

제3장

누가, 어디에 있나요?
— 공간이 인권을 안고 인권이 공간을 품어야 할 이유[*]

미류 | 인권운동사랑방 상임활동가

공간이나 인권이나 참 손에 쉽게 잡히지 않는 말이다. 그런데도 도시와 인권, 공간과 인권, 장소와 인권이란 주제가 어느 순간부터 머릿속을 계속 맴돈다. 조금씩 다른 의미이겠지만 그 의의는 크게 다르지 않을 듯하다. 인권이 더 나아가야 할 곳, 도시와 공간과 장소를 헤아릴 다른 시선, 이것이 아마도 두 단어의 조합이 은밀하게 가리키는 바일 테다. 이런 고민을 시작하게 된 것은 아무래도 주거권과 관련된 활동의 경험 때문이다.

1. 공간과 장소를 흘깃거리게 된 내력

주거권과 관련된 활동을 시작한 것은 2005년이다. 주거권이 무엇인지 알

----

[*] 이 글은 ≪세상을 두드리는 사람≫, 제55호(2012, 3 · 4월호), 112~135쪽에 게재된 글임.

기 위해 ≪인권하루소식≫에 '살 만한 집'에 살지 못하는 사람들을 인터뷰하는 "내 친구의 집은 어디인가"란 기획연재를 준비했다. 연재가 끝난 후 주거권을 침해당하는 홈리스와 함께할 활동을 모색하며, 거리노숙인이나 쪽방 거주민과 만나기 시작했다. 이때까지 주거권은 살 만한 집에 대한 권리(적절한 주거에 대한 권리) 이상의 고민으로 나아가지 않았다.

2006년 5월 국가인권위원회는 영등포 쪽방촌의 여관이나 여인숙에 거주하던 사람에게 주거 이전비가 지급되지 않은 것이 차별이라는 결정을 내렸다. 거슬러 올라가면 2003년 10월 영등포 쪽방 50년의 역사를 철거하기 시작한 개발사업은 철로 변에 나무와 풀을 심기 위한 사업이었다. 나무와 풀에 밀려 쪽방촌이 헐리기 시작했고 쪽방에 살던 사람들은 어디론가 흩어졌다. 그러나 2005년 ≪한겨레21≫이 추적한 바에 따르면 대부분 쪽방촌에서 반경 1킬로미터 범위를 벗어나지 못하고 있었고, 주거 수준도 쪽방 수준을 벗어나지 못하고 있었다. 이 모든 것이 '녹지시설'을 지키기 위한 것이었다. 개발사업구역의 세입자에게 지급되어야 할 주거 이전비를 여관이나 여인숙에 장기 거주했다는 이유만으로 받지 못한 것은 명백한 차별이다. 그러나 국가인권위원회의 결정이 아쉬운 것은 이러한 개발사업의 근본적 문제, 즉 도시계획을 위해 사람의 자리가 사라지는 것이 인권침해라는 데까지 이르지 못했다는 사실이다. 고민은 여기까지였다. 다시 서울역 맞은편 동자동 쪽방촌의 개발이 문제가 될 때에도 '주거권'으로 충분했다.

2005년에는 부산에서 에이펙(APEC) 정상회의가 열렸다. 당시 부산시의 "거리노숙인 특별보호 관리대책"이라는 회의 문건이 공개돼 문제가 됐다. 10월 안에 노숙인을 시설에 입소시킨다는 내용과 시설로 입소하지 않는 노숙인은 「경범죄처벌법」으로 거리에서 사라지도록 하겠다는 계획이었다. 당시 정부는 테러를 방지하겠다는 이유로 전국 지하철역과 철도역의 구내 물품보관함을 모두 폐쇄했다. 그러나 공공역사가 거리노숙인의 침실이라면, 물품보관함은 거리노숙인의 장롱이었다. 이와 같은 조치들이 거리에서 노숙인을 '보이지 않게' 만들겠다는 의지로 구성된 것은 분명하다. 국가는 '보호'를 통해서, 그것의 다른 이름인 '처벌'을 통해서 노숙인을 품에 안았다. 조건은 그들이 보이지 않아야 한다는 것, 그것이 테러로부터 지켜야 할 국가안보의 실체였다. 그런데 이와 같은 조치에 맞서 주거권을 주장하려니 뭔가 어색했다. 공공역사가 노숙인의 주요 취침 장소인 것은 분명하지만, 공공역사를 노숙인의 주거공간이라고 주장할 수 있을까? 노숙인은 홈리스로 사회로부터 주거를 보장받아야 할 집단인데, 공공역사를 '주거'로 인정할 수 있을까? 현재의 제도에서 노숙인이 거리노숙보다는 나은 삶을 누리기 위해서는 쉼터에 들어가는 수밖에 없는데, 주거권이라는 주장은 거리보다는 쉼터에 더 어울리는 것은 아닐까? 그러면 쉼터에 들어가지 않겠노라는 노숙인의 목소리와 인권은 어떻게 만날 수 있을까? '공간에 대한 권리'라는 고민이 스멀스멀 들어왔던 때이다.

이전 조치의 완결판이랄까, 드디어 2011년 한국철도공사는 서울역에서 노숙을 금지하겠다는 조치를 발표했다. 많은 단체들이 서울역의 노숙인 강제퇴거방침을 철회시키기 위한 활동을 시작했다. 한국철도공사는 강제퇴거가 아니라 노숙금지일 뿐이라고 주장하며, 매일 새벽 1시경부터 청소를 위해 문을 닫았던 시간을 연장했을 뿐이라고 변명했다. 또한 서울역은 테러 위험이 높고 '선량한 시민'을 위해서는 역사를 쾌적하게 만들어야 한다고 주장했다. 그러나 해당 조치는 서울역에서 노숙인을 몰아내겠다는 의지임이 분명했다. 그런데 거리라는 공간에서 노숙인을 몰아내는 것과는 또 다른 차이가 있었다. 서울역 맞이방에서 더는 잘 수 없다면 쉼터는 아니더라도 서울역 인근 지하도나 을지로입구역으로 갈 수도 있는 것이다. 그렇다면 이 조치의 문제는 무엇일까?

서울역은 그저 비를 피할 수 있는 공간과는 다른 곳이다. 서울역은 많은 사람들이 거리노숙에 내몰릴 때 처음 찾아드는 곳이자 가장 마지막에 돌아오는 곳이다. 한국철도공사의 노숙금지 조치 이후 긴급하게 시행된 실태조사 결과를 보더라도, 거리에서 자야만 하는 상황에 처한 사람들은 '다른 곳을 잘 몰라서', '혼자 있기보다는 안전해서' 등의 이유로 서울역을 찾는다. 또한 노숙인과 관련된 사회복지서비스에 대한 접근이 다른 곳보다 용이하다. 그래서 이런저런 서비스를 통해 탈노숙을 하는 경우도 많다. 그러나 다시 노숙에 내몰리는 상황이 되면 찾아오는 곳이고, 끝내 탈노숙을 하지 못하는 사람들이 끝까지 남게 되는 곳이기도 하다. 따라서 서울역은 다른 장소다. 그리고, 그렇기 때문에 서울역에서 노숙을 금지하겠다는 선언은 단지 노숙인이 잠을 잘 공간을 빼앗는 데 그치지 않고 노숙인에게서 장소를 박탈하면서 사회적 낙인을 완성시키겠다는 선언이었다. 거리를 걷다가 노숙인을 마주치면 눈살을 찌푸리면서도 차마 말하지 못했던, 안타깝고 불쌍하다 생각하면서도 불편해하고 찝찝해했던 사람들은 더는 마음 쓸 필요가 없다. 서울역은 '노숙인'이 없는 장소니까. 그런데 인권은 어디에 있지? 혹은, 여기에서 인권은 뭐지?

2. 사건이 일어나는 공간, 장소를 넘나드는 인권

이것이 주거권에서 출발해 공간/도시/장소와 인권이라는 주제에까지 이르게 된 내력이다. 그러나 이것은 아주 단순한 사실로부터도 시작될 수 있다. 사람은 어쩔 수 없이 어딘가 자리를 차지해야 하는 하나의 물질이라는 것, 그래서 공중부양한 채로 살지 않는 한 반드시 공간/도시/장소가 필요하다는 것이다. 집도 그래서 필요한 것 아닌가? 그리고 이미 누구나 어딘가에서 살고 있기 때문에 공간/도시/장소가 삶에 얼마나 영향을 끼치는지 충분히 알고 있다. 집이 어느 동네에 있는지에 따라 통근, 통학 시간이 결정되고 그에 따라 휴식 시간이 결정된다. 여가를 즐기거나 다양한 배움의 기회를 누릴 가능성도 달라진다. 집까지 들어가는 골목이 어떤지에 따라 성폭력에 노출될 가능성, 조금 더 엄밀하게 말한다면 (지인에 의한 성폭력의 비율이 훨씬 높기 때문에) 성폭력에 노출될 가능성에 대한 불안과 공포가 달라진다. 친구를 만나는 빈도, 만날 수 있는 친구의 범위도 달라지고 그만큼 나눌 수 있는 관계의 폭과 깊이도 달라진다.

물론 이것이 단순히 공간에 따라 일방적으로 결정되는 것은 아니다. 같은 집에 살더라도 집 안에서의 권력관계에 따라 집은 각각의 가족구성원에게 다른 장소가 된다. 또한 같은 동네에서도 사람에 따라 다른 관계를 만들어낼 수 있다. 모든 사람들에게 완벽한 곳(공간/도시/장소)이 있지도 않을뿐더러 그런 곳(공간/도시/장소)을 지향할 필요도 없다. 다만 누군가가 원하지 않는 곳으로 밀려난다면, 누군가가 특정한 곳에서 배제된다면, 누군가가 원하는 곳으로 갈 수 없다면, 이렇게 공간/도시/장소가 자유와 평등을 거스르는 권력에 따라 생산되고 있다면, 그래서 연대를 해친다면 그것은 분명히 공간/도시/장소의 문제일 뿐만 아니라 인권의 문제다. 내 친구의 집은 어디인가?

공간/도시/장소에 대한 다음 이야기로 넘어가기 전에 한 가지만 짚고 넘어가야겠다. 공간과 도시와 장소다. 이 개념들은 서로 다른 의미로 사용된다. 사전적 의미로 공간은 비어 있는 곳 또는 영역으로 어떤 물질이 존재하거나 일이 일어날 수 있는 자리라면, 장소는 어떤 존재가 있거나 일이 이루어지는 곳이라는 의미를 가진다. 공간(space)은 좌표의 위치, 물리적이고 객관적인 성격이 부각되는 개념이고, 장소(place)는 정체성, 권력관계, 정서적이고 주관적인 성격이 강조되는 개념이다. 공간은 주로 전 지구적 수준에서 자본의 이동을 설명하거나 이윤 창출을 위한 대상으로 분석하는 경우에 많이 사용된다. 이에 반해 장소는 구체적인 지역(로컬) 차원에서의 관계성에 주목하며 어떤 곳에 애착을 느끼며 살아가는 사람들을 더욱 부각시킨다. 은연중에 공간은 남성화되고 장소는 여성화되는 경향도 있다. 그래서 공간과 장소가 때로는 서로 대립적인 것으로 설정되기도 한다. 하지만 내 이해가 부족해서인지는 모르나, 둘 중 하나를 취하거나 버려야 하는 것은 아닌 듯하다. 그러나 적어도 내가 나누고 싶은 이야기는 두 개념이 함축하는 바를 기억하는 정도로만 풀어갈 수 있을 듯하고, 조금 더 나아간다면 두 개념을 넘나들며 '인권'을 고민하고 싶다.

그래서 공간과 장소라는 말이 서로 오가면서도 어떻게 구분되어 사용되는지 예를 들어보자면, 서로 모르는 수많은 사람들이 이용하는 대기실이 있다. 대기하는 개인을 염두에 두고 일렬로 벤치를 배치한 공간이다. 아는 사람 2명과 함께, 1명은 뒤로 돌아서 2명은 앞을 향해서 벤치 두 개에 나눠 앉아 이런저런 이야기를 주고받았다. 한 사람이 빈자리에 와서 앉았다. 하지만 얼마 지나지 않아 자리에서 일어나 다른 곳으로 갔다. 대기실은 공적인 공간이었지만 세 사람을 꼭짓점으로 잇는 삼각형만큼의 공간이 세 사람의 대화를 통해 사적인 장소로 변형되었기 때문이다. 조금 더 극적인 예를 들어보면 집은 아버지가 딸에게 나가라고 할 수 있는 공간이다. 만약 딸이 아버지에게 "당신이 여기에서 나가요!"라고 말하는 순간, 그곳은 한 어린 여성의 장소가 되기도 한다. '사건'이 발생하는 공간이 장소다. 또는 어떤 공간에서 '사건'을 읽어낼 때 그곳은 장소가 될 수 있다. 그리고 그 '사건'을 '인권'과 연관 지어 보고 싶다. 물론 이때의 '사건'은 경찰청 출입기자가 단신 보도를 하는 유(類)

의 사건을 말하는 것이 아니다. 용산에서 망루를 쌓아올린 철거민들이 경찰 특공대의 진압 과정에서 사망한 것도 '사건'이고, 두리반이 홍대 근처에 가게를 얻어 다시 칼국수를 만들고 만두를 빚는 것도 '사건'이다.

한편 도시는 공간/장소와는 다른 맥락을 갖는 개념이다. 공간인 동시에 장소인 도시는 지역이라는 의미망을 가진다. 시골과 구분되는 의미에서의 도시가 아니라, 사람들이 모여 살면서 정치와 경제와 문화 등의 의미망이 씌워지는 곳으로서의 도시이다. 도시가 인권과 만나는 가장 대표적인 접점은 도시 재개발이다. 그리고 최근 '인권도시'라는 이름으로 유행하고 있는 담론 역시 도시와 인권이 만나는 지점이다. 공간/장소와 인권에 대한 고민은 '도시'의 바깥에 있지만 사실상 도시로부터 떨어질 수 없다. 또한 도시에 대한 권리를 주장할 때, 그 내용 역시 공간/장소에서 벗어날 수 없다. 다만 같은 이야기라도 '도시'를 통해서 접근할 때에는 자치 혹은 정치가 이루어지는 공간/장소로서의 영토적 경계를 함축한다. 엄밀히 말해서 이 글은 '도시'에까지는 미치지 않는다.

3. 우연히 마주친 열쇳말 '강제퇴거'

화제를 바꾸어 강제퇴거로 시작해볼까 한다. 용산에서 망루에 오른 철거민 5명이 죽음을 당한 사건이 발생한 이후, 1년의 싸움 끝에 겨우 장례를 치르고 「강제퇴거금지법」 제정이 추진되기 시작했다. '강제퇴거'라는 말 자체는 한국사회에서 매우 생소한 말이었다. 50여 년이 넘는 철거민운동의 변함 없는 구호는 '대책 없는 강제철거 반대한다!'였다. 갈 곳도 없는데 대책 없이 집을 부수지 말라는 것이다. 그런데 철거는 건물을 부수는 것이다. 이것이 인권의 문제가 되는 것은 사람이 쫓겨나기 때문이다. 국제인권규약들은 그것을 강제퇴거라고 규정했다. 이것은 개발사업뿐만 아니라 다양한 이유로 집에서 비자발적이거나 강제로 쫓겨나는 상황을 의미한다. 개발의 문제를 인권의 문제라고 주장하기 위해서 의식적으로 강제'퇴거'라는 말을 사용했지만 무엇보다도 철거민의 입에 잘 붙지 않는 말이었다. 그/녀들은 이미 '철거'민이었기 때문이다. 군이 강제'퇴거'라는 말을 고집해야 할지 수십 번도 더 고민을 했지만 다행히도 언젠가부터 강제퇴거라는 말이 확산되었다. 결정적 계기가 용산 참사였다는 것은 참으로 슬픈 현실이지만…….

그런데 강제퇴거는 또 다른 공간에서도 사용되며 이미 법적 용어로 사용되고 있기도 했다. 희망버스가 한진중공업에 처음 다녀간 후 자본은 경비용역업체를 동원해 노동자를 몰아냈다. 이때 정리해고에 맞서 싸우는 노동자들이 당한 것은 '퇴거 및 출입금지 가처분에 의한 강제퇴거집행'이었다. 「출입국관리법」 제6장의 제목은 '강제퇴거 등'이다. 미등록 이주노동자가 단속에 걸리면 강제퇴거 명령을 받고 '보호'를 거쳐 '추방'당한다. 미등록 이주노동자뿐만이 아니다. 법적으로 외국인에게 금지된 정치행위를 한 자 역시 합법적인 체류 자격에도 강제퇴거 명령을 받는다. 모든 '외국인'은 대한민국이 외국인에게 허락한 선을 넘어가는 순간 강제퇴거 명령을 받게 된다. 서울역에서 거리노숙인이 쫓겨난 것도 마찬가지다. 한국철도공사가 금방 말을 바꾸기는 했지만 노숙을 금지한 조치를 홈리스인권 관련 단체들은 '서울역 노숙인 강제퇴거 조치'라고 규정하여 그 본질을 드러냈다. 물론 이것은 우연의 일치다. 우연히 같은 말이 사용되고 있을 뿐이다. 그러나 때로는 우연이 세상의 진실을 드러내기도 한다. 쫓겨나는 사람이 누구냐, 무엇이 그들을 쫓아내고 있느냐는 질문은 바로 인권에 대한 질문이다. 인권은 장소에서 배제된 사람들이 살아가는 공간을 맴돌고 있다. 우리는 인권을 그곳에서만 만날 수 있다.

이제부터 공간/장소를 타고 인권에 대한 이야기를 풀어보려고 한다. 개발사업부터 들여다보자. 개발사업은 사람들의 삶에 총체적인 영향을 미친다. 상가 세입자의 경우 영업을 하던 이들은 쫓겨날 뿐만 아니라 생계 자체를 박탈당한다. 자신이 해오던 일이 하루아침에 아무것도 아닌 일이 되어버려 자부심에 큰 상처를 입는다. 이 사회에서 생계소득은 삶의 여러 가지를 '결정'해버리기 때문에 그 영향은 삶 전체에 타격을 가한다. 주거 세입자들이 받는 영향은 더욱 직접적이다. 가난한 사람들일수록 재정착이 어려우며, 주거환경은 더욱 열악해지기 쉽고, 살던 집보다 좁아지거나 비싸진다. 직장이나 학교를 옮기거나 이동 거리와 시간이 달라진다. 많은 사람들이 외곽으로 더욱더 밀려나지만, 가난한 사람들은 불안정노동자로 살아가는 경우가 많기 때문에 멀리 가는 것도 쉽지 않다. 청소 일을 하거나 식당 일을 하던 사람은 가능한 한 가까운 곳에 집을 구하기 위해 주거권(물리적 수준뿐만 아니라 임대료 부담 포함)의 후퇴를 감수해야 하거나 일을 포기하고 멀리 이사한 후 같은 일을 알아보게 된다. 도시공간을 이윤 창출의 무대로 활용하려는 자본의 힘은 사람에게서 장소를 박탈한다. 이때 강제퇴거는 쫓겨나는 것 그 이상의 의미인 것이다.

이렇게 쫓겨나는 사람은 '세입자'다. 물론 서울 강남의 개나리아파트에 전세 2억 5,000만 원으로 사는 세입자도 재건축 때문에 강제퇴거당한다고 봐야 할지는 모르겠다. 미아리고개 근처에 33제곱미터(대략 열 평)짜리 40년된 집에 방 하나를 월세로 내준 소유주가 강제퇴거당하지 않는 것도 아니다. 그러나 개발사업으로 쫓겨나는 사람은 소유권 혹은 재산에 대한 권리가 없어 점유권도 주장할 수 없는 세입자다. 2011년, 인권운동사랑방 사무실이 있던 동네를 구청에서 개발구역으로 지정하려고 했다. 주민들에게 최소한의 정보와 개발사업의 실상을 알리기 위해 주민들을 만나기 시작했고, '중림동 개발을 걱정하는 주민모임'이 만들어졌다. 모임에 참여한 주민들은 모두 집주인이었다. 지금의 부동산 시장은 개발사업만 하면 조합원이 이익을 보던 시절과 다르기 때문에 집주인들이 적극적으로 반대에 나선다. 주민모임에서는 개발구역 지정에 반대하는 서명을 받기로 했다. 서명용지 양식을 만들고 집집마다 돌릴 전단지도 만들어 동네를 돌아다녔다. 전단지를 집집마다 대문에 꽂아 넣는데 집 앞에 나와 있던 한 아주머니가 슬쩍 물어봤다. "그거 뭐예요?" 서명을 받으려고 같이 돌아다니던 사람이 대뜸 물었다. "주민이세요?" 그 아주머니는 아니라고 말하면서 쌩하니 집으로 들어갔다. 두 사람이 통했다. 살던 동네가 어떻게 바뀌면 좋을지 의견을 낼 수 있는(그리고 있어야 하는) 사람인 '주민'은 행정적으로 '주민'등록이 되어 있느냐와 무관하게 소유권을 갖고 있느냐로 결정되는 것이다. 겨울에 눈이 오면 집 앞을 쓸 의무는 그 집에 사는 사람이 진다. 그러나 개발사업에서는 철저하게 '토지 등 소유주'에게만 의견을 낼 권한이 주어진다. 대부분의 세입자들은 개발사업이 어떻게 진행되는지 알기도 어려울 뿐만 아니라 알더라도 아무런 개입을 할 수 없다. 문제는 세입자들 또한 그 사실에 대해 크게 부당하게 느끼지 않는다는 사실이다. 어차피 평생 살 수 있는 집도 아닌데……. 소유하지 않고서는 점유를 인정받을 수 없었던 축적된 경험은 스스로를 주민으로 내세우는 것조차 포기하게 만들었다. 세입자는 비주민이다.

반대서명을 어떻게 받을 것인지 처음 회의를 할 때, 주민모임에 오는 집주인은 왜 세입자한테 서명을 받느냐며 흥분하거나 황당해했다. 그러나 지금은 세입자한테 서명받는 걸 이상하게 생각하지는 않는다. 집주인이 개발에 반대하는 배경은 지금의 부동산 시장에서 손해를 보는 사업이라는 이유가 가장 크지만 그것만이 이유의 전부는 아니었기 때문이다. 모임에 참여했던 집주인들은 저마다 이 동네에 얽힌 삶의 내력을 가지고 있다. 한국전쟁 당시 평안도에서 넘어와 처음 정착한 곳이 중림동인 할아버지는 삼대가 단독주택에서 같이 살며 마당에 나무와 꽃을 가득 키우고 있다. 지금은 아파트가 들어선 곳에서 태어나, 자라는 동안 이 동네를 떠나본 적이 없는 아저씨도 있다. 자력재개발로 지금의 모습을 갖춘 1980년대에 구청이 부당하게 부담금을 징수하자 전경들을 혼내며 싸워서 지금의 집을 지킨 할머니도 있다. 이 사람들에게 개발사업은 주판알을 굴리는 문제만이 아니다. 구청에 맞서 싸우는 과정에서, 처음에는 가장 강력한 무기가 재산권이었다. 주거권이나 인권 같은 말은 이들의 목소리로 전혀 나오지 않았고, 뭔가 억울한 것을 호소할 때 내세울 것은 재산권밖에 없었다. 어느 순간 개발사업의 법과 제도가 재산권조차 그리 존중하지 않는다는 걸 알게 되고, 그 너머에 우리의 장소를 지키기 위한 무언가가 필요하다는 막연한 느낌을 통해 같은 주민으로 세입자들을 다르게 보기 시작한 것은 아닐까.

물론 여전히 제도적으로 소유권이 있는 자와 없는 자의 차이는 크다. 그러나 공간/장소에 대한 권리를 갖지 못하는 사람들, 비주민이 배제되는 것이 바로 인권의 문제다. 이에 맞서 공간과 장소를 점유할 권리를 주장해야 한다. 그것은 주거권이기도 하지만 주거권만은 아니기도 하다. 주거권은 단지 집에 대한 권리에 그치는 것이 아니므로 개발사업과 관련하여 핵심적으로 다루어야 할 권리다. 조금 더 넓혀서, 자본주의가 이윤 창출을 위해 도시 공간을 재편하는 힘을 강하게 발휘할수록 도시에 대한 권리도 강하게 요구할 것이다. 주거권이나 도시에 대한 권리는 공간을 점유할 권리가 본질적인 내용을 구성한다는 점에서 연장선상에 있다고 볼 수도 있다. 그러나 주거권에서 도시에 대한 권리로 나아가는 것을 단순한 물리적 외연의 확장으로 이해해서는 안 된다. 그것은 '주민이 될 권리'라는 프리즘을 통과하며 굴절된 빛이 번지는 것과 같다. 그렇게 번지면서 만들어진 장이 공공성의 장일 것이다. 도시를 점유하고 이용하며 생산할 권리가 소득과 재산에 종속될수록 도시에서 '인권'을 다시 찾아야 한다.

4. 자본의 공간 전략, 사라지는 우리의 장소

노동자들이 공장에서 쫓겨나는 것은 어떨까? 한진중공업 해고자를 상대로 강제퇴거집행이 이루어질 수 있었던 것은 단순한 이유다. 해당 공장이 기업의 소유이므로 이제 한진중공업과 아무런 관련이 없는 사람이 되어버린 해고자는 '퇴거 및 출입금지 가처분'의 대상일 뿐이다. 이와 같은 일은 해고가 이루어진 경우뿐만 아니라 유성기업, 현대자동차를 비롯한 수많은 사업장에서 벌어진 일이다. 노동자가 파업을 할 때 생산시설을 점거하는 것은 필수이다. 따라서 기업에게도 공장이라는 공간은 사활을 걸고 점거해야 할 곳이다. 노동조합을 무력화하는 주요 수단 중 하나인 직장폐쇄는 말 그대로 공장 문을 닫는 것이 아니라 노동자들을 (선별적으로) 공장에서 내쫓는 것이다. 당장 손해를 보더라도 노동조합의 힘을 빼앗는 것이 자본의 목표이다. 직장폐쇄가 이루어지거나 퇴거 및 출입금지 처분의 정당성이 사법부로부터 인정되면 경비용역업체의 폭력도 정당화된다. 공장의 경비원은 법원이 이미 인정한 '배제된 자'가 공장에 들어가는 것을 막아야 하는 것이다. 경비원에게 항의하며 들어가려고 고집하는 사람은 업무방해죄를 저지르게 된다(이는 개발 현장에서 용역업체 직원과 싸우는 철거민이 업무방해죄로 처벌받는 것과 같은 맥락이다). 죽도록 맞고 경찰에 신고하면 오히려 노동자가 잡혀가는 현실 속에서 우리는 공간이 닫힐 때 인권도 닫힌다는 사실을 알 수 있다.

노동자들이 빼앗긴 공간에 대한 권리는 노동권이기도 하다. 노동자들이 공간에서 추방당할 때 그들이 박탈당한 권리는 함부로 해고당하지 않을 권리, 뭉쳐서 싸울 권리 등이다. 경비용역업체가 맡은 업무는 공간의 경비이지만 이들의 힘이 경호하는 것은 자본이다. 공간은 점유할 대상이라는 의미 이상이며, 이렇게 다시 공간은 인권을 만나게 된다. 또한 인권이 공간을 주목해야 할 이유이기도 하다. 파업권은 단지 파업을 결의하고 수행할 권리가 아니라, 공장'에서' 자본과 싸울 권리이다. 자본이 공장을 장악할 때, 싸우던 노동자들은 징계와 해고 등의 명목으로 공장에서 축출당한다. 공장에서 지면 공장에서 쫓겨난다. 고용안정에 대한 권리는 고용과 임금에 대한 권리일 뿐만 아니라 노동자가 일하던 장소에서 계속 일할 권리이며, 그것은 한 사람의 삶과 정체성을 건 권리이다. 즉, 남은 평생 동안의 소득을 보장하더라도(이런 경우가 있을 리 없겠지만) 해고는 받아들이기 어려운 것이다. 정년을 5년 앞둔 쌍용자동차 징계해고자가 "한 달만 일하더라도 공장으로 꼭 돌아가고 싶다"고 말하는 이유가 그것이다. '노동자의 장소'를 가질 권리는 노동권의 다른 이름이다.

공간을 가로지르는 권력관계도 도시 재개발에서 보다 더욱 분명하게 드러난다. 공장이 자본의 소유라는 점만 문제되는 것이 아니다. 노동자와 사용자의 권력관계에 따라 공간을 맴도는 인권이 포획될 수도 있고 허공에 흩어질 수도 있다. 마찬가지로 배타적 점유의 반대라는 의미에서의 공공성도 움직이는 것이다. 공간은 관계로부터 분리될 수 없고, 관계는 공간으로부터 분리될 수 없다. 노사관계가 안정적이라는 말은 분쟁이 없는 상태를 말하는 것이 아니다. 분쟁이 없는 상태는 어느 한쪽의 일방적인 권력으로도 유지된다. 서로의 힘이 대등한 상태라야 공간에 대한 권리도 동등하게 누릴 수 있다. 공장이라는 공간을 봐야, 그곳에서 모두가 각자의 장소를 누리고 있는지를 봐야, 인권의 현실이 보이고 공간에서 각축하는 힘들이 보인다. 인권은 자본이 소유한 공장의 담벼락을 넘어 들어가야 한다.

이때 이주노동자의 경우를 살펴보면, 장소와 인권의 문제를 초국적으로 읽어낼 수 있다. 국경을 넘나드는 이주노동은 이미 공간에서나 인권에서나 매우 중요한 의제다. 이동의 자유가 멈추는 자리, 국민국가의 '비국민', 열악한 노동환경과 주거 실태, 낙인과 혐오와 멸시와 차별, 이 모든 것의 대표가 되어버린 사람들이 이주노동자다. 초국적 자본의 공간 이동이 '정의롭지 못한 지리'를 만들어내고 그로부터 이주노동이 발생한다. 빈곤의 공간적 배치가 이주노동을 만들어내는 힘이다. 그런데 빈곤의 공간적 배치는 인권의 문제이기도 하다. 한진중공업이 대규모 정리해고를 감행(할 수밖에 없다고 주장)하면서 필리핀에 수빅조선소를 경영한 것은 더욱 손쉽게 노동 통제를 할 수 있기 때문이다. 값싼 노동력뿐만 아니라 그것을 유지하기 위해 '국민'의 인권 따위는 개의치 않는 '국가'가 있기 때문이다. 이에 자본은 필리핀의 수빅조선소라는 장소에 빈곤을 들여앉힐 수 있고 동시에 대한민국의 영도조선소에 빈곤과 불평등을 심어놓을 수 있다. 장소의 교환이 아니라 빈곤의 정착 때문에 누군가는 끊임없이 이주를 강요당하고 장소를 박탈당한다. 이주노동자들이 한국에서 노동권을 부정당하는 것은 본국에서 노동자들이 노동권을 부정당하는 것, 한국에서 한국노동자들의 노동권을 부정당하는 것과 정확하게 같은 맥락에서 만들어진 같은 효과라는 것이다. 서로 다른 공간에서 같은 시간을 살아내는, 같은 공간에서 서로 다른 시간을 살아내는 것이다. 이것은 노동권의 문제만이 아니다.

우연히 한 외국인에 대한 형사재판을 방청하게 된 적이 있다. 그는 미등록 체류상태였고 같은 동네의 남성 몇 명이 그것을 빌미로 그와 아내를 괴롭혔다. 하루는 그 남성들이 집으로 찾아와 문을 차며 거세게 협박했다. '죽은 듯'

집 안에 숨어 있던 그는 한참이 지난 후 주위를 살피기 위해 집을 나섰고, 그리 멀지 않은 곳에서 역시나 그를 기다리고 있던 남성들과의 다툼 끝에 사람을 죽이게 됐다. 드디어 그는 대한민국의 법원이라는 공간에 '존재'하게 됐다. 그에게 '집'은 없었고 장소는 허용되지 않았다. 그가 대한민국의 국민이 아니었기 때문이 아니라 모든 국가가 자신의 영토 안에 '비국민', '몫 없는 자'를 만들어내기 때문에 장소를 누릴 수 없었던 것이다. 그 자리가 빈곤과 불평등이 증식하는 자리다. '몫 없는 자'를 요구하는 자본은 공간을 전략적으로 이용하며 전 지구를 장악하려 든다. 그러나 동시에 그것은 다른 공간에서 벌어지는 일이 아니라 결국 같은 공간에서 벌어지는 인권 문제이다. 따라서 이주노동자의 인권은 국경에서 사라지는 것이 아니라 모든 장소에서 사라지는 것이며, 이는 이주노동자의 문제만이 아니다.

5. 공간의 사유화, 사라지는 인권

이제 다시 서울역으로 넘어가서 조금 더 들여다보려고 한다. 2011년 여름, 서울역 맞이방 안에서 노숙인을 내보내겠다는 한국철도공사의 계획이 언론을 통해 전해졌다. 앞에서 말한 이유로 당연히 긴급하게 '강제퇴거 방침 철회를 위한 공동대책위원회'가 꾸려졌고, 인권운동사랑방도 참여하게 됐다. 국가인권위원회에서도 긴급 실태조사에 착수했다. 당시 노숙공간으로서의 서울역 인근에는 300명가량의 거리노숙인이 살고 있었다. 그런데 이 중 맞이방 안에서 밤을 보내는 사람은 여름이라 채 10명이 되지 않았다. 철도가 운행되지 않는 시간 동안 서울역은 냉방을 하지 않았고, 밤부터 새벽까지는 막힌 실내보다 바깥이 훨씬 시원하고 쾌적한 공간이었다. 물론 가을만

되면 상황은 달라지지만 거리노숙인에게 역사 안의 공간이 절대 우위에 있지는 않다. 거리노숙인이 비노숙인과 '근본적으로 동등한' 사람이라는 너무나 평범한 사실 때문이다. 역사 안은 물청소가 끝나는 새벽 2시 30분부터 이용할 수 있다. 그리고 사람이 다니기 시작하는 4시 30분쯤 되면 일어나야 한다. 또각또각 구두 소리가 울려 퍼지기 시작하는 대리석 바닥은 노숙인의 베개이나 그런 베개를 베고 잘 수 있는 사람은 많지 않다. 또한 자는 동안 남들이 쳐다보며 지나다니는 걸 아무렇지도 않게 생각하는 사람은 거의 없다. 결국 그곳은 노숙인이 잠을 청하기에 그리 좋은 곳은 아니다.

그러나 노숙인에게 서울역은 물러설 수 없는 장소다. 서울역 방침이 알려진 후 긴급 기자회견과 집회가 열리고 농성에 들어갔을 때, 함께했던 많은 이들은 대부분 거리노숙을 벗어나 쪽방이나 고시원에 살고 있는 사람들이었다. 이들은 자신의 잘 곳을 빼앗긴 것이 아닌데도, 거리노숙인이 아닌데도, 누구보다도 분노했고 억울함을 호소했고 모욕감을 느꼈다. 그들도 대부분 서울역을 거쳐 갔으나 모두 그런 것은 아니다. 다만 삶의 어떤 시간을 거리노숙인으로 살았다는 공통 경험을 가지고 있을 뿐이다. 서울역의 노숙인 강제퇴거 방침은 이렇게 한 사람의 정체성을 삭제해버리는 방침이었던 것이다. 결국 서울역의 노숙인 강제퇴거 방침은 당장 눈에 보이는 노숙인을 내쫓을 뿐만 아니라 서울역을 나름의 방식으로 이용하고 점유하며 삶의 시간을 만들어내던 '노숙인'을 서울역에서 완전히 삭제해버리는 계획인 것이다. 동시에 서울역이라는 공간은 모든 공공공간을 대표한다. 지금도 거리노숙인은 공공공간에서 살아가지만 서울역의 방침과 함께 더는 그 공공공간은 거리노숙인의 장소가 될 수 없게 되어버렸다. 사적 공간을 가질 수 없어 거리노숙을 해야만 하는 사람들은 (공공성이 사라진) 공공공간에서조차 쫓거나 아직은 장소가 되지 못한 틈새에서만 살아갈 수 있다.

이 방침은 '시간'과도 매우 긴밀하게 얽혀 있다. 서울역의 첫 발표는 '밤 11시 이후' 퇴거시키겠다는 방침이었다. 항의가 거세지자 '노숙금지 시간'을 새벽 1시 30분부터 4시 30분까지로 변경했다. 결국 서울역이 노숙인에게서 '선량한 시민'을 보호해야 한다며 테러 위험 운운하는 것과 달리, 정작 '선량한 시민'은 웬만하면 찾을 리 없는 시간에 노숙을 금지한다는 것이었다. 서울역은 다시 말을 바꿔, 서울역은 철도이용객을 위한 공간이므로 철도 운행이 중단된 시간에 문을 열어야 할 이유가 없다고 주장했다. 강제퇴거 방침이 시행되던 첫날, 이에 항의하기 위해 50여 명의 홈리스와 활동가들이 서울역 맞이방을 점거했다. 서울역 직원과 남대문경찰서 형사가 나와 업무방해죄를 운운했다. '영업'을 하지 않는 시간이라 문을 닫을 뿐이라더니 이 시간에 웬 업무방해죄냐고 항의하자 서울역 직원들은 아무 말도 하지 못했다. 서울역이 스스로 무엇을 이유로 대는지와 상관없이 노숙인에게 새벽의 2~3시간은 결정적인 시간이다. 그래서 서울역은 새벽의 두 시간에 대한 권력을 휘둘러 노숙인을 내쫓을 수 있었다. 서울역 맞이방에 대한 호불호에 상관없이 실내와 실외의 기온 차는 생명과 건강에 직접적인 영향을 미친다. 여차하면, 어쩔 수 없으면, 혹시라도 급하면 들어갈 수 있는 공간의 유무는 노숙인에게 매우 중요하다. 인근 거리노숙인이 기본적인 신체 보호를 위해 이용할 수 있는 화장실이 서울역 안에 있다는 점도 그렇다. 그나마 남들 눈을 피해 잠깐이라도 있을 수 있는 시간과 공간이 보장되지 않으면 이곳은 점점 의지하기 어려운 장소가 된다. 동일한 공간에서도 노숙인의 시간과 직원의 시간과 철도이용객의 시간은 다르게 전개된다. 자는 시간은 '집'이라는 공간에서만 허용된다. 다른 공간에서는 자는 시간이 만들어질 수 없다. 그래서 '집'이 없으면 잠을 잘 수 없다. 자야 할 시간에 쉼터라도 들어가지 않는 사람은 잠을 포기하거나 아무 데서나 자도 아무렇지도 않은, 심지어 그것을 즐기는 사람이 되어버린다. 서울역은 오로지 이동하는 시간만 허용된다. 취침을 하거나 점유를 하거나, 아마 노동을 하는 시간도 허용되지 않고 있다.

이렇듯 시공간은 서로 다른 사람이나 집단이 힘을 겨루는 장이다. 같은 공간에서도 서로 다른 힘이 경합하고 서로 다른 장소를 누리게 된다. 서울역에서 노숙인이 강제로 쫓겨나면서 낙인찍히는 것, 혹은 노숙인에 대한 낙인을 활용해 강제퇴거 방침을 밀어붙이는 것은 서울역이 민자역사가 되면서 더욱 손쉬워졌다. 사실 철도공안과 역 직원들은 노숙인이 조금만 눈에 거슬리면 언제나 쫓아냈었다. 해당 방침이 언론의 도마에 오르내리면서도 관철될 수 있는 것은 서울역의 민영화와 무관하지 않다. 자본이 '선량한 시민들의 교통시설'로 서울역을 장악하자 더는 다른 시공간은 허용되지 않는다. 공간에서 공공성이 사라지는 것은 인권이 사라지는 것과 다르지 않다. 신자유주의의 특징 중 하나인 금융자본주의는 부동산과 매우 긴밀하게 얽혀 있다. 금융상품이 부동산을 업은 순간 파국을 막기 위한 시도들은 부동산에서 벗어나지 못하고 더욱 위험한 상품을 개발한다. 공공공간의 민영화는 전 세계적 경향 중 하나이며, 도시 개발을 통한 공간의 사유화 역시 전 지구적 현상이다. 공공공간이 사라지거나 소유가 민영화되는 것은 모두 인권의 문제를 만든다. 또한 신자유주의의 발전과 함께 특정 계층을 위한 사유공간이 창출되거나 확장될 때, 도시 곳곳에서 감시가 강화될 때, 이 역시 모두 인권의 문제가 된다. 누군가는 배제되고 또 다른 '비국민', '몫 없는 자'가 '생산'된다. 몫 없는 자는 자리 없는 자, 장소 없는 자다.

6. 권력이 공간을 가로지를 때 드러나는 인권

　이쯤해서 잠시 이야기를 비틀어보자. 여성 노숙인은 어디에 있을까? 서울역에서 거리노숙을 하는 사람 중 여성은 극히 드물다. 여성은 노숙을 해야 하는 상황으로 내몰리더라도 공공공간에는 잘 나타나지 않는다. 여성만이 겪는 또는 느끼는 위험이 있기 때문이다. 그래서 그녀들은 찜질방으로 가거나 식당에 자리를 구해 들어간다. 어느 곳이든 '집'은 아니다. '홈리스'라는 개념이 필요한 이유가 그것이다. 어떤 공간에서 쉽게 보이지 않는 사람들을 보기 위해 인권의 시선이 필요하다. 청량리역으로 가보면 같은 민자역사이지만 개발의 효과는 다르다. 청량리 역세권의 개발은 성매매 여성에게 큰 영향을 미쳤다. 그곳을 삶의 터전으로, 집이자 일터로 일구며 살아왔던 성매매 여성은 청량리역에서 노숙을 하지는 않았지만 철도역의 민영화로 장소를 빼앗겼다. 공간이라고 하면 흔히 노숙인, 이주노동자, 세입자를 떠올리지만, 장소를 잃는 사람은 이들만이 아니다.

　비혼모에게는 어떤 장소가 허용될까? 가족은 그녀가 가족임이 드러나는 걸 꺼린다. 집에 살아도 그녀에게 '집'은 없다. 집을 나오길 감행하고 아득바득 돈을 빌려, 반지하 방을 겨우 구해 이사를 간다. 아이가 계속 감기를 달고 살기에 반지하에서 이사를 한다. 주인집에서 "남편은 어디 갔어요?"라고 물어보는 순간 가슴이 철렁한다. 어느 날부터인가 동네 아주머니들이 다르게 쳐다본다. 조금 늦게 들어간 비 오는 날, 주인집에서 빌려줄 우산이 없다는 이야기를 듣고 대문 앞 처마에서 비를 간신히 피한 아이를 만난다. 이것이 그녀에게 허용된 장소다. 공간의 불평등은 물리적 경계를 통해서만 확인되는 것이 아니다.

　같은 장소를 놓고 서로 다른 '몫 없는 자'들이 겨루기도 한다. 자신을 받아들이지 못하는 가족을 벗어나 무작정 서울로 상경한, 트랜스젠더인 한 사람은 20세부터 50세가 될 때까지 거의 식당 일만 했다. 일할 사람을 구한다는 광고를 보고 전화하면 "우리는 여자 구해요!"라는 말로 절반 이상이 끊긴다. 그녀는 여성이지만 목소리는 아직 남성의 것에 가깝다. 사실과 거짓을 적당히 섞어 사정을 이야기하면 "아이고, 그런 건 좀 부담스럽네요"라는 말로 다시 절반 이상이 거절한다. 그리고 겨우 구한 식당에 가면 "중국 교포 등쌀에" 오래 일하지 못하고 나온다. 그녀에게, 그녀를 몰아내는 힘은 "식당 쪽을 꽉 잡은 중국 교포"로 드러난다. 실제로 식당노동자 중 중국인이 매우 많다. 그리고 식당 안에서 다수인 그녀들이 분명히 더 많은 장소를 누리고 있을 것이다. 그러나 그것이 트랜스젠더인 그녀가 장소를 잃는 이유일까?

HIV/AIDS 감염인과 50대 특수고용 노동자인 한 여성 간병인을 만나보자. 한 간병노동자가 일을 하다가 주삿바늘에 찔렸다. 알고 보니 HIV 감염인의 바늘이었다. 살아가는 동안 한 번도 자신의 문제가 될 것이라고 생각해본 적 없었던 에이즈라는 질병이 악몽처럼 머릿속을 떠나지 않는다. 감염 위험을 막기 위한 모든 조치를 취하고도 불안은 사라지지 않는다. 병원이 누구보다도 간병노동자의 건강에 위험한 장소라는 사실을 끊임없이 환기하면서 그 불안은 환자의 질병을 알 수 없었던 것에 대한 원망으로 바뀐다. 그러나 HIV/AIDS 감염인에게 감염 사실은 치명적인 정보다. 해당 정보가 다른 사람의 손에 쥐어질 때 그것은 감염인을 모든 장소에서 내칠 수 있는 보증수표와도 같다. 집에서 나가라는 가족이나 연락을 피하는 친구나 조심스럽게 해고를 통보하는 직장 상사나, HIV에 감염된 사람을 마주할 때의 불편함이 보증수표를 통해 깔끔하게 처리된다. 이것은 간병노동자나 HIV/AIDS 감염인 모두 병원에서 '몫 없는 자'이기 때문에 생기는 대립이다. 그들이 거리에서 마주칠 때나 집 안에서 함께 살 때와는 다른 권력관계에 놓이는 것, 그것은 병원에서 권력을 가진 자가 따로 있기 때문이다. 간병 일을 외부화함으로써 병원에서 일하는 노동자에게 보장해야 할 기본적 안전과 권리를 병원 밖으로 밀어내는 자, 에이즈에 대한 편견을 없애지 못한 채 감염인을 계속 냉대하면서도 질병을 자신의 영역으로 계속 불러내는 자, 병원/자본/의학/⋯/권력이다. 그 권력이 병원이라는 공간을 어떻게 가로지르고 있는지를 볼 때 인권의 자리가 보인다.

휠체어 장애인이 이동권을 요구하며 거리로 나왔을 때, 이동의 공간인 거리가 곳곳에 턱이 있는 장소로 드러났고, 장애인의 '몫'은 해당 장소를 바꾸는 것을 통해서만 마련될 수 있었다. 새로운 장소를 요구한 힘이 바로 이동권이었다. 사회복지시설에서 일하는 노동자와 시설을 이용하거나 그곳에서 생활하는 장애인, 자립생활을 하는 장애인과 활동보조인, 이들 사이의 묘한 긴장 혹은 서로 다른 권리 요구는 그/녀들이 만나고 살아가는 구체적인 장소를 보되 그 장소에만 갇히지 않을 때 인권의 목소리로 번역될 수 있을 것이다. 공간에 주목할 때 우리가 가져가야 할 인권의 질문이 더욱 구체화될 수 있다. 그리고 인권에 주목할 때 공간의 불평등은 더욱 선명하게 드러난다. 따라서 공간과 인권이 만날 때 각각의 의미가 더욱 분명해진다. 그것은 정체성과 장소를 통해 드러난다. 누구냐는 질문과 어디에 있느냐는 질문은 그리 다르지 않으며, 두 질문 모두 인권을 향해 있다. 공간이 인권을 안아야 하고 인권이 공간을 품어야 할 이유다.

7. 가장자리에서 틈새에서 변두리에서, 인권의 외침

인권은 공간보다 시간에 훨씬 익숙한 개념 같다. 우리가 흔히 사용하는 말이 대체로 그런 듯하다. 진보와 같은 단어가 대표적이다. 진보운동에서나 자본주의의 맥락에서나 진보는 시간의 차이를 통해 인식된다. 진보가 공간을 규정하는 방식은 선진국/후진국과 같은 것이다. 그러나 이것은 한 방향으로 이해되어서는 안 된다. 공간은 시간이 흘러가기를 가만히 기다리지 않는다. 공간은 시간을 만들어내고 규정하기도 한다. 또한 인권은 어떤 이상향이 실현되는 시간을 바라보며 대기하는 가치가 아니라, '지금 여기에서' 만들어지는 운동이다. 우리가 바라는 공동체에 대해서 결핍으로서 존재하는 '표현의 자유'가 인권이 아니라 지금 우리가 싸우는 그 힘이 '표현의 자유'다. 집회시위의 자유는 광장에 대한 권리를 요구하지만 광장과 거리를 점거하는 힘 자체가 집회시위의 자유의 의미 또는 본질이다.

2009년 청계광장에서 인권영화제를 열기로 했다. 서울시 시설관리공단이 광장의 사용 일정을 조정하고 관리하므로 시설관리공단으로부터 사용 허가도 받았다. 목요일 개막을 앞두고 인권운동사랑방은 월요일 오전 최종 점검 회의를 가졌다. 회의를 마치고 잘해 보자며 자리를 일어서는데 등기 우편 하나가 사무실로 배달되었다. 청계광장 사용 허가를 취소한다는 내용의 공문이었다. 그 자리에서 바로 대책회의를 열었다. 검열을 거부하고 표현의 자유를 외쳐온 인권영화제를 어디에서 열어야 하는가? 영화를 통해 수많은 사람들과 인권에 대한 이야기를 나누는 것이 인권영화제의 목적이었다. 그리고 이를 위해서는 안정적인 상영 장소를 확보하는 것이 중요했다. 2008년 인권영화제가 열렸던 마로니에 공원도 후보지 중 하나였고, 그곳에서는 관객을 만날 수 있었다. 청계광장을 고집하는 것은 끝내 영화를 상영하는 것이 불가능해질 수도 있는 선택이었다. 2008년 촛불 이후 청계광장은 정권이 언제나 주목하는 공간 중 하나로 웬만한 날들은 차벽으로 둘러싸여 있는 공간이었고, 차벽으로 막으면 물리적으로 그것을 넘어가기 어렵다는 것을 알고 있었다. 그러나 인권영화제는 청계광장에서 영화제를 개막하겠다고 선언했다. 스크린이 찢어지면 다시 걸 스크린을 준비하고, 상영장비가 파손되면 다시 사용할 수 있는 상영 장비를 준비하고, 그렇게 해서라도 청계광장에서 개막하기로 했다. 나는 그때 표현의 자유가 어떤 힘으로서 세상에 모습을 드러냈다고 생각한다. 서울시와 경찰의 허가에 상관없이 인권영화제가 있어야 할 자리에 있겠다고 선언한 그 순간 말이다.

인권은 공간을 이미 품고 있다. '인권의 사각지대'는 단순한 은유에 머물러서는 안 된다. 공간에서, 공간을 통한, 공간/장소를 위한 연대가 필요하다. '몫 없는 자'가 외치는 몫은 자리이고 장소이고 공간이다. 그러나 이것은 훌륭한 도시 계획으로 모두를 위한 공간을 만들거나, 모두의 의견을 듣는 민주적 절차를 거쳐 공간을 기획하거나 하는 이야기와 다르다. 우리가 무엇을 보고 들어야 하는지에 대한 이야기다. '몫 없는 자'가 요구하는 몫은 기존의 틀 안에서의 분배가 아니라 다른 틀이다. 세입자는 도시 개발로 가장 크게 피해를 보는 사람이다. 그러나 아무도 그들의 점유를 권리로 인정하지 않는다는 이유로, 실제로 세입자는 개발에 오히려 별 관심이 없다. 서울역에서 강제퇴거당한 노숙인들은 어떨까? 누구도 거리에서 노숙을 하면서 평생 살겠다는 생각은 하지 않는다. 그들 역시 세상에 그들의 자리가 없다는 이유 때문에 쉽게 쫓겨나면서도 쉽게 권리를 주장할 수 없다. 새롭게 읽어야 할 인권이 그 자리에 있을 것이라는 강한 예감은 이와 같은 역설적 상황에서 나온 것이기도 하다.

수많은 사람이 각자의 의미와 힘으로 각자의 장소를 점유하며 살아가고 있다. 어떤 힘이 어떻게 부딪치고 흘러가는지, 어떻게 증폭되거나 사그라지는지 봐야 한다. 공간의 불평등은 어떤 하나의 힘에 따라 일방적으로 만들어지는 것이 아니다. 어떤 공간에 작용하는 수많은 힘과 권력을 들여다봐야 한다. 인권은 거기에서 솟구쳐 나오는 목소리가 자주 의지하는 힘이다. 여기에서 왜 경찰이 물러서야 하는지, 경영상의 이유라는 변명이 왜 밀려나야 하는지, 소유가 왜 물러나야 하는지를 설명하기 위해 많은 사람들이 '인권'에 기댄다. 거기'에서' 인권의 역사가 쓰이고 있다. 불평등한 공간은 인권의 외침이 들리는 거리에 따라 만들어진다. 외침이 더 강렬하게 울려 퍼질 수 있도록, 더 멀리 닿을 수 있도록, 여기 – 가장자리나 틈새 또는 변두리 – '에서' 인권운동이 펼쳐져야 한다. 자리를 옮겨 다니며 장소를 만들어내는 사람을 봐야 한다. 가장자리를 타고, 틈새를 열며, 변두리에서 삶의 중심을 세우는 사람, 그/녀들의 삶을 통해 공간의 의미를 묻고, 공간/장소의 의미를 바꾸면서 차지하는 사람을 봐야 한다. 아슬아슬한 가장자리에서, 비좁은 틈새에서, 허름한 변두리에서, '여기, 사람이 있다'고 외치며 세상의 중심을 만들어내는 사람의 목소리는 그 자체로 '인권선언'일 수밖에 없다.

공간은 흔히 연상되는 점유나 이용, 생산의 '대상' 이상으로 상상되어야 한다. 공간은 그것에 대한 권리 혹은 관계를 재구성해내는 운동/연대/힘/과정으로서 분석되어야 한다. 인권은 사람이 스스로 존엄을 세워가는 과정에서 움직이는 가치다. 그것은 어떤 공간을 통해서만 드러날 수 있다. 인권이 실현되는 공동체에 대한 권리가 곧 인권이며, 이러한 정치공동체는 어떤 형식으로든 공간의 경계를 함축한다. 거기에는 누군가가 어디엔가 있다. 공간과 인권은 만나야 하며, 이미 만나고 있다. 공간이 인권을 안고 인권이 공간을 품어야 할 때다.

제4장

젠더, 공간 그리고 공간의 정치화
─시론 차원의 스케치*

안숙영 | 계명대학교 정책대학원 여성학과 교수

1. 들어가며

우리의 일상은 집, 거리, 일터, 공원, 광장, 시장과 같은 다양한 공간에서 이루어진다. 우리는 공간이 없이는 살아갈 수 없으며 매일매일 접하는 일상의 공간에 우리의 삶이 담겨 있다는 점에서, 인간과 공간의 관계에 대한 천착은 우리 삶의 현주소를 확인하는 동시에 우리 삶의 미래적 비전을 탐색하기 위한 방법으로서의 의미를 갖는다. 이처럼 우리가 일상의 공간성, 공간의 일상성으로 시선을 돌리면, '텅 빈 환경'으로서의 어떤 '객관적 공간'에 서 있는 것이 아니라 사람과 사람이 서로 만나 부대끼고 북적대는 어떤 장소, 즉 어떤 관계적 공간에 위치해 있음을 깨닫게 된다. 공간은 그 자체로 사회관계가 구성되고 재구성되는 '사회적 공간'으로, 계층, 젠더, 섹슈얼리티, 인종,

---

* 이 글은 ≪여성학논집≫, 제29집 제1호(2012.6), 157~183쪽에 게재된 글임.

연령, 장애와 같은 다양한 사회관계가 응축되어 나타나는 장이기 때문이다 (안숙영, 2011a: 11~12).

이처럼 공간의 프레임으로 한국사회를 보면, 우리는 공간이 사회적 강자인 남성의 관점에서 배치되고 작동되는 것을 알 수 있다. 무엇보다 공적 공간에서 활동할 것으로 간주되는 남성의 이해관계를 중심으로 우리의 일상이 전개되는 도시공간이 구성됨으로써, 사적 공간에서 돌봄 노동을 수행할 것으로 간주되는 여성의 경우에는 도시공간에 대한 권리가 심각하게 제약을 받고 있다. '공적 공간의 남성화'(로즈, 2011: 104)로 인해, 여성은 도시공간의 사용권이라는 측면에서는 물론이고 도시공간의 생산을 결정하는 의사 결정권의 측면에서도 공간에 대한 권리를 충분히 누리지 못하고 있다(Fenster, 2005; Smith, 2008; 조영미, 2009). 우리가 살고 있는 자본주의 도시공간이 중심/주변, 생산/재생산, 공적/사적 영역의 위계적 이원론을 전제로 작동하고 있으며, 여기에 성적 이원론을 대응시켜 여성을 언제나 후자의 위치에 배치하고 배제해왔기 때문이다(이현재, 2012: 8).

이러한 공간의 현실에서 우리에게 필요한 것은 여성이 공간에 대한 주권, 즉 공간을 자유롭고 평등하게 이용할 수 있는 권리는 물론이고 공간의 생산을 위한 결정에 참여할 수 있는 권리 또한 보유하고 있음을 드러내는 한편으로, 젠더 평등의 관점에서 공간주권을 구현하기 위한 방안을 구체적으로 모색해나가는 것이다. 모든 권력이 국민으로부터 나오는 민주주의 사회에서 권력의 소재지인 국민은 남성이냐 여성이냐에 상관없이 스스로가 통치자이자 피치자로서 자신의 구체적인 삶이 펼쳐지는 공간에 대해 주권자로서의 권력을 행사할 수 있어야 하기 때문이다. '공간의 정치화'(매시, 1996: 112)를 매개로 젠더 평등에 기초한 공간을 생산하기 위한 다양한 아이디어를 탐색하는 작업이 필요한 것도 바로 이런 맥락에서다.

이런 문제의식에서, 이 글은 먼저 공간이 갖는 사회적 성격에 주목, 젠더의 렌즈로 공간을 분석할 때는 사회관계의 능동적 구성체로서의 공간에 무게중심을 설정할 필요가 있음을 강조한다. 그리고 전통적 공간 연구가 갖고 있는 남성중심주의의 한계에 대해 연구 주체와 연구 의제라는 두 가지 차원으로 나누어 비판적으로 살펴본다. 나아가 '현대적 신분'으로 정의되는 젠더에 따라 공간이 어떻게 분리되는가로 시선을 돌리는 가운데, 공적 공간과 사적 공간으로의 분리와 도시의 공적 공간이 산출하는 젠더 효과를 분석한다. 마지막으로는 공간의 정치화를 출발점으로 젠더 평등에 기초한 공간의 생산과 공간주권의 구현을 위한 대안을 간략히 스케치한다.

2. 공간의 사회적 성격과 젠더

독일의 철학자 볼노(Otto Friedrich Bollnow)가 '인간 삶의 공간성'(볼노, 2011: 22)이라고 지칭하듯이, 존재하는 것은 공간과의 관계를 통해서만 존재하며 자신을 펼치기 위해서는 반드시 공간이 필요하다. 즉, 인간은 살면서 자신을 둘러싼 공간에 대한 관계를 통해 규정될 수밖에 없다. 하지만 인간은 물건이 상자 안에 있는 식으로 공간 속에 존재하지 않는다. 인간은 공간을 구성하고 자기 주변에 공간을 펼치는 존재이기 때문이며, 인간이 공간을 구성하고 자기 주변에 공간을 펼치는 존재인 한에서만 공간은 존재하기 때문이다(볼노, 2011: 23~24).

이처럼 우리가 공간을 인간의 구체적인 삶과의 연관 속에서 바라보면, 공간은 가로와 세로의 지리학적 좌표를 갖는 물리적 공간 이상의 의미를 갖는다. 공간은 항상 사물과 사건으로 가득 차 있으며, 이러한 사물과 사건과의 관계를 통해 생성, 유지, 소멸되기 때문이다. 따라서 공간이란 그 자체로 존재하는 실체라기보다 어떤 활동의 특성을 규정하고, 다시 그에 따라 성격이나 의미를 부여받는 관계성이라 할 수 있다(최병두, 2009: 26). 이러한 관계성으로 공간은 기본적으로 '사회적 공간' 혹은 '관계적 공간'으로서의 성격을 가지며, 계급, 젠더, 섹슈얼리티, 인종, 연령, 장애와 같은 다양한 사회관계를 매개로 '사회 내 권력과 억압 그리고 자원배분'(페인, 2008a: 14)이 일어나는 장소로서의 의미를 갖는다. 따라서 공간에 대한 사회과학적 연구는 물리적 공간에 대한 연구라기보다는, 이런 권력관계의 해부를 바탕으로 일정한 공간에서 작동하는 사회관계를 변화시키는 데 그 목적을 두는 연구라 할 수 있다(페인, 2008a: 13~16; 안숙영, 2011a: 11~12).

이처럼 공간을 권력관계의 차원에서 바라보며 사회관계를 생산하고 재생산하는 '사회관계의 능동적 구성체'(모울·풀러, 2008: 225)로 규정할 때, 공간에서 움직이는 행위자의 활동에 영향을 미치는 가장 강력한 권력관계의 하나가 바로 젠더관계이다. 행위자가 생물학적으로 남성의 몸을 가지고 있는가 아니면 여성의 몸을 가지고 있는가에 따라, 젠더관계는 사회적으로 구성된 '남성성'과 '여성성'의 잣대를 들이대며 해야 할 것과 하지 않아야 할 것을 규정하고 규제한다. 미국의 비판 지리학자 미첼(Don Mitchell)이 "사회적 공간은 신체를 통하여 경험된다. 동시에 공간의 생산은 특정한 종류의 신체를 생산하는 데 관여한다"(2011: 467)고 강조하듯이, 공간의 사회적 구성과 젠더의 문화적 구성은 우리가 처신하는 방식, 경험, 최소한 어느 정도는 신체의 형상과 밀접한 관계가 있다. 가령 거리나 공원, 일터를 비롯해, 우리의 일상생활이 이루어지는 다양한 공간에서 자신의 신체가 여성의 형상을 하고 있는가 아니면 남성의 형상을 하고 있는가에 따라 서로 다른 경험을 하게 된다. 따라서 우리가 '인간의 구체적인 삶에 열려 있는 공간'으로서의 '체험공간'(볼

노, 2011: 17)으로 눈을 돌리면, "여성과 남성이 장소와 공간을 다르게 경험하는 정도를 탐구하고 이러한 차이 자체가 어떻게 장소의 사회적 구성뿐 아니라 젠더의 사회적 구성의 일부가 되는지"(맥도웰, 2010: 39)를 연구하는 작업이 왜 절실하게 요청되는지를 깨닫게 된다.

그러나 오랫동안 여성과 남성이 공간을 다르게 경험한다는 사실은 학문의 연구 대상으로조차 떠오르지 못했다. 영국의 도시지리학자인 맥도웰(Linda McDowell)이 강조하듯이, 공간을 다루는 대표적 학문인 지리학 자체가 '남성미를 자랑하는 학문'(2010: 63)이라 불리는 가운데 그 어느 학문 분야보다 남성중심주의를 강하게 보여주고 있었기 때문이다. 1970년대로 접어들어서야 지리학에 페미니즘이 도입되면서 공간에 담겨 있는 혹은 공간을 구성하는 젠더관계가 연구되기 시작했다. 그리고 1990년대로 접어들어서야 젠더가 공간 내에서 그리고 공간을 통해 어떻게 구성되는지, 젠더가 특히 계급, 인종, 섹슈얼리티와 같은 정체성의 다른 영역과 어떻게 상호작용하는지를 탐색하기 위한 본격적인 출발이 이루어졌다는 점을 감안할 때,[1] 젠더관계를 중심으로 공간을 분석하기 시작한 역사가 그다지 오래되지 않았다는 점을 알 수 있다(안숙영, 2011a: 13).

이런 흐름 속에서 오늘날 젠더와 공간의 관계에 대한 연구는 크게 두 가지 과제에 직면해 있다. 하나는 공간의 젠더 중립성이라는 남성중심적 가정에 대한 비판을 통해 공간의 젠더성을 지속적으로 드러내는 과제로, '여성의 배

---

[1] 1990년대는 서유럽, 미국, 캐나다에서 젠더와 공간의 만남을 시도하는 페미니스트 지리학이 중요하고 의미 있는 변화를 경험한 시기였다. 1994년에 ≪젠더, 장소, 문화(Gender, Place and Culture)≫라는 새로운 학술지가 발간된 것도 그러한 변화 중의 하나였다[안숙영, 「젠더의 렌즈로 본 공간, 공간의 렌즈로 본 젠더」, ≪로컬리티 인문학≫, 제5호(2011b), 315쪽].

제를 드러내고 여성을 가시적으로 만들기 위한 작업'(맥도웰, 2010: 389)이라 할 수 있다. 다른 하나는 이러한 분석을 바탕으로 공간의 젠더성을 해체하고 탈젠더화된 공간 혹은 인간화된 공간을 구성해나가기 위한 방안을 모색하는 과제이다. 이런 맥락에서 전통적 공간 연구가 갖는 남성중심적 한계에 대한 비판적 접근은 그 첫 출발점에 해당한다 할 수 있다.

3. 젠더의 렌즈로 본 전통적 공간 연구의 한계

우리가 일상에서 마주하는 공간은 젠더, 계급, 인종, 섹슈얼리티, 연령이나 장애와는 아무런 관련도 없는 중립적이고 객관적인 공간이 아니라, 이러한 차이를 바탕으로 포섭과 배제의 다양한 권력관계가 복잡하게 얽혀 있는 사회적 공간이다. 그럼에도 공간이 마치 중립적이고 객관적인 것처럼 비치게 만드는 것, 그것이 바로 권력관계라 할 수 있다. 남성이라는 젠더의 관심사임에도, 여성이라는 젠더의 관심사를 배제한 것임에도, 마치 모두의 관심사인 것처럼 비치게 하는 것, 그럼으로써 보편성과 중립성을 가장하는 것, 그것이 바로 권력관계이다.

영국의 지리학자 로즈(Gillian Rose)는 공간과 젠더의 관계를 연구하는 데 권력관계의 핵심에 놓여 있는 것을 '남성중심주의'라고 명명하며, '그것에 대해 침묵해온 여정'(2011: 36, 37)에 우선 주목할 필요가 있다고 강조한다. 공간의 분석에서 남성성과 남성, 지식과 권력 간의 관계에 대한 비판적 고찰이 필수불가결하다는 점을 밝히고자 하는 것이다. "남성중심주의란 모든 것을 포괄한다고 주장하면서 여성의 존재를 망각하고 남성의 위치에서 생기는 관심사만 다루는 연구 경향"[2]으로, 여성에게 부정적 영향을 미치는 편협한 연구 초점을 설정하며 '여성의 존재와 관심사'로는 시선을 돌리지 않는다. 남성 중심적 연구는 여성을 배제하는데, 왜냐하면 주체 선택에서부터 이미 여성을 소외시키고, 여성은 지리학 지식 생산에 진정한 관심이 있을 리 없다고 가정하며, 그 자신이 이미 모든 걸 포괄하고 있다고 믿기 때문이다(로즈, 2011: 36).

먼저 연구 주체의 측면에서, 남성중심주의는 주체로서의 '여성의 존재'를 배제하는 방향으로 작동한다. "지리학이라는 학문은 인문사회과학의 어떤 분야보다도 남성의 지배로 점철된 역사를 지니고 있다"(로즈, 2011: 29)는 지적처럼, 백인, 중산층, 선진국, 표면상의 이성애적 남성들이 연구 주체로 활동하는 '아카데미 지리학의 남권주의'(페인, 2008b: 162)로 인해, 공간에서의 행위 주체와 공간에 관한 지식의 생산자는 오랫동안 남성으로 전제되어왔다. 이런 가운데 여성은 공간에 대한 지식의 생산자로 부각되지 못했다. 이런 맥락에서 남성의 지리학 지배는 적합한 지리학적 지식이 무엇인지, 그리고 누가 그러한 지식을 생산할 수 있는지를 규정하는 데 결정적인 영향을 미쳤으며, 지리학이란 결국 남성의 공간/장소/경관에 주목해온 것에 불과하다 할 수 있다(로즈, 2011: 31).

공간에서 움직이는 행위자는 물론이고 공간에 관한 지식의 생산자도 '남성적 몸(무채색의 투명한 몸)'(로즈, 2011: 96)으로 상정되는 가운데, 이 행위자와 생산자는 '무한하며 경계도 없고 투명한 것'으로 인식되는 공간 위에서 '뛰고, 구르고, 경계 없이, 그리고 제약 없이 도달할 수 있는 자유'(로즈, 2011:

---

2   Michele Le Doeuff, *Hipparchia's Choice: an Essay Concerning Women, Philosophy, etc.*(Oxford: Blackwell, 1991), p. 42[길리언 로즈, 『페미니즘과 지리학: 지리학적 지식의 한계』, 정현주 옮김(한길사, 2011), 36쪽에서 재인용].

97)를 느끼는 것으로 가정되었다. 인간의 몸이란 곧 남성의 몸(백인, 장애가 없는 몸)을 가리키는 것이었으며, 남성 몸의 경험이 모든 경험을 대표할 수 있다고 본 것이었다(김현미, 2008: 286). 따라서 '공간에 갇히는 느낌, 즉 특정 젠더나 계급, 인종적 위치로 몸이 제약되는 느낌'(로즈, 2011: 329)은 이 남성적 몸과는 관련이 없으며, 제약당하는 존재의 경험과 감정으로부터 영향을 받지 않는다.

공간의 연구 주체가 남성적 몸으로 일원화된 이유는 "지리학이 탐험이나 제국과 관련을 맺고 있다는 점에서 남성에게 각별하게 매력적으로 다가가기"(맥도웰, 2010: 64) 때문이기도 하다. 18세기 학문적 여행기에 나타난 젠더 이미지를 연구 중인 독일의 마리스(Anne Mariss)는, 1589년에 그려진 〈베스푸치와 아메리카〉라는 제목의 채색 동판화^{사진…1}를 사례로 낯선 공간이 남성에 의해 어떻게 여성의 몸으로 의인화되는지에 주목하면서, "당시에 남성은 여성을 정복하듯 한 나라 또한 그렇게 정복했다"고 강조한다.[3] 이 동판화는 이탈리아의 항해자 아메리고 베스푸치가 이후에 자신의 이름을 따라 아메리카라고 명명되는 대륙을 어떻게 정복하는가를 보여주는 한편으로, 나체의 여성으로 의인화된 아메리카 대륙이 나무 사이에 매달린 해먹에 앉아서 베스푸치와 조우하고 있는 모습을 묘사함으로써, 정복자로서의 남성

---

3 지리학의 남성중심주의를 비판하고 젠더와 공간의 만남을 촉진하기 위한 학문의 움직임은 현재 독일에서도 활발한데, 독일의 카셀대학교와 괴팅겐대학교가 공동으로 진행하고 있는 '공간과 젠더의 역동성: 발견하라, 정복하라, 창작하라, 설명하라'라는 프로젝트가 그 대표적 사례다. 마리스의 연구도 이 프로젝트의 일환으로, 이 프로젝트는 2010년 10월부터 독일연구재단(Deutsche Forschungsgesellschaft: DFG)으로부터 400만 유로를 지원받아 추진되고 있다. 이에 대해서는 http://www.raum-geschlecht.gwdg.de(2012.3.15) 참조.

1... 〈베스푸치와 아메리카〉(1589). 스트라트(Jan van der Straet)와 갈레(Theodore Galle)에 의해 제작된 동판화로, 현재 독일의 빌레펠트대학교에 소장되어 있으며, http://www.uni-bielefeld.de/geschichte/abteilung/arbeitsbereiche/lateinamerika/cuadframe.htm(2012.3.15)에서 찾아볼 수 있다.

과 피정복자로서의 여성이라는 이분화된 젠더적 이미지를 압축적으로 보여주고 있다(Schaffner, 2010). 이 동판화는 공간에 관한 학문적 연구가 오랫동안 남성중심의 학문으로 머물러 있었다는 사실을 보여주는 하나의 상징으로 읽힐 수 있다.[4]

  그뿐만 아니라 이 동판화의 설명문에는 "아메리고가 아메리카를 다시 발견했다. 그가 그녀를 한 번 불렀다. 그러자 그녀가 영원히 깨어났다"고 적혀 있는데, 이는 아메리카 대륙이 아메리고에 의해 '발견'되기까지는 단지 '잠

---

[4] 이 동판화에 관련된 부분은 안숙영, 「젠더의 렌즈로 본 공간, 공간의 렌즈로 본 젠더」, 309~310쪽에 의지하고 있다.

을 자고' 있었던 것으로 해석되고 있음을 뜻한다. 남성=문명, 여성=자연의 대비 속에서, 미개한 자연에 선진의 문명을 전하는 유럽의 이미지를 전하고 있는 것이다. 그래서 우리가 영국과 인도의 관계에서 볼 수 있는 '오리엔탈리즘'의 흔적을 이 동판화에서도 찾아볼 수 있다. "인도가 야만적, 비합리적이라면 영국은 문명적, 합리적 존재가 되었고, 인도인이 나약한 여성과 아동이라면 영국인은 그들을 돌보는 강인한 성인 남성으로 여겨졌다"(이옥순, 2002: 20)는 비판에서 잘 나타나는, 즉 힘센 서양이 자신의 이익을 위해 자기와의 관계 속에서 힘없는 동양을 정의하고 구성한 담론으로서의 오리엔탈리즘(이옥순, 2002: 13)이 갖는 위험에서 결코 자유롭지 않은 것이다.[5]

"어떤 대상을 보고 정의하는 자와 그에게 보여지고 정의되는 자는 대등하지 않다. 이 관계 자체가 전자가 후자보다 우월함을 전제한다. 아는 것이 힘이고 지식이 권력이듯이 보고 말하고 판단하는 것도 권력과 관계되기 때문이다"(이옥순, 2002: 13)라는 점을 고려할 때, 학문을 수행하는 주체가 주로 남성이며, 이로 인해 지리학의 의제도 주로 남성에 의해 결정되던 상황에서, 여성이 자신의 목소리를 낸다는 것은 쉬운 일이 아니었음을 충분히 짐작할 수 있다. 따라서 지리학에 페미니즘이 도입되던 초기인 1970년대에 "여성을 연구하는 것은 많은 여성주의자들에게 정치적 결단"이었다는 맥도웰(2010: 389)의 지적은, 당시의 이러한 어려운 분위기를 잘 전달하고 있다. 나아가 "지리학계 내에서 여성의 대표성이 여전히 낮다는 사실은 차치하고

---

[5] 이처럼 백인, 이성애, 남성중심의 제국주의가 피식민 주체들을 여성화하고 야만적 대상으로 묘사한 것은 탈식민주의 페미니즘 연구에서 자주 언급되었던 부분이다. 이와 관련된 포스트 식민주의 페미니스트 지리학 개론서로는 조앤 샤프, 『포스트 식민주의의 지리』, 이영민·박경환 옮김(도서출판 여이연, 2011) 참조.

서라도, 페미니즘과 여성에 대한 연구를 이토록 거부하는 것은, 여성이 단지 남성과는 다른 현안에 관심 있으리라고 추측하기 때문만은 아닐 것이다. 그보다는 지리학 지식의 생산자이자 주체로서의 여성에 대한 어떤 근본적인 저항이 있는 것이 아닐까 의심하지 않을 수 없다"(로즈, 2011: 35)는 주장처럼, 주류 지리학이 페미니즘을 일관되게 주변화했다는 점 또한 기억할 필요가 있다.

다음으로 연구 의제와 관련해서는 "백인, 중산층, 선진국, 표면상의 이성애적 남성들"(페인, 2008b: 162)의 관심사가 지배하는 가운데, '여성의 관심사' 혹은 '여성의 문제라고 생각되는 주제를 배제'(로즈, 2011: 33)하는 방향으로 공간에 관한 지식이 조직되어왔음을 알 수 있다. 이는 먼저 "다양한 종류의 장소 간의 차이에 대한 사회공간적 정의"(맥도웰, 2010: 26)라 할 수 있는 '스케일(scale)'의 설정에서 잘 나타난다.[6] "국가나 공동체와 같은 스케일은 많은 연구와 글쓰기의 대상이었지만, 신체나 집과 같은 스케일은 최근에 들어서야 주요 지리학적 논제로 자리 잡았다"(발렌타인, 2009: 19)는 지적처럼, 공간에 관한 남성중심적 지식은 오랫동안 국가나 공동체라는 특정한 스케일, 이른바 '거시 스케일'만을 분석의 대상으로 설정하고 신체나 집과 같은 '미시 스케일'은 분석의 대상으로 설정하지 않았던 것이다.

그러나 지리적 스케일의 생산은 중요한 정치적 의미를 지닌 과정이다.

---

6 각각의 스케일은 특정한 사회공간적 활동을 생각하는 데에 효과적인데, 각각의 스케일은 상이한 순간과 맥락의 산물이다. 민족국가는 17세기 이전까지 유럽에서 거의 나타나지 않았으나, 19~20세기에 들어서 강력한 사회조직의 스케일이 되었고, 21세기에는 세계화가 민족국가의 적실성을 위협하고 있다는 주장이 제기되고 있다. 즉, "스케일은 사회활동을 통해 생산되고, 사회활동은 사회적 상호작용의 지리적 구조에 의해 생산된다"[질 발렌타인, 『사회지리학: 공간과 사회』, 박경환 옮김(논형, 2009), 19쪽].

"지리적 스케일은 경계와 정체성을 정의하고, 이를 둘러싸고 (사회적) 통제와 투쟁이 발생한다"[7]는 점에서, 스케일의 생산은 중요한 정치적 의미를 지닌 과정임에 틀림없으며, 스케일은 권력을 부여하거나 봉쇄하는 방식으로 작동한다(발렌타인, 2009: 19). 이처럼 스케일의 생산 자체가 정치성을 띠고 있다 할 때, 전통지리학이 도시, 지역, 국가, 세계를 비롯한 '거시 스케일'이나 '공적 공간'을 주된 연구 대상으로 설정한 반면, '몸(body)'과 '가정(home)'이라는 '미시 스케일'은 연구 대상으로 전혀 설정하지 않았던 것(김현미, 2008: 286~288) 자체가 이미 남성중심적인 '정치적 실천'의 일환이었다 할 수 있다. 이런 학문 지형 속에서 1990년대로 접어들어 페미니스트 지리학자들이, 몸이 하나의 장소이며 몸의 차이가 사회적 차별과 불이익의 기초가 된다는 점을 강조(Duncan, 1996)하는 한편으로, '어디서나 흔하게 있고 너무 익숙하고 원래 그런 것이라서' 연구 대상으로조차 떠오르지 않던 집(Hayden, 1984; Blunt and Dowling, 2006)이나 그 속에서 행해지는 가사노동을 연구하기 시작한 것(김현미, 2008: 286~287)은 그 자체가 이미 하나의 '정치적 실천'이었던 셈이다.

이와 더불어 '여성의 문제라고 생각되는 주제들에 대한 배제'의 경우는 '남성에게 예속된 타자로서의 여성의 위치와 남성성의 이상화된 버전에 비해 열등한 것으로 구축된 여성성'을 강조하는 방향(맥도웰, 2010: 388)으로 진행되어왔다. 이는 남성의 공간으로서의 '공적 공간(public space)'과 여성의 공간으로서의 '사적 공간(private space)'이라는, 젠더에 따른 이분법적 공간 분

---

7 Neil Smith, "Homeless/global: scaling places", in J. Bird et al.(eds), *Mapping the Futures: Local Cultures, Global Change*(London: Routledge, 1993), p. 101(질 발렌타인, 『사회지리학: 공간과 사회』, 19쪽에서 재인용).

리, 공적 공간의 중요성에 대한 과대평가와 사적 공간의 중요성에 대한 과소 평가로 나타났다. 따라서 페미니스트 지리학자들이 이러한 공간 분리를 '젠더 불평등을 조장하는 핵심적인 공간적 과정'(정현주, 2008: 907)으로 파악하며, 이러한 이분법을 깨뜨리는 저항을 시도해온 것은 너무나 당연한 일이라 하지 않을 수 없다.

이런 맥락에서 페미니스트 연구자들은 몸과 가정이 단순히 사적인 공간, 따라서 정책과 연구의 대상에서 배제된 공간이 아니라 공적 관계가 매개되는 곳임을 누차 강조해왔다. 공적·사적 공간의 이분법을 깨기 위한 학문적 노력이 사적 공간에 대한 고찰에서 시작되는 이유는, 사적이라고 규정된 것을 공론의 장으로 옮기는 행위 자체가 정치적·학문적 실천으로서의 의미를 갖기 때문이다. 즉, "사적 공간에 대한 공적 공간의 우월성은 미시 스케일에 대한 거시 스케일의 우위에 기초하고 있으며, 이는 '사적 영역·미시 스케일·덜 중요한 영역'과 '공적 영역·거시 스케일·중요한 영역'이라는 공고한 이데올로기를 구축"(정현주, 2008: 910)하려는 시도에 저항하고자 하는 것이었다.

4. 젠더에 따른 공간 분리와 도시의 공적 공간

1) '현대의 신분'으로서의 젠더와 이에 따른 공간 분리

독일의 사회학자 벡과 벡-게른샤임(Ulrich Beck und Elizabeth Beck-Gernsheim)은 남자와 여자라는 것 자체가 현대의 산업사회 속에 세워진 현대적 위계, 즉 남자는 위, 여자는 아래라는 위계를 가진 일종의 '현대적 신분'(1999: 63)이라고 정의한다. '산업사회가 가진 봉건적 중핵'에 해당하는 이 '현대적 신분'에 따라 한 사람의 운명, 즉 평생 가사노동을 할 것이냐 아니면 노동 시장에 적응해 돈벌이를 할 것이냐는 원칙적으로 산업사회에서조차도 요람에서부터 결정된다(벡·벡-게른샤임, 1999: 64). 그리고 이 봉건적 '성별 운명'은 남성과 여성에게 '마땅히 있어야 할 곳'을 지시하는데, 남성에게는 일터가 여성에게는 가정이 '마땅히 있어야 할 곳'이 된다.

'공적 공간'과 '사적 공간'은 바로 이 '마땅히 있어야 할 곳'이라는 용어의 보다 공식적인 표현이다. 젠더관계에서 볼 때, 공적 공간은 흔히 공장이나 사무실 같은 장소로 대변되는 일터나 직장이 위치한 공간, 사회적으로 필요한 재화를 만들어내는 생산공간인 반면, 사적 공간은 집이라는 장소로 대변되는 가정이나 거주지가 위치한 공간, 가족구성원의 재생산을 담당하는 재생산공간으로 간주된다(정현주, 2008: 907~908; 안숙영, 2011a: 24). 그런데 흥미로운 점은 '공적 남성, 사적 여성(Public Man, Private Woman)'(Elshtain, 1981)이라는 지적에서 나타나듯, 공적 공간은 주로 남성의 공간, 사적 공간은 주로 여성의 공간으로 이해된다는 점이다. 따라서 "공간은 사회적 정체성을 구성하고 재생산하는 데 능동적 역할을 하며, 또한 사회적 정체성, 의미와 관계는 물질적, 상징적, 은유적 공간을 생산한다"(발렌타인, 2009: 15)는 점을 고려할 때, 이러한 공간 분리가 갖는 젠더 효과를 분석하는 일이 무엇보다 시급하지 않을 수 없다.

이러한 이분법적 공간 분리는 크게 두 가지 기능을 한다. 첫째, 이성애에 기초하여 사회적 공간을 끊임없이 확대재생산함으로써 이성애에 기초한 공간 구성의 원리를 더욱 공고히 한다. 그리고 이를 바탕으로 사회적 공간에 담긴 전통적인 젠더의 노동 분업을 더욱 강화한다. 둘째, 이성애적 원리의 공고화를 통해 '남성성의 우수성'과 '여성성의 열등성'이라는 남성주의적 편견을 확대 재생산하는 한편으로, 동성애적 관계를 사회적 공간에서 끊임없이 배제한다. "젠더는 단순히 여성과 남성의 서로 다른 사회 역할에 대한 것이 아니라 그들 사이의 '관계'에 대한 것이며, 구분되는 역할을 지탱하는 것이 바로 그 관계"(페인, 2008b: 157)라는 점에서, "정체성이란 '다른 사람들'과의 동일성과 차이에 의해 구성되어 있다는 점에서 항상 '관계적인 것'으로 이해되어야 한다"(발렌타인, 2009: 13)는 점에서, 이러한 이분법적 공간 분리가 갖는 정치적이고 이데올로기적인 성격을 미루어 짐작할 수 있다.

유급의 생산 노동이 수행되는 장소로서의 공적 공간이 사회적으로 높은 가치를 부여받는 반면, 무급의 재생산 노동이 수행되는 장소로서의 사적 공간이 사회적으로 가치를 인정받지 못하는 현실은, 이러한 이분법적 공간 분리의 정치적이고 이데올로기적인 성격을 가장 압축적으로 보여준다. 문제가 되는 것은 비단 '공적 공간=남성', '사적 공간=여성'이라는, 특정한 젠더에 따른 특정한 공간의 지정만은 아니다. 더욱 심각한 문제는 이 두 공간의 행위자가 남성 젠더인가 아니면 여성 젠더인가에 따라 그 사회적 평가가 극명하게 달라진다는 점이다. 즉, 남성이라는 젠더의 특징으로 알려진 것들이 여성이라는 젠더의 특징으로 알려진 것보다 사회적으로 훨씬 더 많은 가치를 부여받는다는 점이다(안숙영, 2011a: 26~27).

이로 인해 공적 공간은 여성이 진입해야 할 '이상적 공간'으로, 사적 공간은 여성이 탈출해야 할 '억압적 공간'으로 간주된다. 젠더 평등의 일차적 목표가 남성의 공간인 공적 공간으로 여성이 이동하는 것으로 전제되는 가운데, '일과 가정의 양립'을 비롯하여 젠더 평등을 향한 조치들이 이러한 이동에 장애가 되어온 조건을 제거하는 데 몰두해온 것은 따라서 전혀 놀라운 일이 아니다(안숙영, 2011a: 27). 각종 미디어를 장식하는 '지구촌 정치, 여풍이

휩쓴다', '행시 2차 합격자 발표, 여풍강세', '외무고시 최종 합격자 60%가 여성, 여풍당당', '은행 승진 인사 여풍당당', '경찰대 여풍 올해도'와 같은 표제어, '첫 여성 국무총리', '첫 여성 법무부 장관' 같은 호칭, '알파걸'이나 '골드미스' 같은 용어(안숙영, 2011c: 14)에서 공적 공간의 '이상화'를 읽어낼 수 있다.

그러나 '남성의 일'로 알려진 부문으로 진입하여 공적 공간 내에 있는 권력의 상층부로 진입하는 여성은 그야말로 극소수다. 대부분의 여성은 사적 공간을 떠나 공적 공간으로 이동할 때도 '여성의 일'로 알려진 일을 매개로 하며, 권력의 하층부에 위치한 가운데 지속적으로 '여성의 일'로 알려진 일에 종사한다. 여성 청소노동자와 간병노동자 등의 증가에서처럼 말이다. "여성들이 노동하기 위해 집 밖으로 나오게 되었지만, 이는 여성이 남성과 똑같은 상황이 되었음을 의미하는 것이 아니라, '여성화된 게토'를 만들어내는 일자리를 갖게 되었음을 의미"(김현미, 2008: 283)하는 것이었다는 점이다. 따라서 권력의 상층부로 진입하는 여성의 증가는 커다란 그림의 일부분에 불과하다는 점을 기억해야 한다.

그렇다면 사적 공간으로 이동하여 '여성의 일'로 알려진 일에 무급으로 종사하는 남성에 대한 사회의 반응은 어떠한가? 가령 '남성전업주부'의 경우를 살펴보자. 전업주부 하면 여성을 떠올리던 시대는 이제 지나 '남성전업주부'라는 용어가 더는 낯설지 않다. 통계청 자료에 따르면 집안일에 전념하는 '남성전업주부'는 최근 5년간 크게 증가했다. 2010년 남자 비경제활동인구 가운데 활동 상태가 '가사'인 경우는 15만 6,000명으로 5년 전인 2005년의 11만 6,000명에 비해 34.5%나 늘어났다(김용식, 2011.1.19). 그럼에도 남성이 전업주부로 생활하기에는 아직도 여러 가지로 불편한 점이 많다. 전업주부 생활을 하는 데 가장 큰 걸림돌이 무엇인가를 묻는 한 설문조사에서 응답자의

44.2%가 사회의 편견, 12.1%가 가족과 친지의 편견이라고 답하고 있는 현실 (레디앙, 2011.3.30)이 보여주고 있듯이, 사적 공간으로 이동한 남성에 대한 사회의 시선은 여전히 부정적이기 때문이다.

남성의 공간과 남성의 세계에 진출한 여성에 대한 평가와 여성의 공간과 여성의 세계에 진출한 남성에 대한 평가 사이의 이러한 커다란 간극은, '여성의 남성화'는 바람직한 것으로, 반면 '남성의 여성화'는 바람직하지 않은 것으로 여겨진다는 것을 시사한다. 그래서 '여자'대학교의 '여자'총장은 "축구하고 군대 가는 여대생을 만들겠다"(권석천, 2008.12.7)고 선언[8]하지만, "요리하고 자녀를 잘 돌보는 남대생을 만들겠다"고 선언하는 '남녀공학'대학교의 '남자'총장은 없다. 축구와 군대가 남성성과 남성의 공간을 상징하는 중요한 코드라는 점에서, 이는 남성성에 무게중심을 설정하는 가운데 여성이 남성성을 획득하는 것을 젠더 평등으로 이해하는 우리 사회의 현주소를 잘 보여주고 있다(안숙영, 2011c: 34).

이와는 달리 '남성의 여성화'는 젠더 평등의 방안으로 고려되지 않는다. 출산율이 세계 최하위라고 정부와 언론이 날마다 떠들어대면서도, 여전히 '자녀를 잘 돌보는 남대생'을 길러내는 일에는 아무런 관심도 없다(안숙영, 2011c: 34). 여성화는 한 인간의 가치를 떨어뜨리는 것이라는 편견, 즉 '가치 폄하로서의 여성화(feminization as denigration)'(Peterson, 2005: 517)라는 오래된 편견이 여전히 위세를 떨치고 있는 것이다. 따라서 "공적인 것과 사적인

---

8 2010년 9월에 숙명여대가 고려대, 명지대, 충남대, 전남대, 영남대, 강원대와 더불어 첫 여성 학군사관후보생(ROTC) 시범대학으로 선정됨으로써, 젠더 평등의 이름으로 여대 캠퍼스라는 공간을 '남성화'하려는 시도가 본격적으로 출현했다(박성진, "여대 학군단 7대 1경쟁 … 숙명여대가 뽑혔다", ≪경향신문≫, 2010년 9월 14일 자).

것에 대한 구분은 오랫동안 젠더 구분과 연결되어 있었다. 전자는 남성의, 후자는 여성의 '자연스러운' 영역이라고 상정되었다. 지난 20여 년간 여성주의 학문의 주요한 업적 중 하나는 이러한 구분을 해체하고 이를 자연적인 것으로 보지 않게 된 것이다"(맥도웰, 2010: 71)라는 지적처럼, 젠더의 렌즈로 공간을 재구성하고자 할 때 공적 공간과 사적 공간이라는 이분법을 해체하는 작업의 중요성은 오늘날에도 여전하다.

2) 도시의 공적 공간과 젠더

오늘날은 세계 인구의 다수가 도시에서 거주하는 '도시화 시대'이다. 따라서 도시는 사람들의 일상생활에서 가장 중요한 공간 단위라고 할 수 있다. 주택, 교통, 환경, 여가 등 현대인의 일상생활에서 부딪히는 갖가지 문제가 발생하는 곳이 바로 이 도시 단위이다(강현수, 2010: 98~100). 그런데 현대인의 일상생활의 장소로서의 근대 도시에는 '남성성이 과다하게 표출'(김혜정, 2006: 40)되어 있으며, '도시의 공적 공간은 남성적으로 코드화'(미첼, 2011: 449)되어 있다. 따라서 젠더의 렌즈로 공간을 분석할 때, 도시와 도시의 공적 공간은 무엇보다 중요한 스케일이라 하지 않을 수 없다.

도시의 공적 공간은 개방성과 접근성의 차원에서 보자면, 거리, 공원, 광장, 공공건물처럼 공공에 개방되어 있어 누구나 접근이 가능한 공간을 뜻한다(Mitchell, 2003; Smith, 2008). 자유주의 이론가들은 모든 개인이 시민으로서 공적 공간에 대한 동등한 권리를 가지고 있다고 주장한다. 그러나 이 권리가 실제로는 거부되는 경우가 많은 게 현실이다. 가령 거리, 공원, 광장 같은 공간은 남성과 여성에게 서로 다른 의미로 다가온다. "공간의 구성은 몸이 없이는 인식될 수 없기"(Löw, 2006: 120) 때문이다. 공적 공간이 남성에게는 언론과 표현의 자유를 외치기 위한 '자유의 공간'일 수 있지만, 여성에게는 강간과 성폭력의 위험 등으로 인해 '공포의 공간'일 수 있다. 즉, "어떤 이들에게는 해방과 탐험을 위한 공간인 도시와 거리와 공원이 다른 이들에게는 접근할 수 없는 곳이거나 공포스럽고 위험한 장소일 수도 있다"(맥도웰, 2010: 71)는 것이다.

여성은 공적 공간의 이용에서 배제되는 집단 가운데 하나다. "위험한 공적 공간으로부터 보호받을 필요가 있는 집단"으로, 즉 남성에 의존적이고 연약한, 보호가 필요한 존재로 규정되어, 공적 공간에 대한 접근을 차단당한다. 그 대표적 사례는 강간과 성희롱으로부터 스스로를 지키기 위해 여성은 집 안에 머물러야 한다는 주장에서 찾아볼 수 있다. 이로 인해 가해자인 남성은 거리를 자유롭게 활보하는 반면, 피해자인 여성은 조심하는 것이 당연한 것처럼 사회적으로 인식된다. 강간과 살인사건의 경우 여성은 마치 스스로 행동을 조심함으로써 공적 영역에 나타나지 말아야 하는 규범을 어긴 사람으로 취급되는 것이다. 가해자인 남성의 책임을 묻기는커녕 여성이 너무 늦은 시간에 외출했거나 가지 않아야 할 곳에 갔기 때문에 그로 인해 빚어진 결과를 마땅히 받아들여야 한다는 것이다. 즉, "도시의 공적 공간은 누구에게나 열려 있는 곳이 아니라 누구는 허용하고 누구는 배제하는 차별적인 공간"(맥도웰, 2010: 262~263)인 셈이다.

또한 공적 공간에서의 삶이 일면적으로 남성의 삶으로 이해되며 '공적 공간의 남성화'(로즈, 2011: 104)가 강화되는 가운데, 여성은 공적 공간에서 불편함을 느끼게 된다. 이런 불편함의 기원은 고대 그리스로 거슬러 올라간다. 고대 그리스의 아고라에 그 기원을 두고 있는 공적 공간이라는 개념은 시민성의 장소, 즉 공적 생활과 법적 논쟁이 이루어지던 열린 공간이자 즐겁게 친교할 수 있는 장소로서 시민의 신체와 말과 행동과 물건이 서로 전시되어 판단과 결정과 거래가 이루어지는 하나의 시장이었다. 그러나 아고라로 상징되는 공적 공간은 동시에 배제의 장소이기도 했다. 오직 권력, 신분 혹은 신망을 가진 남성만이 이 공적 공간에 자유롭게 참여할 수 있었고, 노예, 여성, 그리고 외국인은 참여할 수 없었기 때문이다(발렌타인, 2009: 220).

여기서 기억해야 할 것은 남성으로 하여금 공적 공간에 참여하여 이른바 공적인 일을 논의하는 것을 가능케 한 것은, 바로 그 공적 공간에서 배제되었던 노예와 여성의 노동이었다는 점이다. 다시 말하자면 공적 공간에서 남성이 누리던 그 무한한 자유는 노예와 여성의 노동을 바탕으로 해서만 가능했다. 이에 주목할 때 우리는 공적 공간이 이중의 배제에 기초해 있었음을 알 수 있다. 첫째, 공적 공간에 대한 참여 자체의 배제이다. 계급, 재산, 인종, 성, 국적에 따라 참여자격이 제한되었기 때문이다. 둘째, 공적 공간에 참여하지 못하는 이들의 관심사 자체의 배제이다. 참여가 금지된 이들의 관심사가 공적 공간에서 전혀 논의되지 않으면서도 공적 공간에서 논의되는 것이 마치 인간 전체의 이해나 관심사를 대변하는 것처럼 포장되었기 때문이다.

오늘날에도 공적 공간에 담긴 이러한 배제의 원리는 대부분 그대로 작동한다. 그럼에도 공적 공간이 "모두가 접근할 수 있는 대중적 공간, 낯선 사람들을 만나는 공간, '차이'와 조우하는 공간, 사람들이 지나가고 '머무는' 직접적 상호작용의 공간"(발렌타인, 2009: 221)으로 그 외연을 확대하고 있는 것 또한 사실이다. 또한 거리와 같은 공적 공간은 진정한 정치행위의 위치로서, 사람들이 모두 모이는 포용의 장소로서, 그리고 본질적으로 민주적 공간으로서 낭만화되고 경축되기도 한다. 이로 인해 역사적으로 공적 공간에서 배제당한 주변집단은 자신의 권리를 알리기 위해 종종 거리를 점유해왔는데,

이들에게 거리는 자신의 주장을 더 넓은 공중에 전달할 수 있는 중요한 공개 토론장이었다. 또한 거리를 점유한다는 것은 거리를 재현을 위한 공간으로 바꾸는 것을 의미하기도 했다(발렌타인, 2009: 220~221).[9]

이런 맥락에서 '두려움의 거리'(발렌타인, 2009: 224~230)인 밤거리에서 여성의 안전을 확보하기 위해 1975년 10월에 미국의 필라델피아에서 처음으로 시작된 '밤거리 되찾기 운동(Take Back the Night)'[10]은, 공적 공간을 안전하게 만들고 모든 사람들이 밤낮으로 접근가능하도록 만듦으로써 공적 공간을 독점해온 남성의 권리에 도전하는 것이었다 할 수 있다. 또한 2011년 4월 캐나다에서 시작되어 전 세계적으로 확산된 '슬럿 워크 운동(Slut Walk Movement)'도 이런 움직임에 속한다 할 수 있다.

2011년 1월에 캐나다 토론토의 요크대학에서 열린 '안전포럼'에서 경찰관 생귀네티(Michael Sanguinetti)가 "(성폭행) 피해를 당하지 않기 위해 여자들은 슬럿처럼 입지 말아야 한다"고 발언한 것이 발단이었다. 그리고 다음 달에는 판사 듀어(Robert Dewar)가 성폭행 사건에서 "피해자의 옷차림이 피고에게 잘못된 인상을 줬고, 피고의 잘못은 단지 여성이 (성행위에) 동의하지 않는다는 것을 눈치 채지 못했을 뿐"이라는 취지로 피고에게 벌금형을 선고했다. 이런 일련의 사건이 캐나다 여성들을 폭발시켰고, 그 결과 4월 3일에는 토론

----

9 세계 금융자본의 탐욕과 경제적 불평등에 저항하기 위해 2011년 9월 세계자본주의의 중심인 미국 뉴욕의 맨해튼 월스트리트 인근의 '자유광장'에서 시작된 '월스트리트를 점령하라!(Occupy Wall Street!)'운동도 그 대표적인 사례. '1%'의 가진 자에 대한 '99%'의 반격이라 불리는 이 운동은 국경을 넘어 한 달 만에 전 세계 1,500여 개 도시로 확산되기도 했다(최경준, "'정치노숙'은 겨울도 견뎌 … 다른 점령장소 물색 중", ≪오마이뉴스≫, 2011년 10월 22일 자).

10 '밤거리 되찾기 운동'에 대한 자세한 내용은 http://www.takebackthenight.org 참조.

토 여성 3,000여 명이 말 그대로 슬럿처럼 입고 '내 몸이고 내 맘이야!'라고 외치며 토론토 중심가를 행진하는 가운데, '슬럿처럼 입을 권리'를 포함한 '자기결정권'을 강조했다(이형섭, 2011.6.8).[11]

국내에서도 '밤길 되찾기 운동'과 '잡년 행진'의 이름으로 전개되고 있는 이런 움직임은 공적 공간의 주인은 남성이라는 사회적 편견에 맞서 여성을 공적 공간의 주인으로 자리매김하려는 시도, 즉 '공적인 공간 부수기'(미첼, 2011: 449~457)를 위한 시도라 할 수 있다. "공적 공간에서 여성이 느끼는 불안은 공적 공간을 점유할 권리라는 논란의 여지도 없이 명백한 권리를 확보하지 못한 탓이 크다"[12]는 점에 주목할 때, 이런 움직임은 공적 공간에서의 여성의 배제에 저항하며 도시의 공적 공간을 여성에게도 개방해야 한다는 '외침이자 요구'(Mitchell, 2003: 11)인 것이다. 또한 이는 여성과 남성이라는 이분법이 도시 문화를 남성에 속하는 것으로 개념화함으로써, 결과적으로 여성이 '도시의 침입자, 무질서의 징후, 그리고 문제아, 즉 도시의 스핑크스'(Wilson, 1991: 9)가 되어버린 것에 대해 저항하려는 몸짓으로 읽힐 수도 있다. 다시 말하자면 이는 '하위 주체의 공적 대항공간', 즉 주변화된 집단이 주류사회가 특정 공공장소에 부여한 본연의 기능에 저항해 자신의 필요에 맞게 전유하는 공적 공간(Fraser, 1990)을 생산하는 것이기도 하다.

---

[11] '슬럿 워크 운동'에 대한 자세한 내용은 http://www.slutwalktoronto.com 참조.

[12] J. Hamner and S. Saunders, *Well-founded Fear: a Community Study of Violence to Women*(London: Hutchinson, 1984) p. 39(길리언 로즈, 『페미니즘과 지리학: 지리학적 지식의 한계』, 97쪽에서 재인용).

5. 나가며: 젠더 평등에 기초한 공간의 생산을 향하여

프랑스의 철학자이자 도시학자인 르페브르는 '(사회적) 공간은 (사회적) 생산물'이라고 정의하며, "생산된 공간은 사고에서는 물론 행위에서도 도구 구실을 하는 동시에 생산의 수단이며 통제의 수단, 따라서 지배와 권력의 수단이 될 수 있다"(2011: 71)고 강조한다. 따라서 "누가 공간을 생산하는가?", "생산물로서의 공간의 성격은 어떠한가?"라는 질문은 공간에 대한 사회과학적 연구에서 가장 핵심적인 질문이라 하지 않을 수 없으며, 특히나 젠더 평등에 기초한 공간을 생산하고자 할 때는 더더욱 그러하다. 왜냐하면 지금까지의 공간의 역사에서 공간의 생산자가 주로 남성이었고 생산물로서의 공간 또한 '남근중심주의'(이현재, 2012)에 기초하고 있었기 때문이다.

우리가 살고 있는 도시공간을 르페브르가 말하는 '작품'으로 만들어나가기 위해서는, '작품'으로서의 도시에 여성이 부재하다는 사실에 대한 반성적 고찰이 필요하다. 다양한 도시 거주자들이 함께 만들어나가는 집합적 작품으로서의 도시, 즉 교환가치에 기초한 제품으로서의 도시가 아니라 사용가치에 기초한 작품으로서의 도시(강현수, 2010: 28~29)를 만들기 위해서는, 이러한 도시공간의 생산에서 그동안 배제되어왔던 여성의 삶으로 눈을 돌려야 한다. 그리고 이를 바탕으로 공간의 생산자로서의 여성의 역할에 주목하며 공간의 성격을 젠더 평등하게 변화시키기 위한 노력을 기울여야 한다.

이를 위해서는 무엇보다 먼저 '정치가 결여된 영역'으로서의 공간 개념, 그러니까 탈정치화된 공간 개념과 작별하고, '공간의 정치화'로 나아가야 할 필요가 있다(매시, 1996: 110~112). 공간을 정치나 정치의 가능성을 사상한 개념으로 이해하면서 공간의 영역을 탈정치화하려는 시도 혹은 젠더 중립적인 것처럼 비치게 만들려는 시도에 문제를 제기하며, 공간에 담긴 젠더관계와 공간을 구성해나가는 구조적인 축으로서의 젠더관계를 '가시화'하기 위한 작업을 진행해야 한다. '남성적 몸'의 공간 경험에 기초한 연구의 한계를 비판하며, '다양한 몸들'의 공간 경험으로 시선을 확장하는 한편으로, 몸, 가정, 일터, 도시, 지역, 국민국가, 초국적 공간을 비롯한 다양한 스케일을 젠더의 렌즈로 분석해나가야 한다.

나아가 '공적 공간의 탈남성화'와 '사적 공간의 탈여성화'를 통해 '공적 공간=남성', '사적 공간=여성'이라는 젠더적 이분법의 해체를 가속화해야 한다. 공적 공간의 탈남성화는 이미 거부하기 어려운 하나의 흐름이 되었다. 노동시장의 참여를 통해 여성이 사적 공간을 떠나 공적 공간으로 빠르게 이동하고 있기 때문이다. 반면에 사적 공간의 탈여성화는 아직도 요원하기만 하다. 노동시장에 참여하는 여성의 숫자가 늘어나고 있음에도, 사적 공간에서의 돌봄 노동에 대한 부담이 여전히 여성의 몫으로만 남아 있기 때문이다. 따라서 여성이 공적 공간에 '진입'하여 공적 공간의 행위자나 의제의 측면에서 공적 공간을 탈남성화하려는 시도만큼이나, 남성으로 하여금 사적 공간에 '진입'하게 함으로써 사적 공간의 행위자나 의제의 측면에서 사적 공간을 탈여성화하려는 시도 또한 중요성을 부여받아야 한다.

마지막으로 신자유주의적 지구화의 가속화 속에서 지금까지 젠더관계의 분석에서 기본적인 공간 단위로 종종 전제되었던 국민국가의 경계를 넘어 초국적 공간으로도 그 사유의 지평을 확장해나가야 한다. 국민국가의 상대적 약화 및 글로벌과 로컬 스케일의 중요성 강화라는 새로운 흐름 속에서, 글로벌한 것으로 상상되거나 재현되는 모든 특성은 남성적인 것, 로컬한 것으로 상상되거나 재현되는 모든 특성은 여성적인 것으로 간주되고 있다는 점(Freeman, 2001; 박경환, 2011)에 주목할 필요가 있다. 즉, '글로벌=남성', '로컬=여성'의 방식으로 지구화가 인식되는 것에 비판적으로 접근하며, 글로벌과 로컬의 관계 및 공간과 장소의 개념을 젠더의 관점에서 새롭게 정립해나가야 한다.

제2부 공간주권의 실천적 모색

제5장

기억의 공간, 트라우마의 공간, 희망의 공간
─ 민주적 공간 형성을 위한 기본 원칙에 관하여

전진성 | 부산교육대학교 사회교육과 교수

1. 민주주의 패러다임의 변화: 시공간의 새로운 양상

우리 사회의 민주주의는 위기에 도달해 있다. 단지 부도덕하고 무능한 현 정권만이 위기의 원인은 아닐 것이다. 거대자본의 횡포, 미디어 권력, 선거나 여론조사라는 형태로 드러나는 대중의 끊임없는 변덕은 실로 민주주의의 총체적 위기를 실감케 한다. 물론 이것이 위기인지 아니면 새로운 기회인지는 아직 판단하기 힘들다. 한 가지 확실한 것은 민주주의의 위기가 국내에서만이 아니라 전 세계적으로 진행되고 있다는 사실이다. 근래의 중동 민주화 운동과 한국과 유럽 학생의 등록금 투쟁, 금융자본의 탐욕을 규탄하는 세계 각지의 시위는 각기 상이한 배경에서 비롯되었음에도 우연한 시점의 일치로 보이지는 않는다. 그 규모나 파급력에서 가히 전 세계적이라 할 수 있는 일련의 사태는 통상적인 '민주화운동'으로 범주화하기에는 너무도 총체적인 변화를 암시하고 있다.

민주주의란 과연 무엇인가? 그것은 특정한 운동 혹은 이데올로기인가? 아니면 특정한 헌정질서인가? 이에 대한 주의주장은 너무도 많다. 하지만 2013년이란 이 시점에서 우리 사회의, 또한 전 세계적인 기대의 지평 위에 떠오른 민주주의는 기존의 정치적 틀을 뛰어넘어 전혀 새로운 질서와 삶의 방식을 모색한다. 따라서 민주주의란 정해진 원리나 척도를 갖기보다 오히려 그것의 한계를 끊임없이 드러낼 수 있는 민중의 역량을 의미한다는 주장도 가능해진다.[1] 사람들은 이제 저마다 불가침의 자기주장을 펼치는 동시에 타인과의 새로운 연대를 이루어가고 있다. 우리 사회에서는 이 모든 것을 인터넷 등의 새로운 미디어의 영향으로 환원시키는 경향이 있지만, 정말 주목할 것은 따로 있다. 자본주의의 지구적 전개를 통해 기존의 민족적 · 계급적 · 종교적 · 지리적 정체성이 와해되면서 매우 분산적이면서도 다면적인 정체성이 생겨나고 있으며, 이에 따라 시간과 공간에 대한 새로운 지각이 등장하고 있다.[2]

근대성(modernity)이란 본래 시간과 공간의 특수한 관계 맺음에서 비롯된 것이었다. 서구의 제국주의적 팽창과 이와 결부된 교통과 통신의 비약적 발전에 힘입어 거리의 장벽이 철폐됨으로써 공간은 우연의 범주로 환원되었고 시간이야말로 생동감 있고 변증법적이라 간주되었다. 18세기 계몽사상의 '역사' 프로젝트는 지적 추상화에 따라 균질적인 시간의 질서를 창조했고, 19세기의 역사주의(historicism)는 이른바 '혁명의 세기'의 체험에 걸맞게 기존의 정태적인 공간의 질서를 무너뜨리고 항상적인 변화가능성을 근대적 '세

---

1   고병권, 『민주주의란 무엇인가?』(그린비, 2011), 36~37쪽.
2   Edward W. Soja, *Thirdspace: Journeys to Los Angeles and Other Real-and-Imagined Places*(Wiley-Blackwell, 1996), pp. 1~23.

계관'으로 제시했다. 역사는 시간을 기존의 안온하고 경건했던 삶의 보금자리에서 떼어내어 세속화하며 정치화했으며, 그럼으로써 시간이 공간에 대해 확실한 우위를 점하게 되었다. 근대 서구의 정치 프로젝트인 민주주의도 고정되고 비변증법적인 '공간'을 뛰어넘어 앞을 향해 무한대로 뻗어나가는 '역사'라는 이데올로기에 기반을 두고 있었다.[3]

근대가 도래한 이래 진척되어온 '시간을 통한 공간의 소멸'은 20세기 후반에 이르러 소위 '시간의 공간화' 현상에 의해 역전된다. 20세기의 격동을 거치며 더 나은 미래에 대한 기대감이 상실되고, 또한 물질생활의 속도가 빨라지고 사람, 정보, 이미지의 흐름이 가속화됨에 따라 역사는 더는 일관된 의미와 정체성을 제공하지 못하고 그 반사 효과로, 각 개인이 자신의 옹색한 기억의 게토 안에 웅크리며, 역사적 의미를 탈각한 '공간에 대한 우상숭배(topolatry)'가 횡행하게 된다. 근대의 역사적 시간이 현재와 과거의 변증법관계에 기초하고 있었던 반면, 최근에는 과거가 별다른 연관성도 없이 현재의 궤도로 빨려드는 현상이 만연하고 있다. 이른바 '상상 속의 과거'에 집착하는 경향이 팽배함으로써, 이는 집단의 정체성이나 미래에 대한 전망은커녕 기껏해야 현재의 일상에 찌든 개인, 예컨대 보행자나 쇼핑객, 관람객, 관광객의 소비를 부추길 뿐이다. 과거에 의해 잠식된 현재는 본연의 역사성이 탈각되어 있다.[4]

---

[3] 스티븐 컨, 『시간과 공간의 문화사』, 박성관 옮김(휴머니스트, 2004), 541~576쪽; Michel Foucault, "Questions on Geography," in C. Gordon(ed.), *Power/Knowledge: Selected Interviews and Other Writings 1972~1977*(Vintage, 1980), pp. 63~77.

[4] Fredric Jameson, *Postmodernism, Or, the Cultural Logic of Late Capitalism*(Duke University Press Books, 1991), p. 154; Andreas Huyssen, *Twilight Memories. Marking Time in a Culture of Amnesia*(Routledge, 1995), 특히 p. 7 이하.

그렇다면 이와 같은 시공간의 새로운 양상은 민주주의의 진로에 어떠한 영향을 끼치는가? 기존의 민주주의 흐름은 대체로 고정된 국민국가의 단위에서 진행되었다. 근대적 시간, 즉 역사는 공간을 자신에 복속시켰는데, 역사가 제반 국민국가의 영토에 투사됨으로써 이들은 역사적 발전 단계에 따라 높은 단계에서 낮은 단계로 정렬된다. 이에 따라 서구와 비서구 간의 지리적 위계가 성립되며, 민주주의도 서구의 국민국가에서 비서구의 국민국가로 전파되거나 이식되는 것으로 간주된다. 그러나 어느덧 시간이 공간에 복속되는 역전된 양상이 펼쳐지자 공간의 역사적 위계는 파기되고 민주주의도 더는 단계론으로 파악되기 힘들어진다. 사회학자 카스텔(Manuel Castells)에 따르면, 현대 세계에는 사람, 재화, 자본, 서비스, 기술, 이념 등이 지역의 장소와 영토의 경계를 가로지르며 창출하는 '유동공간(space of flows)'이 지배력을 획득한다. 지리학자 아파두라이(Arjun Appadurai)는 이 같은 새로운 공간의 흐름을 그 속성에 따라 인적 경관(ethnoscape), 기술적 경관(technoscape), 재정적 경관(finanscape), 미디어적 경관(mediascape), 그리고 이데올로기적 경관(ideoscape)으로 분류하였다. 이들이 근대 민족국가의 원리적 토대인 영토 주권의 원리를 와해시키는 '탈영토화(deterritorialization)'를 촉진함으로써 이른바 '이동성 주권(mobile sovereignties)'을 창출하기에 이르렀다고 주장한다. 이러한 원리에 따르면, 민주주의라는 '이데올로기적 경관'도 중심과 주변의 고정된 관계를 벗어나 지구적(global), 횡단민족적(transnational), 횡단지역적(translocal) 차원으로 전개된다고 할 수 있다.[5]

Arjun Appadurai, "Disjuncture and Difference in the global cultural economy," *Theory, Culture and Society*, No. 7(1990), pp. 295~310, 특히, pp. 296~300; Arjun Appadurai, "Sovereignty without Territoriality: Notes for a Postnational Geography,"

마르크스주의 지리학자 하비는 시간이 공간을 압도하는 근대적 현실이 자본주의의 내적 동학에서 비롯된다고 주장한 바 있다. 그것은 '시간은 돈'이라는 관념이 암시하듯, 화폐와 상품 교환의 압도적인 힘 아래 흡수되는 세계를 표현한다는 것이다. 지리적 위계도 자본주의가 초래한 과잉축적 문제에 대하여 일련의 공간적 해결책(spatial fix)을 추구하도록 하는 정치·경제적 과정에 뿌리를 두고 있다는 것이다.[6] 하비의 주장이 옳다면, 시공간의 최근 변화 양상을 자본주의 내적 동학의 변화로 볼 수 있을까? 카스텔은 '유동공간'을 통해 오히려 불균등 발전이 고착된다고 말한다. 다양한 유동공간의 흐름이 빈곤 지역을 통과하면서 이윤이 배분되기는커녕 가정, 시민사회, 국가 등 전통적 공동체의 해체가 초래될 뿐이고, 결국 지역 간의 경쟁이 심화된다.[7] 그렇다면 고속도로, 정류장, 쇼핑몰, 공원, 호텔, 레저타운 같이 그저 지나치는 장소들은 국가, 농토, 회사, 학교 같은 전통적인 장소보다 평등하고 민주적인 곳으로 간주될 수 있을까? 아니면 기껏해야 고정된 공간의 내실한 결속력을 파괴할 뿐인가? 그곳을 지나치는 사람이나 그곳에서 일자리를 찾아 전전하는 이주노동자는 과연 어떤 종류의, 어느 정도의 주권을 갖는가? 이들은 과연 그곳에서 민주 변혁과 대안공동체를 꿈꾸는가?

민주주의가 더는 종래의 '역사' 이데올로기와 이에 기반을 둔 공간적 위계에 기댈 수 없다면, 민주주의의 이상을 아예 포기하거나 아니면 민주주의를

in P. Yeager(ed.), *The Geography of Identity*(University of Michigan Press, 1996b), pp. 40~58; Arjun Appadurai, *Modernity at large: Cultural Dimensions of Globalizations* (University Of Minnesota Press, 1996a).

6 데이비드 하비, 『포스트모더니티의 조건』, 구동회·박영민 옮김(한울, 1994), 304~309쪽.

7 Manuel Castells, *The Rise of the Network Society, With a New Preface, Vol. 1: The Information Age. Economy, Society, and Culture*(Wiley-Blackwell, 2009).

전적으로 새로운 시공간의 원리 위에 세우거나 양자택일의 문제가 남는다. 만약 후자를 택한다면 민주주의를 전일적인 역사적 과업이 아니라 개인마다, 집단마다 상이하고 가변적인 삶의 요구와 접목시켜야 한다. 이를 위해 기존과는 다른 '재현의 정치(politics of representation)'를 모색해야 한다. 특히 역사에 짓눌리지 않고도 삶의 충실한 보금자리가 되어줄 진정한 '기억의 공간'을 재현해내는 것이야말로 가장 시급한 과제이다.

2. 기억의 공간

본래 공간은 물리적·영토적 개념이라기보다 상관적 개념이다. 공간은 항상 다른 공간과의 관계 속에서, 그 차이를 통해 재현된다. 말하자면 화려한 강남은 '찌질한' 강북을 통해, 위대한 서구 문명은 야만적인 동양이 있기에, 자유민주주의 국가인 미국은 천인공노할 아우슈비츠(Auschwitz)나 굴라그(Gulag) 등과의 대조를 통해 비로소 하나의 공간으로 자리매김된다. 사실 '공간'이라는 개념은 '장소' 개념과는 달리 근대의 산물이다. 고전지리학에서는 공간을 서로 다른 지표의 부분에 내재한 공통점을 통해 각 지표를 서로 비교하기 위한 개념으로 사용했는데, 여기에는 공간은 텅 비어 있고 무한하다는 고전물리학의 공리가 깔려 있었다.[8] 그러나 20세기에 들어 독일 철학자 하이데거는 공간이 결코 인간 존재에 앞서 주어져 있지 않으며 오히려 공간을 창조하는 실천에서 비롯된다고 주장하였다. 하이데거에 따르면 공간이란 인간의 경험을 그 안에 담아내는 물리적 실체로 보아서는 안 된다. 역으로 인간이

---

8 이기봉, 「지역과 공간 그리고 장소」, 《문화역사지리》, 제17권 제1호(2005), 121~137쪽.

상상력을 통해 세계 '안'의 다양한 사물에 각각 제자리를 부여함에 따라 '공간성(Räumlichkeit)'의 순수한 표상이 성립한다. "공간은 공간화(Einräumung)하는 한에서만 공간이다."[9]

하이데거의 주장처럼 공간이 사물에 제자리를 부여하는 실천, 즉 '공간화'의 결과로 등장한 재현된 '공간성'과 다름없다면, 여기에서 무엇보다 기억이 핵심적인 역할을 수행하는 것은 자명하다. 기억은 특정한 공간을 매개로 인간사회의 정체성을 획득하는 문화적 실천이기에, 기억을 통해 비로소 다른 공간과의 차이를 지닌 특정한 공간이 재현될 수 있다. 원론적으로 말하자면 모든 공간은 '기억의 공간'이라고 할 수 있다. 심지어 바로 어제 새로 만들어진 도로라도 그 도로에는 도로명과 함께 특정한 정체성이 부여되고 그 위에 갖가지 기억들이 시간이 갈수록 쌓이게 된다.

이러한 인식은 기억이 더는 인간사회의 정체성을 획득하는 역할을 수행하기 힘들어진 현시점에 이르러서야 비로소 자명해졌다. 역사의 의미가 쇠퇴하면서 정체성을 잃은 채 과거의 특정 시점에 우울증적으로 고착된 기억이 새로운 정박지를 찾아 부유하지만 안정적인 정박지는 어디에도 없다. 우리가 일상생활에서 늘 지나치는 무수한 공간은 역사에 부응했던 국민국가의 확고한 영토와는 달리, 변경지역, 통로, 이주지, 관광지 등과 같이 주로 분절되고 유동적인 공간으로, 순간순간 교체되고 명멸한다. 이와 같이 더는 아무런 정체성도, 일관된 시간의 의미도 제공하지 않는 공간의 등장은 우리로 하여금 기억과 공간에 대한 통념을 재고하도록 돕는다. 이제 우리에게 기억이란 확고한 정체성을 보증하기보다는 항시 상이한 공간으로 '재현'된다는 것

---

9 Martin Heidegger, *Sein und Zeit*(Max Niemeyer Verlag Tübingen, 2001), pp. 102~113, 인용문은 p. 14.

이 이론적으로나 실천적으로 분명해졌다.

세 가지 명징한 사례를 들어보자.

부산시 중구에 소재한 부산근대역사관은 일제 치하 동양척식주식회사 부산지점이었던 곳이다. 이곳에는 일제의 침탈과 근대 부산의 형성 과정이 비교적 상세하고도 실감나게 설명되어 있다. 그러나 바로 이 건물이 1982년 '부산 미문화원 방화사건'의 현장이었음은 아주 간략한 소개로 그치고 있다. 이 유서 깊은 건물은 대한민국 건국 후 1년쯤 지난 1949년 7월부터 부산 미문화원으로 쓰이다가, 서슬이 시퍼렇던 제5공화국 초기에 민주화운동의 상징적 장소가 되었다. 그리고 시대의 흐름에 따라 대한민국 정부로 반환되어 오늘에 이른 것이다. 이곳을 찾은 관람객들은 동양척식주식회사와 미문화원 그리고 근대역사관으로 이어지는 변화의 의미를 좀처럼 헤아리기 힘들다. 건물의 모습에서 실마리를 얻으려 한들 별 도움은 안 된다. 전시실에 건물의 모형이 있지만 건물 밖으로 나가면 외벽의 상당 부분이 가로수에 가려 전체 모습을 가늠하기 힘들다. 부산의 근대사를 보여준다는 박물관이지만 정작 그것이 놓인 장소의 과거와 현재는 그늘에 가려 있다.

한 도시의 정체성이란 어차피 시기마다 국면마다 상이하게 재현되어온 것이다. 파도처럼 밀려드는 현재에 과거는 계속해서 잠식되어버린다. 오로지 부산만 그러할까? 대한민국 수도 서울은 두말할 나위도 없이 그러하다. 서울의 역사적 정체성을 대변하는 것으로 알려진 경복궁과 광화문이야말로 대표적 사례이다. 불과 10여 년 전까지만 해도 그 일대에는 독일인 건축가가 설계한 묵직한 서양식 건물이 자리 잡고 있었다. 바로 옛 조선총독부 청사다. 1996년 김영삼 정권에 의해 완전히 철거된 이 건물은 비록 나중에는 수치스러운 식민지 유산으로 지목받았지만, 한때는 대한민국의 심장부이기도 했다. 바로 이곳에서 대한민국 정부가 수립되었고 한국전쟁 때는 서울 수복의 날 태극기 게양이 이루어졌다. 과연 이 건물에 대한 어떠한 기억이 올바른 것일까? 광화문과 경복궁을 일본인에 의해 훼손된 민족의 성지라고 기억한다면 이는 절반의 진실만을 담고 있다. 사실 이곳은 일제가 접수하기 전부터 이미 버려진 상태였다. 임진왜란 이후 줄곧 폐허로 남아 있던 이곳은 대원군과 고종 집권기에 이르러서야 중건되었으나 아관파천 이후 고종이 거처를 옮김으로써 폐궁으로 전락했다. 심지어 인근 산에서 내려온 호랑이가 어슬렁거렸다고 한다. 그리고 일제 치하에서 본격적으로 파괴되었으니, 일제는 파괴를 시작한 것이 아니라 완성한 셈이다.[10]

기억의 공간이란 어차피 재현된 것이며 거기에는 당연히 권력이 개입된다. 이는 비단 경복궁 같은 국가중심부의 장소에만 해당되는 것은 아니다. 소위 민주화운동의 '열사'를 기리는 시설도 마찬가지다. 박정희 군사정권에 의해 만들어진, 서울 수유동의 4·19 국립묘지, 광주 망월동 5·18 국립묘지를 보면 국립현충원의 모습과 별다를 바가 없어 안타깝다. 국가에 의해서 죽임을 당한 사람이 국가를 위해서 죽은 사람과 같은 방식으로 기억된다는 것은 아이러니다. 이러한 시설에서 배제되는 것은 다름 아닌 희생자이다. '희생자(victim)'의 안타까운 죽음이 열사들의 비장한 '희생(sacrifice)'으로 탈바꿈되고 은폐되는 것이다. 앞서 논의했듯이, 공간이란 본래 '차이'를 통해 재

---

10 김정동, 『남아 있는 역사, 사라지는 건축물』(대원사, 2000), 186~188쪽; 손정목, 『일제강점기 도시사회상연구』(일지사, 1996), 552쪽; 홍순민, 「일제의 식민 침탈과 경복궁 훼손」, ≪문명연지≫, 제5집 제1호(2004), 5~34쪽; 김대호, 「일제강점 이후 경복궁의 훼철과 활용 (1910~현재)」, ≪서울학연구≫, 제XXIX집(2007.8), 83~131쪽; Michael Kim, "Collective Memory and Commemorative Space: Reflections on Korean Modernity and the Kyŏngbok Palace Reconstruction 1865~2010," *International Area Review*, Vol. 13, No. 4(winter 2010), pp. 3~23.

현되는 것이기에 만약 이처럼 다른 국가시설과 별반 차이가 없는 공간이라면 그것은 민주주의를 기억하는 공간으로서 굳이 존재해야 할 이유가 없다. 광주 망월동 5·18국립묘지의 모습이야말로 민주주의에 대한 낡은 인식의 수준을 고스란히 반영하고 있다. 그곳에서 '민주주의'는 '민주화운동'에 국한되며 마치 '열사'의 전리품처럼 인식되고 있다. 그렇다면 민주주의의 새로운 패러다임에 걸맞게, 무고한 희생자의 잃어버린 삶과 주권을 회복시키는 공간이란 과연 어떠한 것일까?

3. 트라우마의 공간

대안으로 논의할 수 있는 것은 '트라우마의 공간'이다. 이것이야말로 안타까운 '희생자'의 죽음을 애도하는 공간을 특징화할 수 있다. '트라우마(trauma)'란 임상의학에서는 개인의 '정신적 외상'을 지칭하지만, 사회·문화과학에서는 일정한 내러티브로 재현될 수 없는 분열된 기억의 양상을 지칭한다. 우리의 일반적인 기억은 일정한 이야기로 담을 수 있으며, 오로지 그런 것만이 기억이다. 예컨대 어제 내가 공중화장실에 들른 일은 어떤 의미 있는 사건, 우연히 그곳에서 중요한 사람을 만났거나 아니면 그곳에서 금반지를 잃어버렸거나 하는 등의 사건과 결부됨으로써 비로소 기억으로 남으며, 그렇지 않을 경우 잊어버린다. 그런데 앞서 말한 '이야기'에 편입시킬 수 없는 기억이 있다. 어떤 지속성도 없이 정신을 뒤흔들어 놓는 옛 경험, 예컨대 폭력의 경험, 교통사고의 경험 등에 우리는 그저 속수무책일 뿐이다. 그것을 오로지 이야기에 편입시킴으로써 나는 그것을 통제할 수 있지만, 통제할 수 없는 경우가 있다. 트라우마란 어떠한 의미 부여도 거부하는 공백의 지점이다. 충격의 체험이 집단의 경험으로 승화되지 못하고 개인의 사건으로 파편화될 뿐만 아니라, 그것이 불특정한 공간에 시도 때도 없이 '반복 강박(repetitive compulsion)'됨으로써 확고한 시공간의 의식에 기초한 자기정체성을 와해시킨다.[11]

여기서 우리가 주목해야 할 점은 바로 이 같은 공백의 지점에 진실이 놓여 있다는 것이다. 과연 광주민주화운동의 와중에 진압군의 총탄에 맞아 쓰러지던 바로 그 순간의 진실은 무엇일까? 민주주의? 정의? 사랑? 솟구치는 피와 작렬하는 고통이 아마도 가장 진실에 가까울 것이다. 만약 이것이 진실이라면 우리가 아는 역사란 위선적이라 하지 않을 수 없다. 역사(history)는 모든 것을 일관된 이야기(story)에 편입시키려 하지만 그것은 정작 고통받은 당사자에게는 허튼소리에 지나지 않는다. 역사는 당사자의 고통을 미화하고 은폐함으로써 만들어지는 망각의 이야기나 마찬가지다. 이에 비해 트라우마는 한편으로는 전혀 기억할 수 없으면서도 다른 한편으로는 원초적인 생생함을 유지한 채 순식간에 출몰한다는 점에서 역설적이다. 과거는 뒤늦게 나타나 고통을 호소함으로써 현재와 갈등을 빚는다. 트라우마는 역사적 시간의 질서가 얼마나 표피적이고 편파적으로 구성되었는지를 반증한다. 어떠한 진위의 판별이나 인과적 설명, 내러티브를 통한 재현도 트라우마를 상쇄할 수 없다. 트라우마가 보장하는 진실이란 오직 실존적 고통의 현존이며 그 외의 것은 모두 허위에 지나지 않는다.[12]

---

[11] 트라우마에 대한 일반이론으로는, 특히 Ruth Leys, *Trauma, A Genealogy*(University of Chicago Press, 2000) 참조.

[12] Bessel A. van der Kolk and Onno van der Hart, "The Intrusive Past: The Flexibility of Memory and the Engraving of Trauma," in Cathy Caruth(ed.), *Trauma: Explorations in Memory*(The Johns Hopkins University Press, 1995), pp. 158~182.

트라우마의 공간은 바로 고통 받은 당사자의 입장을 담은 공간이라고 할 수 있다. 그것은 현재 서구의 많은 기념관이 기본적으로 지향하는 바이다. 우리에게 가장 잘 알려진 것은 독일의 홀로코스트 기념관들인데, 이들은 대체로 희생자를 영웅으로 미화하는 대신 그들의 고통에 공감하도록 유도한다. 이러한 기념관이야말로 민주주의에 대한 보다 진전된 인식의 산물임이 자명하다. 여기서 민주주의는 개개인의 인권, 특히 생명의 소중함에 대한 진전된 인식과 만나고 있으며 민주주의의 주체도 일부 '열사'를 넘어 이 사회에서 다양하게 고통 받는 광범위한 사람들에게 확대되고 있다.

그러나 여기에도 문제가 없는 것은 아니다. 개개인의 죽음과 고통에 대한 '애도'는 자칫 상업적 동기와 결탁됨으로써 본래의 문제의식을 희석시킨다. 이른바 '다크 투어리즘'이 번성하면서 많은 기념관이 관광지 차원으로 전락하는 것을 볼 수 있다. 자본주의 사회에서는 눈물도 상업적 이윤을 남긴다. 그러나 더 큰 문제는 이러한 시설이 자칫 개개인의 고통에 대한 연민에 치우침으로써 역사적 맥락을 벗어난다는 점이다. 실제로 아우슈비츠가 서구사회에서 갖는 가장 큰 역할은 역사에 대한 반성이나 인권의식의 증진보다는 오히려 지금은 그때와는 다르다는 그릇된 안도감을 주는 것이다. 그 결과 현재의 정치, 사회적 문제에 대한 무관심과 망각이 조장되고 있다.

더욱 극악한 사례를 일본의 히로시마에서 찾을 수 있다. '노 모어 히로시마(No more Hiroshimas)'운동의 발원지인 이 국제평화도시에는 드넓은 원폭평화공원이 자리 잡고 있고, 매해 반핵평화집회가 개최된다. 그러나 1970년 제작되어 겨우 29년 만에 공원 안에 자리 잡게 된 '한국인 원폭피해자 위령비'가 보여주듯, 히로시마의 반핵평화주의는 '유일한 피폭국가 일본'이라는 신화를 조장함으로써 과거사의 책임을 회피하는 데 일조했다. 원폭과 관련된 모든 역사적 상황을 도외시한 채 일본인 개개인의 죽음을 슬퍼하는 데 치중하는 이 평화도시 바로 옆에 군항도시 구레가 있는 것은 결코 우연이 아니다. 구레시에는 일본 해상자위대가 자리 잡고 있다. 평화도시 히로시마는 사실상 군항기지의 폭력성을 은폐함으로써 과거에 일본이 행한 모든 폭력을 은폐하는 베일과 같은 공간으로 재현된 것이다.[13]

미국 역사이론가 라카프라(Dominick LaCapra)는 현대문화 전체가 트라우마와 부적절한 관계에 기초해 있다고 지적한다. 라카프라에 따르면 현대문화에는 트라우마에서 일상성을 초극하는 '숭고함(sublimity)'을 찾으려는 경향이 만연해 있다. 홀로코스트나 원폭에 대한 기념이 전형적으로 보여주듯이 개인이나 집단은 트라우마를 통해 스스로에게 특별한 지위를 부여하려 하는데, 이때 트라우마의 고통은 놀랍게도 유포리아(euphoria, 지나친 낙관)적 자기도취로 전화하여 자기정체성의 원천 — "기원을 이루는 트라우마(founding traumas)" — 이 된다는 것이다. 뼈아픈 희생이 일종의 세속화된 순교행위로 '승화'되는 것이다. 라카프라는 트라우마에 대한 각종 재현이 추구하는 이른바 '부정적 승화(negative sublimation)'는 그 자체로 트라우마의 증상일 수 있다고 역설한다. 예를 들면, 홀로코스트에 대한 각종 재현(소설, 영화, TV 시리즈 등)의 난무는 과거와의 진지한 대면을 오히려 가로막는다. 이들은 표면으로는 역사적 사건의 진정한 의미를 전달하는 듯 보이지만, 실제로는 정형화된 상징적 이미지를 답습함으로써 고통의 기억을 경화(硬化)시킨다.[14]

----

13 월프레드 버쳇트, 『히로시마의 그늘』, 표완수 옮김(창작과비평사, 1995); 이안 부루마, 『아우슈비츠와 히로시마: 독일인과 일본인의 전쟁기억』, 정용환 옮김(한겨레신문사, 2002); Lisa Yoneyama, "Ethnic and Colonial Memories: The Korean Atom Bomb Memorial," *Hiroshima Traces: Time, Space, and the Dialectics of Memory*(University of California Press, 1999), pp. 151~186.

14 Dominick LaCapra, *Representing the Holocaust: History, Theory, Trauma*(Cornell

결국 트라우마의 공간도 충분한 대안이 되기는 힘들어 보인다. 민주주의에 부합하는 공간은 그저 민주 열사를 기리는 곳도, 그렇다고 민중의 고통을 막연히 슬퍼하는 곳도 아니다. 그곳은 민주주의의 고귀한 가치를 '계승'하면서도 삶의 전환을 촉진시키는 희망의 공간이어야 한다.

4. 희망의 공간

시공간의 새로운 양상은 민주적 공간 형성의 원칙을 검토할 수 있는 새로운 기회를 제공한다. 현대사회의 공간은 정체성의 원천이 되지 못하고 과거의 아련한 흔적만을 담고 있을 뿐이다. 근래에 새롭게 나타나는 조짐은 공간과 시간의 재결합이다. 소위 '문화재 산업(heritage industry)'이라 불리는 현상이 전형적으로 보여주듯이, 많은 공간이 역사와 전통의 이름으로 새롭게 단장되고 소비된다. 물론 이들은 정체성보다는 영업 이익을 산출한다. 이른바 '다크 투어리즘'의 경우도 마찬가지다. 전쟁을 포함한 비극적 사건의 희생자를 애도하는 공간은 기념품 상점으로 둘러싸인 관광지로 전락한다. 지극히 역설적이게도 역사적 트라우마와 진지하게 대면하는 일과 역사적 망각을 생산하는 문화산업 사이에는 아무런 모순도 없어 보인다.

지리학자 하비에 따르면 시간에서 공간이 자립하는 새로운 양상의 이면에는, 예전에 공간이 시간에 종속되었을 때와 마찬가지로 자본의 논리가 숨어 있다. 공간의 장벽 철폐와 경쟁 심화는 색다른 공간에 대한 수요를 증가시킴으로써, 과잉축적의 위기에 봉착한 자본으로 하여금 공간의 사회적 상

University Press, 1994), p. 192.

호작용을 보다 차별화된 방식으로 조직화(예컨대 도시공간의 분산, 이심, 탈집중)하도록 고무한다. 하비는 이처럼 보다 유연해진 자본의 운동을 가리켜 '유연적 축적(flexible accumulation)'이라 부르는데, 이 새로운 축적 방식은 자본의 회전을 가속화함으로써 결국 자본을 제약하던 시공간은 '압축'되어 현대의 일상에 걸맞는 유동성, 일시성, 우연성의 성격을 띠게 된다.[15]

그 근본 원인이 무엇이든, 현대사회의 공간은 점차로 유동적이고 느슨하며 일시적인 성격을 띤다는 사실을 부인할 수 없다. 프랑스 인류학자 오제(Marc Augé)는 이를 특유의 '비장소(non-lieu)' 개념을 통해 설명한다. 현대인의 일상을 지배하는 공공장소는 별다른 애착이나 정체성, 안전감을 부여하지 않는다. 오제는 장소와 결부된 어떠한 정체성도, 인연도, 역사도 존재하지 않는 여행자의 공간을 전형적 '비장소'로 꼽는다. 여행자는 그저 표지판을 보고 위치를 파악할 뿐이며, 순전한 고독 속에서 끊임없이 사라지는 이미지를 통해 과거의 존재를 가정하고 미래의 가능성을 예감할 뿐이다. 오제는 그저 오가는 장소에 불과한 비장소와 대별시키기 위해 "인간학적 장소(lieu anthropologique)"를 거론하는데, 이것은 언어, 역사, 지역적 특성, 생활 방식에 기반한 개개인의 확고한 정체성에 의해 형성된다. 전자가 단독의 계약을 주된 원칙으로 삼는다면, 후자는 유기체적 결속에 기반한다.[16] 오제가 말하는 '비장소'는 일견 역사적 의미를 담고 있는 듯한 유적지나 문화재시설에도 고스란히 적용될 수 있다. 과거의 흔적은 본래의 맥락에서 이탈된 채 단지 소비를 목적으로 역사적, 지역적 특징을 심미화 내지는 '박물관화(museification)'한

---

15 데이비드 하비, 『포스트모더니티의 조건』, 178~210쪽.
16 Marc Augé, *Non-Places: Introduction to an Anthropology of Supermodernity*(1992)
(Verso, 2000), 특히 p. 112 참조.

다. 이는 현재와 과거의 관계를 재정립하기보다는 오히려 무화시킨다.[17]

그렇다면 과연 어떠한 공간이 민주공간의 새로운 이념형이 될 수 있을 것인가? 해당 공간은 지리학자 소자(Edward W. Soja)의 표현을 빌리면, "총체적 개방성, 저항과 투쟁, 다면적인 재현의 공간"이어야 한다.[18] 하비는 시공간을 사회적 권력의 원천으로 보면서, 이에 대한 개인적 저항이 대안사회를 건설하려는 목적을 가진 사회운동과 결합될 수 있다고 주장한다. 물론 저항운동은 파편화된 공간을 조정하는 자본의 능력과 세계적으로 행해지는 자본주의 시간의 역사에 종속되기 쉽다. 따라서 단순한 저항이 아니라 현대사회의 "촘촘히 짜인 망에 우리를 단단히 가둘 수 있는, 다중적으로 교차하는 물질적 과정을 나타내줄 수 있는 어떤 변증법", 즉 "변증법적 유토피아주의"가 요청된다. 그것은 사회적·생태적 조건에 물질적 기반을 두지만, 인간의 창조행위의 가능성과 대안을 강조한다. 하비는 이러한 공간을 "희망의 공간(spaces of hope)"이라 명명한다.

희망의 공간은 현실의 삶에 바탕을 둔다는 점에서 민주주의와 통한다. 우리가 사는 도시공간을 생각해보자. 도시는 정치적 차이를 공간으로 재현한다. 특히 분절되고 이질적인 대도시는, 19세기 부르주아의 이상과는 달리, 결코 유기체일 수 없고 오히려 다양한 도시적 실천과 상상의 복합으로 보아야 한다. 이렇게 볼 때 하나의 도시는 자본의 단일하고 연속적인 전개가 아니라, 교차, 모순, 갈등에 기반을 둔 행위와 경험의 공간 효과를 중심으로 파

---

17 Wolfgang Zacharias, *Zeitphänomen Musealisierung*(Klartext-Verlag, 1990); Didier Maleuvre, *Museum Memories: History, Technology, Art*(Stanford University Press, 1999), pp. 1~2.

18 Edward W. Soja, *Thirdspace*, p. 286.

악되는 것이 옳다. 자본의 논리에 포섭된 거시적 체제와 현실의 미시적 일상 공간이 반드시 일치하지는 않는다. 도시는 일상성이 펼쳐지는 장소이기 때문이다. 일상성은 단순히 일상의 반복을 의미하는 것이 아니라, 고도로 발달한 현대 산업사회의 특징이다. 프랑스 철학자 르페브르가 선구적으로 밝힌 바 있듯이, 일상생활은 반복되고 규칙적인 행위를 요구하는 자본의 논리를 투영해내는 동시에 갖가지 개별행위로 이루어지며, 각 행위는 차이와 갈등으로 둘러싸여 있다.

그렇다면 이 같은 차이의 공간을 어떻게 희망의 공간으로 전유할 것인가? 프랑스 역사가 드 세르토(Michel de Certeau)의 방법론적 제안은 시사하는 바가 크다. 그는 도시를 보고 경험하는 두 가지 방식을 논하는데, 하나는 높은 건물에서 도시를 내려다보는 파놉티콘(panopticon)적 감시 방식이고, 다른 하나는 도시 안에서 길거리를 걷는 방식이다. 첫 번째 방식이 기하학적·지리학적으로 축소된 경험을 낳는다면, 두 번째 방식은 이와는 매우 동떨어진 지극히 일상적인 "공간적 실천"을 통해 "위상적(topographic) 체계를 전유"하며 문자 그대로 도시공간을 생산하고 변화시킨다.[19] 드 세르토가 제시한 "보행자의 관점"은 새로운 정치적 전술과 더불어 희망의 공간을 재현하기 위한 방법론적 대안을 제시한다. 이에 따르면 민주주의에 부합하는 희망의 공간은 지배 이데올로기에 부응하는 전일적 관점이 아니라 시공간의 다층적인 관계망을 고려하여 매번 차별화된 재현을 모색해야 한다. 한 도시를 이루는 구성 부분, 특히 박물관, 도서관, 유적지, 묘지, 정원처럼 과거의 흔적을 담고 있는 제반공간은 항상 재현의 정치에 연루된다. 이들은 한때 민족주의나 제

---

19 Michel de Certeau, *Practice of Everyday Life*(University of California Press, 1988), p. 97, 107, 115.

국주의 등과 같은 특정한 이데올로기를 대변해왔으나, 철학자 푸코가 제안했듯이, 다른 기능적 공간과는 달리 선택, 다양성, 차이가 중시되는 "헤테로토피아(hétérotopies)"로, 역사적 연속성과 공간의 위계를 안으로부터 와해시키는 방식으로 전유될 수도 있다.[20]

관건은 물론 사람의 의지에 있다. 고된 삶 속에서도 희망을 발견하고 실현하기 위해 부단히 실천하려는 의지 없이는 어떠한 기발한 이론적 제안도 공염불에 불과하다. 민주주의가 주어진 질서의 한계를 넘어설 수 있는 민중의 역량을 의미하듯이, 그러한 민주주의에 부응하는 희망의 공간도 결코 특정한 공간의 청사진에 담겨 있지 않다. 결국 필요한 것은 과거의 유산과 현재의 조건을 모두 품는 동시에 또한 거스르면서 사람의 뜻을 관철시켜나갈 실천적 역량이다.

....

[20] Michel Foucault, "Von anderen Räumen," in Jörg Dünne und Stephan Günzel(ed.), *Raumtheorie*(Suhrkamp Verlag, 2006), pp. 317~329; Henri Lefebvre, *The Urban Revolution*(University Of Minnesota Press, 2003)에서 르페브르는 차이의 공간이자 타자의 공간으로서의 "헤테로토피아"를 푸코에 앞서 제시했다. 르페브르와 푸코의 개념 차이에 대해서는 장세룡, 「헤테로토피아: (탈)근대 공간 이해를 위한 시론」, ≪대구사학≫, 제95집(2009), 285~317쪽 참조.

제6장

소수성의 난입과 공통공간의 생성

박정수 | 수유너머 R 연구원

1. 주권과 공간

'공간주권'이란 말을 들었을 때 솔직히 좀 놀랐다. 굉장히 '우파'적인 단어라 생각했기 때문이다. 물론 우리 삶의 공간이 철저하게 자본화되고 독재적인 정권에 의해 독점되고 있음을 비판하면서 '인민주권'의 헌법정신이 관철되는 공간 구획을 고민하겠다는 의지가 짐작된다. 그럼에도 나는 공간의 '주권'을 묻는 방식이 얼마나 민주주의적일까 의심스럽다. '주권'은 '인민(국민)'에게 있다는 헌법 전문을 아무리 외치더라도 결국은 그 원칙의 실현을 위해 인민의 일반의지를 어떻게 '대의(표상: representation)'할 것인가 하는 현실 문제에 봉착하게 되고, 정치적 '자격(대표권)'과 경제적 '자격(소유권)'을 따지다 보면 결국은 지금과 동일한 문제 상황에 도달하게 된다. 원칙적으로 인민 전체에게 속해야 할 공간주권이 인민의 일반의지와 괴리된 정치권이나 특권계급의 전유물이 되어버리는 문제 말이다. 이런 문제는 단지 원칙과 현실의 괴리에서 발생하는 게 아니다. '주권'이라는 개념 자체가 '대리 표상'을 함축한다. 특히 주권이 한 명의 군주나 소수의 귀족이 아니라, 인민 전체에게 있다는 근대 주권 체제는 다중의 의지(욕망)를 '국민'의 균질적 의지(일반의지)로 '표상'하면서 수립되었다. 균질적 공간과 함께 근대주권(인민주권) 체제가 형성된 것이다. 주권이 한 명의 군주나 소수의 귀족에 의해 대리표상(매개나 소외)되지 않고 인민의 일반의지를 표현한다는 원칙이 내게는 그리 민주주의적으로 들리지 않는다. 그러기(일반의지의 재현을 직접적 표현에 근접시키기) 위해 더욱더 촘촘하고 엄격하게 표상 체계, 즉 자격의 심문 체제, 법과 제도, 훈육과 도덕규범을 확장하고, 그 과정에서 표상되지 않는 존재, 혹은 욕망의 추방과 억압, 감시와 처벌 역시 확대, 강화해온 역사가 근대주권(인민주권) 체제의 역사이기 때문이다.

'공간'의 문제와 관련하여, '공간'의 주권은 누구에게 있느냐라는 질문보다 '주권공간'은 어떤 것이고, 그와 다른 공간을 창조하는 실험은 어떤 것인가라는 질문이 필요하다. 공간은 저기 바깥에 있는 실체가 아니라 권력(힘)과 욕망, 관계와 시스템, 기호와 표상에 의해 형성되는 감성 형식이다. 따라서 공간의 귀속(소유)을 묻지 말고 공간을 형성하는 역관계와 시스템(체제)을 물어야 한다. 주권 체제는 그에 고유한 공간을 형성한다. 주권공간은 균질공간이고 표상가능한 공간이며 자격과 소유로 영토화된 질서[내지 공안(police)]의 공간이자 다수성(majority)의 공간이다. 나의 관심은 그런 주권공간에 난입하여 주권 체제에 균열을 일으켜 다른 삶의 형식, 다른 삶의 공간을 창조하는 데 있다.

1...G20 홍보 포스터 위의 '쥐 그림' 그래피티.

2. 공간 침입

2010년 10월 31일 새벽 1시 나는 종로와 을지로, 남대문 일대 거리 가판대에 붙어 있는 G20 홍보포스터에 '쥐 그림'을 그래피티(낙서)했다.[사진...1] 뱅크시(Banksy)의 문제의식과 그의 쥐 그래피티를 한국의 상황에서 실험한 것이었다. 최근에 개봉한 뱅크시 감독의 (페이크) 다큐 〈선물가게를 지나야 출구〉에 보면 주인공 티에리(Thierry Guetta)를 거리미술(street art)로 이끈 작가의 닉네임이 'Space Invader'이다. 그래피티 아트, 혹은 스트리트 아트의 성격을 단적으로 함축한 이름이다. 공간침입자! 처음에 검사는 재물손괴(「폭력행위 등 처벌에 관한 법률」에 따른 가중처벌 적용)로 구속영장을 청구했다가 기각되자 나중에는 '공용서류 등 무효죄'로 기소했다. 이 두 가지 법률이 내가 난입한 거리공간(건물 벽, 홍보 포스터)의 주권적 성격을 잘 보여준다. 지금의 거리공간은 사적 소유를 수호하는 법률(재물손괴죄)과 정부의 공적(public) 소유를 수호하는 법률(「형법」 제141조 1항 공용서류 등 무효죄)에 따라 주권화되어 있다. 다르게 보이지만 본질은 같다. 공적 공간과 사적 공간은 공통적(common)인 공간, 코뮌적(commune) 공간을 말살시키면서 대립물로 통일되어 있다. 그래피티 아트(스트리트 아트)는 바로 이 근대적 주권공간에 난입하여 그것을 지탱하는 법과 제도, 소유 감각과 도덕 감각에 균열을 내는 '스페이스 인베이더'이다. 권리와 자격의 배분으로 질서 지어진 공안(police)의 공간에 자격 없는 자, 몫 없는 자의 몫을 요구하는 정치적(politic) 실천이다. 거기서 열리는 공간이 공통적인 공간이다. 공통공간은 누구의 것도 아닌 동시에 모두의 것인 공간이다. 1심 공판 판사는 "너도 나도 길거리에서 낙서를 하면 어떻게 되겠느냐?"고 훈계했지만, 그런 불안감은 능력과 필요에 따른 공유의 능력이 소진되었을 때 생기는 것이다. 자격과 권리에 따른 공간 배분은 가장 손쉽고도 폭력적인(배제와 추방의 권력이 작동하는) 무능력한 방법이다. 일정한 척도(법과 제도, 혹은 도덕)가 없기에 공통공간은 이질적인 생성의 잠재 능력이 샘솟는 공간이다.

그래피티의 가장 큰 장벽은 법이 아니라, 정상성에 대한 감각이다. 내 사건을 수사한 공안2부 강수산나 검사는 수사 과정에서 "어떻게 그런 비정상적인 짓을 할 수 있느냐"는 말을 거듭했다. 야반에 무리 지어 공공장소에 정부가 게시한 포스터에 어떻게 감히 낙서를 할 생각을 했느냐? 왜 그 시간에 집에 안 있고 그 짓을 했느냐? 그게 정상이냐? 그래피티가 난입한 공간은 그 '정상성'의 공간이다. 그래피티 아트는 그 '지루한' 정상공간에 변용의 잠재력을 불어넣는 행위이다. 공통공간은 단지 많은 사람이 사용하는 공간이 아니라, 수많은 존재, 수많은 가능성, 수많은 용법이 잠재된 공간이다. 정상성에 갇힌 잠재적 형상과 용법을 끄집어낸다는 점에서 공통공간은 예술의 공간이다.

2...동네 놀이터의 갤러
리 텃밭.

1차 공판 때 나는 법정에서 유사한 사례를 제시한 바 있다. 동네 놀이터에 '갤러리 텃밭'을 만드는 것이었다.[사진…2] 동네에 버려진 물건으로 텃밭상자를 만들어 놀이터에 전시하는 것이다. 그 과정에서 동네 아이들과 어울리게 되어 같이 화분으로 쓸 만한 물건을 주우러 골목을 누비고 색칠하고 농작물을 심고 제목도 붙이고, 게시판도 만들었다. 역시 구청 공원녹지과에서 와서 허가받지 않은 설치물이라 '위험'하다며 철거하겠다고 했다. 결코 위험하지 않고, 공원사용의 취지에도 위배되지 않으며, 동네 주민들의 호응도 좋다며 강하게 밀어붙여 암묵적 허가를 받았다. 하지만 그 과정에서 그래피티 아트에 대한 공안검사의 태도와 구청직원의 논리가 똑같다는 걸 알았다. '허가받지 않은 것은 모두 위험하다'는 것. 이에 대해 나는 '허가받고 하는 것은 모두 지루하다'고 생각한다. 거리 벽면을 캔버스로 변용하는 것과 공원을 갤러리 텃밭으로 변용하는 것은 정치적 의미 유무와 상관없이 내게 유사한 실천이다. 그것은 사유화된 공간의 '정상성'을 깨고 그 속에 잠재된 다른 용법을 불러내는 예술이며, 그 속에서 동네 아이나 행인의 소통 능력을 되살리는 작업이다.

3...제2의 갤러리 텃밭.

두리반이 타결되고 거기에 있던 농성 예술가들이 제2의 두리반이라 불린 명동 '마리'로 옮겨갔을 때, 나는 두리반 텃밭의 흙과 농작물을 '마리'로 옮겨 왔다. 용역깡패들이 깨뜨린 변기에 흙을 담아 고추를 심고 카페 마리의 버려 진 용품과 교통통제용 고깔을 이용하여 제2의 갤러리 텃밭을 일구었다. 사진...3 이 생각은 두리반 싸움의 특이성에서 배운 것이다. 삶이 싸움의 근거와 힘이 되는 것, 그래서 나는 명동 '마리'에 생명을 심고 그 생명의 자람에서 투쟁의 성숙을 이끌어내려고 했다. 두리반 싸움이 승리한 이유는 그 농성장에 가난 한 인디밴드들과 집 없는 청(소)년들이 깃들어 살고, 놀고, 공연을 했기 때문 이다. 지루하지 않은 싸움, 삶의 끈기와 예술의 기쁨이 있기에 두리반 농성 은 2년 동안 지속될 수 있었고, 시간이 돈인 시행사의 항복을 이끌어낼 수 있 었다.

'마리'도 그렇게 될 거라 생각했다. 하지만 '마리'의 '삶'은 2011년 9월 8일 11가구 세입자와 시행사의 협상 끝에 타결되면서 여물기도 전에 떨어졌다. '제2의 두리반!'을 외치더니 외관상으로는 제2의 '속성' 두리반이 된 것이다.

내가 보기에 이 싸움은 실패했다. '반개발' 투쟁의 한계를 고스란히 드러낸 싸움이었다. 개발반대투쟁이 반개발주의로 심화되지 못하고 결국은 개발피해자(당사자)의 재산권 보호라는 '권리투쟁'의 한계에 부딪히고 만 것이다. 결정적으로 세입자들이 '명동해방전선' 친구들과 어떤 논의도 없이 시행사와 협상을 마무리함으로써 '마리'를 예술적 삶의 터전으로 일구던 젊은이들을 '외부 세력'으로 만들어버렸다. 두리반이 세입자와 연대친구들이 한 몸처럼 공동체를 이뤘던 것과 달리, '마리'는 11가구 세입자와 '명동해방전선' 친구들이 '외적인 연대'관계에 그쳐버렸던 것이 문제의 원인이다. '코뮌'의 형성이야말로 삶과 싸움이 일치된(삶) 소수자운동의 승패를 결정짓는 열쇠임을 배웠다.

3. 카프카, 주권공간의 토대 아래로

싸움과 삶이 하나가 된 소수자의 공통공간, 그것은 주권공간(법) 바깥으로 탈주하면서 생성되는 공간이다. 그 탈주하는 공간의 형상을 카프카(Franz Kafka)의 문학에서 찾을 수 있다. 주권공간(법)의 바깥은 '사막'이다. 헐벗은 삶의 공간이다. 법에 의해 보호받을 수 없는 자, 무차별적이고 무제한적인 폭력에 노출된 자의 생존공간, 그 폭력을 처벌할 근거가 없는 치외법권지대, 아감벤이 '호모 사케르(homo sacer)'라 부른 날것의 생명이 사는 공간이다. 자신의 법을 중지시킬 수 있는 능력으로 정의되는 주권은 자기 영토 안의 신민을 언제든 호모 사케르로 전락시킬 수 있는 잠재력이다. 그래서 주권공간은 법의 테두리로 폐쇄된 내부공간이 아니다. 주권공간은 내부와 외부를 동시에 가진 공간으로, 오히려 외부공간, 즉 법 바깥의 헐벗은 생존지대를 창출할 능력으로 정의된다.

카프카는 「법 앞에서」에서 주권(법)의 지배 방식을 직설적으로 형상화한다. 법정을 찾아왔지만 법의 문을 지키는 문지기의 위협에 주눅이 들어 열려 있는 법의 문 안으로 들어가지도 못하고 죽을 때서야 그 문이 오직 자기만을 위한 것이라 듣게 되는 시골농부의 이야기이다. 일단 시골농부는 호모 사케르의 형상처럼 보인다. 법 바깥에서 서서히 죽어가는 삶 말이다. 핵심은 그가 열려 있는 문 안으로 들어가지도 못하고 아예 고향으로 돌아가지도 못한 채 죽을 때까지 법의 영향력하에 놓여 있다는 점이다. 법 바깥에 던져져 있으면서 법의 주권적 지배력에 포획되어 있다는 점에서, 혹은 열린 문 안으로 들어가지도 못하고 법을 무시하지도 못한 채 법에 예속되어 있다는 점에서 시골농부는 법 바깥에서 법에 포획된 희생양처럼 보인다. 이때 법의 지배 방식은 금지하고 처벌하는 방식이 아니라 자유롭게 내버려두면서도 꼼짝 못하게 묶어놓는 방식이다. 법이 주권(절대 권력)의 형식이 되는 방식이다. 카프카는 아버지의 지배 방식에서, 혹은 유대교 신의 지배 방식에서 이와 같은 주권의 통치 형식을 발견했다.

이런 주권의 통치 형식을 위상학적으로 그린 작품이 카프카의 「만리장성의 축조」이다. 이 소설에서 황제의 궁궐과 민중의 마을은 무한한 거리로 떨어져 있다. 그래서 궁궐의 소식이 민중의 마을에 전해지려면 '수천 년'의 시간이 걸린다. 마을 사람들이 전해 들은 메시지 속의 궁궐은 수천 년 전의 궁궐이다. 이렇게 넓은 영토를 북방유목민으로부터 방어하기 위해 장성을 쌓으려면 어떻게 해야 할까? 한쪽부터 연속적으로 쌓아가면 끝도 없다. 그 무한한 공사는 민중을 지치게 한다. 그래서 택한 방식이 부분 축조 방식이다. 각 마을 사람들은 최대한 마을과 가까운 구간의 공사에 투입되며, 일정 구간이 끝나면 다른 구간과 연결되지 않아도 멀리 있는 다른 구간 공사에 투입된다. 이동하는 중에 다른 공사 구간을 보게 되고 그러면서 희망을 얻게 된다. 이렇게 띄엄띄엄 공백이 있는 장성 블록들은 전혀 방어 기능을 못한다.

이 장성공사의 목적은 외부 유목민에 대한 방어가 아니라 장성으로 둘러쳐진 영토 한가운데에 바벨탑처럼 높은 탑을 쌓는 것이다. 한가운데 초월적으로 솟은 탑이 있고 주변으로 '호(弧)'를 그리는 블록이 둘러쳐진 공간이 카프카가 제시한 주권공간의 위상학이다. 중앙의 탑(궁궐)에서 변방의 마을까지의 거리는 구조적으로 무한하다. 그렇지만 장성의 개별 블록과 각각의 마을은 굉장히 가깝다. 주권은 이렇게 무한히 멀면서도 근접해서 적용한다. 이것이 내버려두면서 구속하는 법('외면적 무죄 판결')의 논리이며, 가까이 있지만 도달 불가능한 성의 위상학이다.

이 주권 형식의 핵심은 개별화이다. 블록이 서로 떨어져 있다는 것, 그래서 이웃 마을의 봉기 소식이 전달되어도 그것을 수천 년 전의 소식으로 여기게끔 만드는 것이다. 블록과 블록, 마을과 마을, 민중과 민중은 서로 이웃해 있으면서도 결코 건너갈 수 없이 떨어져 있다. 개별화된 민중은 오직 주권과의 동일시 속에서만 통합될 뿐 그들 사이의 직접적인 소통은 구조적으로 금지되어 있다.

카프카는 어떻게 이 주권공간에서 달아날까? 그는 지표면 위로 초월하지도 않고 지표면의 바깥으로 달아나지도 않는다. 그는 지표면 아래로 침몰해 들어간다. 주권공간의 토대(근거) 아래 심연으로 몰락한다. 그럴 때 주권공간은 완전히 다른 퍼스펙티브(perspective)로 조명된다. 마치 강남 코엑스 몰의 지표면과 지하가 전혀 다른 위상학을 갖듯이 주권공간의 지하에서는 전혀 다른 위상학이 펼쳐진다. 지표면 위에서는 무한히 멀리 있던 법정(궁궐)이 일상공간 바로 옆에 있다. 법정은 다락방에 있고, 침대 바로 옆문으로 통해 있고, 사무실 옆 창고에 있으며, 낡은 아파트 맨 위층에 있다. 궁궐과 변방

마을, 법정과 일상공간은 구별 불가능하게 혼재되어 있다. 민중 사이의 거리, 즉 마을과 마을, 블록과 블록도 너무나 쉽게 횡단한다. 이것이 푸코가 계보학적 퍼스펙티브로 발견한바, 권력은 미세하게 어디에나 있으며, 권력이 있는 곳에 저항도 있다는 말의 의미이다. 지표면 위에는 무한히 멀리 떨어져 있던 거리를 단숨에 횡단할 때마다 등장하는 사람들이 있다. 하녀, 창녀, 조수, 화가 같은 인물들이다. 수직적으로는 가장 하급에, 수평적으로는 가장 외곽에 배치된 이런 사람들이 지하세계에서는 엄청난 속도와 거리낌 없는 욕망으로 성과 마을, 블록과 블록, 마을과 마을, 방과 방 사이에 통로를 내며 횡단한다.

4. 세계를 황폐화시킬 능력

다시 「법 앞에서」로 돌아와서, 법의 문 바깥에서 죽어간 시골농부는 희생자이기만 할까? 법 바깥의 삶은 서서히 죽어가는 헐벗은 생존이기만 할까? 이 소설의 마지막에서 문지기는 죽어가는 시골사람에게 법의 문은 오직 당신만을 위한 것이었는데, 이제 그 문을 닫으러 가야겠다고 말한다. 법의 문이 닫혀버린 것이다. 그것은 열려 있는 채 구속하던 법의 기능이 중지된 것이고, 법정이 사라진 것이고, 법이 종식된 것이다. 아감벤은 그 시골농부에게서 메시아적 형상을 발견한다.

열려 있음 그것이 바로 법의 침해할 수 없는 권능이자 법 특유의 '힘'이라면, 우리는 시골사람의 모든 행동이 법의 효력을 정지시키기 위해 결국 문을 닫도록 만들려는 인내심 가득한 고도의 전략이었던 것은 아닌가 하고 생각해

볼 수 있을 것이다. 그리고 시골사람은 결국 그러한 시도에 실제로 성공했다. 왜냐하면 비록 목숨을 대가로 해야 했지만(하지만 그가 실제로 죽었는지는 이야기 속에 언급되어 있지 않고, 단지 그에게 "막바지가 다가왔다"라고 씌어 있을 뿐이다) ('오직 그에게만' 열려 있던) 법의 문을 영원히 닫히게 만들 수 있었기 때문이다. 쿠르트 바인베르크는 이 이야기를 해석하면서 이 수줍음 많지만 집요한 시골사람에게서 "저지당한 기독교적 메시아"의 형상을 볼 것을 제안한 바 있다. (…) 따라서 시골사람의 메시아적 임무는 다름 아니라 잠재적인 예외 상태를 현실화시키고 문지기에게 법의 문을 닫도록 강제하는 일이라고 할 수 있다. 메시아는 일단 문이 닫힌 뒤에야, 즉 의미 없지만 유효한 법이 일단 정지된 후에야 비로소 그곳에 들어설 수 있기 때문이다.[1]

여기서 핵심은 인내심이다. 문지기를 밀치고 법 안으로 들어가지도 않고, 고향으로 돌아가지도 않은 채 끈질기게 법의 문 바깥에서 버티는 것이다. 호모 사케르가 '희생자'인 것은 그들이 법 안으로 들어가고자 열망하는 경우이다. 호모 사케르에게는 메시아의 가능성이 있다. 법 바깥의 삶을 일시적·상대적·잠재적 예외 상태가 아니라, 절대적이고 현실적인 예외 상태로 전환시키는 경로이다. 구체적으로 묘사되지는 않았지만 다른 단편과 장편을 참조할 때 시골사람은 가만히 있기만 한 게 아니다. 물리적으로는 정지해 있지만, 그의 퍼스펙티브는 주권공간의 지하세계로 탈주한 것이다. 그 자리에 앉아서 "슬그머니 달아난" 것이다. 그는 "문지기를 매수할" 궁리를 하고, "어린애처럼 유치해져" "문지기에 대한 수년간의 연구로 모피 깃에 붙어 있는 벼룩까지 알아보았으므로 그 벼룩에게까지 자기를 도와 문지기의 마음을 돌리

---

1 조르조 아감벤, 『호모 사케르』, 박진우 옮김(새물결, 2008), 131~133쪽.

도록 해달라고 부탁"한다. 어찌 보면 그것은 문지기와 법, 즉 삶과 법의 거리를 무화시킴으로써 법의 초월성을 무화시킨 것이며, 법과 무관한 삶을 사는 '아이'가 되어 삶(에 내재한 법)을 '연구'하고, '연구'와 '놀이'의 경계를 무화시킨 것이다. 또한 그가 서서히 말라갔다는 것은 '단식광대'가 그렇듯 '금욕'의 예술적 실천을 했다고 볼 수 있다. 연구, 놀이, 금욕, 어쩌면 이것이 호코 사케르가 메시아적 사건의 주체로 변신하는 실천의 계기일지 모른다.

이렇게 앉아서 "슬그머니 달아남"으로써 '사막'의 황폐함은 전혀 다른 의미를 갖게 된다. 유대인 카프카에게 사막은 세계(고향)에서 추방된 족속의 장소 없는(u-topia) 고향이며 영원한 실수 – 방황의 지대이다. 카프카는 사막의 '황폐함'에 특별한 의미를 부여한다. '황폐함'은 결핍 상태가 아니라 위대한 능력으로 정의된다. 시온주의를 공격적 민족주의로 잘못 이해하는 자들을 비판하면, 카프카는 그런 민족주의는 "세계를 황폐화시킬 능력"이 없는 자들의 왜소한 공포심에서 발로된 것이라 말한다.

정착지를 향한 유대인들의 동경은 미친 듯이 남의 거주지를 차지하려는 – 근본적으로 자신과 세계 어디에도 고향은 없죠 – 공격적인 민족주의가 아니에요. 왜냐하면 이러한 민족주의는 – 다시 근본에서 보면 – 세계를 황폐화시킬 능력이 없기 때문이에요.[2]

카프카는 시온주의자였지만 그것은 "미친 듯이 남의 거주지를 차지하려는 공격적인 민족주의"가 아니다. 근본적으로 자신과 세계 어디에도 고향은 없다. 두고 온 고향도 없지만 도달할 이상향도 없다. 유대인의 고향은 방황

....
2 구스타프 야누흐, 『카프카와의 대화』, 편영수 옮김(문학과지성사, 2007), 247쪽.

과 변신의 땅, 즉 사막뿐이다. 정확히 말해 유대인은 세계를 사막으로 만든다. "세계를 황폐화시킬 능력"이야말로 유대인의 선택받은 능력으로 그런 황폐화의 능력과 접속함으로써 인류는 고향, 영토, 소유물에 정착하지 않고 끊임없이 갱신되고 변신한다. 그것이 카프카가 생각한바, 고향을 상실한 "인간 고유의 법칙을 되찾는" 시온주의의 참모습이며, "소수민족"으로서의 유대인, 아니 모든 소수자에게 주어진 소명이다.

제7장

공간적 실천으로서 지역공동체
− '공간주권'과 '로컬리티의 인문학'의 접합을 위하여

문재원 | 부산대학교 한국민족문화연구소 HK교수

1. 권리에 대한 선언

공간과 주체의 문제 틀에서 근간으로 작동하는 것은 인간(주체)의 삶 권리에 대한 질문이다. 이러한 권리의 문제는 우리의 삶을 둘러싸고 있는 주체/타자, 중심/주변의 이분법적 권력 욕망에 대한 인정투쟁의 차원이라기보다는, 이러한 권력 욕망을 해체하고 재구성해보자는 의지의 발산이라고 볼 수 있다.

공간은 사회적 관계가 구성되고 재구성되는 '사회적' 공간이며 계층, 젠더, 섹슈얼리티, 인종, 연령, 장애와 같은 다양한 사회적 관계가 응축되어 나타나는 장이다. 오늘날 우리 사회의 공간 배치에는 포섭과 배제의 역학 안에서 위계와 차별이 발생하고 있다. 이로 인해 기형적 공간들이 탄생하고, 우리 삶의 무늬들이 왜곡되거나 거세되었다. 그러므로 공간의 문제는 다시 본원적인 물음에서 출발되어야 한다. 이 자리에서 보편적 인권에 근거해 공간의 주권을 묻는 "공간주권(space sovereignty)"과 인간 삶에 대한 근원적인 물음

에서 출발하는 "로컬리티의 인문학(locality and humanities)"의 숙명적 만남은 시작된다.

'로컬리티의 인문학'은 어느 로컬이 어느 시점에서 어떠했다는 현상적인 사실만을 확인하는 사실문제(de facto)에서 권리문제(de jure)를 규명하고자 한다. 로컬(local)은 단순한 물리적 공간에 그치지 않는다. 삶의 다양한 흔적이 누적되어 있으며 시공간적 정체성이 형성되는 과정의 장소로서 로컬을 포착하고, 인간의 가치와 권리가 로컬리티를 형성하는 근원이라는 점에 착목한다. 이 점에서 로컬리티의 역동성을 회복하고자 하는 움직임은 '지금, 여기의 인간에 대한 권리'의 선언과 맞닿아 있다. 다만, 이러한 자리에 대한 선언이 자기본위적 명명으로 이어지는 것을 경계한다.

공간주권 역시 주권자인 시민들이 각자의 차이로 차별을 겪지 않고 행복을 추구할 수 있는 자유의 공간, 열린 공간을 만들며,[1] 그에 동등하게 접근하고 활용하는 것이다(공간주권 자료집, 2010). 그러므로 지금 여기의 인간에 대한 권리 선언은 지금, 여기의 공간적 실천과 접속되면서 내 삶의 역동적 공간들을 생성해나간다. 이 자리에 공간에 대한 하비의 성찰은 유효하다.

공간은 그 자체로는 절대적이지도, 상대적이지도, 관계적이지도 않지만, 상황에 따라 그 중 하나가 되기도 하고 동시에 모두가 되기도 한다. 공간을 적절하게 개념화하는 문제는 그에 관한 인간의 실천을 통해 해결된다. 다른 말로 공간의 성질에 관해 제기되는 철학적 질문들에 대한 철학적 답변은 존재하지 않는다. 답변은 인간의 실천에 달려 있다. "공간이 무엇인가?"라는 질문은 따라서 "어떻게 상이한 인간 실천이 공간의 상이한 개념화를 창출하고 또

---

[1] 김원영, 『나는 차가운 희망보다 뜨거운 욕망이고 싶다』(푸른숲, 2010), 136, 216쪽.

그것을 사용하는가?"라는 질문으로 대체된다.[2]

이 글에서는 하비가 던진 질문을 사유하면서, 국가 - 자본의 포섭의 틈에서 내 삶터의 주인으로서 생활공간을 만들어나가는 지역공동체의 실천을 살펴보기로 한다.

2. 공간이라는 문법

공간을 이야기할 때 우선적으로 물리적이고 경험적인 공간을 상정하는데, 이는 텅 빈 허공이나 좌표계가 아니라 사람들의 사고와 행동의 수단이자결과로서 공간을 파악하는 태도이다. 이는 '사물이나 사물의 지각에 선행하는 용기'라는 칸트의 관점이나 '보편적 시공간'의 개념에 입각하여 지리적·역사적 특수성을 제거한 데카르트(Renè Descartes)의 보편적 공간이 아니라, 다양한 사회적 관계로부터 역사적으로 구성된 과정에 있는 공간을 보겠다는것을 의미한다. 다시 말해 공간을 물리적 실체뿐만 아니라 사회적 실체로 보고, 사회적 과정의 산물인 공간은 그 내부에서 조직화된다는 점에 주목한다.

바우만(Zygmunt Bauman)은 공간을 사회적이라고 지적한다. '사회적 공간'은 물리적·자연적·객관적인 공간의 경험을 형이상학적으로 전위시킴으로써 탄생한다고 설명한다. 이 과정에서 근대의 진행은 '지도'에 입각하여 물리적 공간을 재편하는 경향을 드러냈다고 지적한다. 즉, 사회적 공간이 물리적 공간을 규정하기를 시도한 것이다. 이어 그는, 근대국가의 임무는 공간의

---

2 데이비드 하비, 『신자유주의 세계화의 공간들』, 임동근 옮김(문화과학사, 2010), 201쪽.

모든 척도와 분화에 대한 유일하고도 보편적인 준거점을 묶어내는 것, 모든 사람을 위하여 지역적이고 분산된 실천을 국가 행정으로 대체하는 것으로 요약할 수 있다며 '지도의 공간화'(바우만, 2003: 77~96)에 대해 비판한다.

소자 – 르페브르 – 하비 등으로 이어지는 '공간 변증법'은 오늘날 세계화/ 지방화의 과정이 공간을 매개로 작동하는 자본, 국가, 계급 등과 어떻게 연계되어 있는가를 분석하는 틀로서 공간정치 경제학의 역할을 제시했다(한국 공간환경학회, 2000: 167~168). 사회와 공간의 관계가 변증법적으로 상호작용하며 상호의존적이라는 '공간과 사회의 변증법'(소자)이나 중립적이거나 수동적인 배치가 아니라 '사회적 생산물'(르페브르)로서 공간을 바라보는 관점은 결국 공간은 '사회적 구성물'이라는 데 입각해 있다. 나아가 하비는 유물론적 관점에서 객관적 시간과 공간의 개념이 반드시 사회적 재생산에 기여하는 물질적 실천과 그 과정을 통해서만 창출될 수 있다(하비, 1994: 253)고 하면서 '공간 생산에 대한 권리'를 주창한다(하비, 2001: 339).

'변증법적 공간'의 논의에서 압축되는 것은 공간은 구조와 주체의 길항관계에 따라 규정된다는 점이다. 이것은 다시 말해 구조 – 행위의 관계에서 구조의 제약성과 행위의 자율성의 문제로 해석 가능하다. 공간은 이러한 양자의 관계 속에서 양자를 매개하면서 일정한 의미를 획득한다. 이때 공간이 의미를 획득하는 과정이 특정한 사회경제적 맥락과 다양한 요인 속에서 만들어진다는 점에서 구조적이지만, 이 또한 집합적 혹은 개인적 행위 주체들이 형성해가는 사회관계 속에서 생산된다는 점에서 실천적이다. 따라서 공간의 생산은 기본적으로 구조적 제약과 행위의 주체라는 양자의 관계 속에서 다양한 실천이 개입하면서 물리적 형태의 변화, 공간의 의미 변화와 상징 변화 등을 통해 이루어진다. 이때 공간의 생산과 재현, 재구성 등 '공간의 변형' 과정에 개입하는 다양한 세력 간의 대립과 갈등의 지점을 포착할 수 있다.

이러한 과정을 통해 알 수 있는 것은 공간이 사회적 사실로서, 요인으로서 그리고 사회적 심급으로 언제나 정치적이고 전략적이라는 점이다(권정화, 1995: 117).

그러므로 공간은 본성상 권력과 상징성, 지배와 종속의 복잡한 관계망, 연대와 협조의 망 등 여러 사회관계에 따라 구성되며(매시, 1996: 129~130), 여기에서 '공간의 생산과 주체화'가 진행된다. 공간적 실천이 지배질서의 재생산에만 기여하는 것은 아니다. 지배질서가 부여한 공간 코드를 벗어나는 저항적 실천 역시 존재한다. 근대 '모순공간'에 맞서는 르페브르의 '차이공간(the third space)', 푸코의 '헤테로토피아(hétérotopies)'를 관통하는 것은 근대 공간 생산의 방식에 대한 저항이자 새로운 공간 생산의 기획으로 볼 수 있다. 인간의 권리를 탐문하는 근원을 내재하는 공간주권이나 로컬리티 인문학에는 이러한 기획이 잠재하고 있다.

최근 국가와 자본에 대한 대안의 의미를 구성하려는 시도들이 지역공동체에서 제기된다. 이들은 사회의 정치적, 경제적 질서가 부여했던 경계와 구별되는 새로운 공간의 형성, 즉 '아래로부터의 새로운 자치공동체'의 형성에서 그 의미를 획득하고자 하는 실천적 움직임을 도모한다. 여기에 르페브르나 푸코가 지적했던 근대의 모순공간에 맞서는 실천적 의미를 부여할 수 있다. 다시 말해 지역공동체의 실천에서 지배공간에 저항하면서 새로운 질서를 모색하는 '제3의 공간'에 대한 기획의 면을 엿볼 수 있다는 것이다. 이 글에서는 지역공동체를 내부로부터 발신되는 공간적 실천의 한 사례로 고찰하고자 한다. 그리고 공간적 실천에서 간과하기 쉬운 주체의 문제에 다가서기 위한 문제틀로 로컬리티를 제안한다.

3. 문제 설정으로서의 로컬리티

로컬리티(locality)는 단순한 물리적 공간도 아니고, 계량적 현상으로서의 공간도 아니다. 로컬리티는 일차적으로 물리적이고 경험적인 환경을 기반으로 하며, 더 나아가 여러 사회적 관계망과 맥락을 포함하는 추상적인 인식의 층위까지 포함한다. 비판적 지리학자 매시(Doreen Massey)는 로컬리티는 "구체적인 사회적 관계와 과정의 교차와 상호작용에 의한 구성물(construction)이므로 단순히 선을 그을 수 있는 공간적 구역(spatial area)이 아니라 일련의 사회관계나 과정"에 따라 규정해야 한다고 했다.

결국 로컬리티의 문제는 공간을 매개로 일어나는 공간정치와 연결된다. 공간정치는 특정한 공간의 생산 과정에 관여하는 다양한 집단이 자신만의 일정한 경계를 설정하기 위한 담론을 생산하고 그러한 담론을 통해 다른 집단과 맺는 다양한 관계라고 할 수 있다. 여기에서 경계는 담론의 옳고 그름을 나누는 기준선이 아니라 담론 사이의 기준을 드러내는 일종의 구분선이라 할 수 있다. 또한 각 집단은 담론의 동일성과 유사성이나 차이 등에 따라 협력과 대립이라는 기본적 관계를 만들어낸다. 또한 공간 정치의 구체적 상황과 권력 작동의 방식에 따라 연대, 네트워크, 선택, 배제 등의 다양한 형태를 취한다. 공간 정치에 대한 이러한 관점은 "공간이 사회적 사실로서, 요인으로서, 심급으로서 언제나 정치적이고 전략적"이라는 점을 명확하게 드러낸다. 다시 말해 공간 정치는 공간의 생산과 재현, 재구성 등 다양한 공간 변형 과정에 개입하는 제 세력 간의 대립과 갈등의 지점을 포착할 수 있게 한다.

그러므로 로컬리티의 개념을 구성하는 과정에서 "로컬리티가 무엇인가"라는 근원적인 질문 방식에서 "로컬리티가 어떻게 구성되는가"의 문제 틀을 제시한다. "로컬리티가 무엇인가"라는 질문은 근원적인 오류를 일으키는 문제 설정일 수 있다. 로컬리티는 명제형의 사고로 규정지을 수 없는 복잡한 변수를 내재하고 있다. 스케일, 시공간적 경계, 주체, 대상에 따라 다양한 로컬리티들(localites)의 형상으로 드러나기 때문이다. 따라서 "로컬리티가 어떻게 구성, 생산, 상상되어왔는가"라는 질문에 초점을 두어야 한다.

문화 연구와 접목시킨 연구 방법 틀에서 이러한 문제가 제기된다. 여기에서는 실재의 공간보다는 '담론의 효과'로서 로컬리티를 주목한다. 왜냐하면 공간의 지리적 범주는 자연지리적 환경에 의해서만 결정되는 것이 아니라, 문화정치적으로 승인될 때에야 비로소 지식−권력으로 작동할 수 있기 때문이다. 오늘날 로컬의 단위 규정을 위해서 필요한 경계가 지리적 경계보다는 사회적·문화적·기술적 조건 속에서 그려질 수 있는 경계라면, 이 경계에 대한 성찰을 위해서 로컬리티 연구는 지역 연구와 초지역적 문화 연구를 접목하는 방향에서 구성될 필요가 있다(이창남, 2009: 75~106).

또한 로컬리티가 구체적 현실을 지칭하는 경험적 용어라기보다는 현실 내부의 사회적 관계와 과정을 둘러싼 제도적·담론적 구성물이라는 이론적 차원에서 사고되어야 한다는 논의에서(김용규, 2009: 10), 담론의 언표 주체와 언표 전략의 방향성은 가치의 문제와 연결되면서 보다 복잡한 국면을 상정한다. 이러한 논의들에서 알 수 있는 것은 로컬리티가 특정한 사회관계와 과정을 둘러싸고 언표적 주체와 전략이 복합적으로 얽혀 있는 담론적·제도적 장을 통해 구성된다는 점이다. 여기에서 주체의 '위치'나 '시선'이 로컬리티를 구성하는 주요한 기제로 제기된다. 이에 문화 연구와 로컬리티 연구의 접목을 시도하며 "문화 연구의 시각에서 문화를 정치행위로 규정하고 로컬의 주체가 마땅히 누려야 할 문화 권리를 주장하도록 하는 것"을 강조했다(장희권, 2009). 이러한 시선은 구체적 장소와 결합하여 실천적 담론으로서 장소 정치까지 나아갈 수 있어야 한다는 당위성도 제기되었다(문재원, 2010). 이러한 전제를 통해 볼 때, 로컬리티는 이미 고정되거나 확정된 텍스트가 아니라 유동적이고 생성적이다. 또한 그것은 담론이면서 운동적 실천 양상을 지닌다.

이 글에서는 이론과 실천의 접합을 통해 국가 – 자본과 '다르게'의 공간화를 기획하려는 욕망을 내포하고 있는 지역공동체운동을 살펴보고자 한다. '다르게'의 공간화를 기획하는 지역공동체는 이미 그 출발에서부터 규범적이거나 처방적 의미를 내포하고 있다. 이 점에서 볼 때 지역공동체가 추구하는 담론의 지형과 실천의 모색은 로컬리티와 상통하는 점이 있으며, 이는 공간의 주권을 묻는 문제와도 연결되어 있다.

로컬리티의 문제를 물리적 토대를 근간으로 하되 가치지향의 측면으로까지 나아가는 것으로 본다고 전제할 때, 지역공동체가 지니는 가치나 실천의 면에서 로컬리티와 상통하는 몇 가지 부분이 있다. 근대성에 대한 성찰과 '지금, 여기'에 주목하는 시공간적 인식을 그 근거로 삼는다는 점, 방법론적 측면에서 국가중심의 극복을 지향한다는 점, 지향가치의 측면에서 공생과 연대를 주장한다는 점 등에서 가치로서의 공동체주의 또는 지역공동체운동이 추구하는 목표와 로컬리티는 상당 부분 맞닿아 있다고 할 수 있다.[3]

---

[3] 여기에 대한 자세한 논의는 좌담회, 「지역공동체와 로컬리티」, ≪로컬리티 인문학≫, 제5호(2011), 3~43쪽 참조.

4. 공간적 실천으로서 지역공동체

1) 지역공동체의 위치성

현대사회에서 지역공동체는 자연적으로 주어진 것이 아니라 일정한 지리적 영역 안에 거주하는 지역의 구성원으로 하여금 목적과 가치를 공유할 수 있는 여건을 조성하고 그러한 목적을 달성할 수 있는 사회적 역량을 구축해 나가는 일련의 조직화된 활동을 전제로 한다.

또한 활동 이념이나 주제 영역, 주제와 전개 방식 등에 따라서 다양하게 구분할 수 있다. 먼저 운동 이념을 준거로 하는 경우 정책적/대안적 운동, 점진적/급진적 운동으로 나뉜다. 영역별로는 소비운동, 행정참여운동, 환경운동, 교육운동, 주거권실현운동, 아파트자주관리운동, 문화운동, 자치운동, 신앙운동, 대안생활운동, 마을만들기운동, 사이버공동체운동 등으로 유형화한다. 주체를 기준으로 하면 관주도형(국가 부문 주도적), 민주도형(시민사회 부문 주도적), 절충형 등으로 세분화된다. 운동 방식을 기준으로 보면 저항운동, 참여운동, 협력운동 등의 유형으로 나뉜다(조명래, 2003: 209~210). 그러나 실제 현장에서는 여러 특징이 복합적으로 겹쳐 나타나는 경우가 많다. 이 글에서는 이러한 정치한 분류나 기능적 설명보다는 현재 국가와 자본의 폭력적 구조 안에서 로컬을 새로운 대안공간으로 제기할 수 있는 지역공동체의 가능성을 보기로 한다.

지역공동체는 가치의 상호호혜적인 교류를 통해, 독립적이고 분권적인 정치적 가치질서를 통해 공동체를 지향한다고 볼 수 있다. 지역적 공유는 공간적 인접성을 넘어 친밀하고 호혜적인 교류관계와 자치관계를 그 내용으로 한다는 점에서 근대사회의 정치적 · 경제적 질서가 부여했던 경계와는 구별

되는 새로운 공간의 형성, 즉 '새로운 자치공동체'의 형성에 그 핵심이 있다 (박주원, 2008: 363). 박주원은 지역공동체운동 전략으로 '무시하기(unthinking)' 의 전략을 제시한다. 국가와 자본주의에 대한 반대를 그에 대한 비판과 저항 에 집중하는 방향이 아니라 스스로의 관계에서 새로운 행위와 사고, 삶과 관 계를 만들어내는 방향으로 전환하는 것, 즉 저항 전략이 아닌 재구성 전략으 로의 전환이 다른 비판적 사회운동과 구분되는 지점이라고 한다(박주원, 2008: 365). 여기에서 눈여겨볼 것은 '새로운 것의 구성', 즉 비판보다는 '재구 성'에 초점을 맞추고 있다는 점이다. 이러한 논의는 자칫 구조와 주체의 관 계에서 주체에 초점을 둠으로써 구조의 문제를 은폐할 위험을 안고 있으나, '주체 욕망의 재정의'를 제기하고 있다는 점에서는 주목된다(필자가 반송 지 역공동체 '희망세상'을 방문하여 인터뷰했을 때, 면담자들이 눈에 띄는 가시적 변 화보다 지역민 내면의 의식 변화, 그로 인한 생활공간의 변화를 강조했다는 점도 이와 연결될 수 있는 부분이다).

이러한 대안공간에 대한 구상은 가장 기초적인 주민의 생활에서 출발하 며, 이 공동체의 주체 또한 풀뿌리 주민에서 비롯된다. 즉, 생활인으로서의 주민이 주체가 되어 스스로 자립하고 자율하기 위해 생활에서 발생하는 다 양한 지역의 쟁점을 대상으로 해서 운동을 펼쳐나가는 데서 의미를 획득한 다. 또한 지역공동체의 구성요건으로 지리적으로 일정한 공유를 전제로 하 면서 '아래로부터의 참여', '소규모의 단위', '분권·자치'(강수돌, 2007: 195) 등 이 강조된다. 주체와 단위가 지역(주민)에 초점이 주어질 때 지역의 공동체 의식을 바탕으로 주민의 자발적 참여와 합의에 따라 지역(주민)의 다양한 요 구를 담아내는 공공성 모델을 만들어낼 수 있다. 여기에는 '발의 - 협의 - 실 행기획 - 실천'의 과정을 통과하는 숙의 과정까지를 포함해 주민의 자발적 참여 방식을 통해 실천되는 것까지를 포함한다. 따라서 과거의 주체와 대상이 분리되고, 위에서 아래로의 진행 방향을 갖던 지역의 지형이 다른 양상으로 구성된다. 이는 강제되고 이식된 로컬화(naturalized locality)를 벗어나 '아래로부터의 로컬화'에 따른 생성 로컬리티(generative locality)의 과정과 연결된다.[4] 그러니까 지역공동체는 지역의 존재(being)에서 출발하여 지역이 되어가는 것(becoming)으로 이동하는 벡터를 지향한다. 이때 이러한 방향성은 곧 "자기의식의 성찰을 통해 자기 터전에 바탕함으로써 이루어지는 아래로부터의 로컬화"와 연결된다.

이러한 의미에서 지역공동체는 곧 '아래로부터의 대안 지구화'라는 맥락에서 발견된다. 그러므로 도시의 지구화는 하비가 포착한 '지구적 자본주의 공간'이나 데이비스(Mike Davis)가 강조한 '슬럼의 지구화'뿐만 아니라, '아래로부터 대안 지구화'라는 모순적인 두 개의 과정을 포함한다(곽노완, 2010: 142). 다만 아래로부터 대안 지구화에 내포되어 있는 재지역화(re-localization)의 문제를 어떻게 볼 것인가. 즉, 포섭과 저항의 양 축을 포함하며 현실적 기반을 갖추고 진행되는 재지역화의 문제는 비판적 관점에서 살펴볼 여지가 있다.

또한 주체의 복수화, 다양한 스케일이 중층화되어 있는 지역(야마지키 다카시, 2010: 57~73)의 위치에서 지역공동체를 상정할 경우 지역공동체의 스케

....

[4] 배윤기는 로컬리티의 생산과 재생산 과정을 로컬화로 설명한다. 자본이나 권력에 의해 이윤 창출 혹은 통치의 효율성을 목적으로 행하는 로컬리티의 생산을 "위로부터의 로컬화(localization from above)"라고 지칭하고, 이의 결과로서 수립되는 정신적·물질적 경관을 "이식된 로컬리티"라고 부른다. 또한 거주민의 참여와 교섭을 통하여 보다 나은 삶의 조건의 창출을 목적으로 자기주도적으로 수행하는 그것의 생산을 "아래로부터의 로컬화(localization from below)"라고 부르고, 이의 결과물을 "생성 로컬리티"라고 지칭한다(배윤기, 「의식의 공간으로서 로컬과 로컬리티의 정치」, ≪로컬리티 인문학≫, 제3호(2010), 112~113쪽].

일에 대한 논의도 검토되어야 한다. 특히 공동체와 장소성의 관계는 매우 밀접해서 공동체가 장소의 정체성을, 장소가 공동체의 정체성을 강화시킨다. 그런데 오늘날 장소(성)는 단일한 체계로 이루어진 것이 아니라, 다양한 스케일이 중첩되어 있다. 지역에서 지구적 차원과 국가적·지역적 차원, 혹은 개인적 차원이 겹치고, 자본의 지구화에 대항하거나 대안 지구화를 지향하는 변혁 주체도 이처럼 겹치는 복수의 정체성을 갖게 되며, 이렇듯 겹치는 공간 구조의 특성에 따라 운동 주체도 이전과는 다르게 형성되거나 확장된다는 점을 주목해야 한다.

여하튼 근대국가에 호명되고 신자유주의의 자본에 폭력적으로 노출된 지역의 현실에 대한 문제의식에서 출발해, 공통된 물리적 기반을 근간으로 현실에 대한 지역의 장소성·역동성 등을 주목하면서 새로운 대안공간의 가능성과 역능성을 타진하려는 자리에서 대안공간의 구성을 기획하는 지역공동체를 주목해볼 수 있다.

2) 반송 '희망세상'

반송(盤松)은 1968년 부산시내 철거 이주민을 위한 정책이주지역으로 선정되었으며, 당시 조방지구와 수정동 고지구의 철거민 5,000여 세대가 집단적으로 반송 1, 3동(현재)으로 이주하면서 인구가 급증하였다. 1969년에는 철도 연변의 철거민 등 2,700여 세대가 반송 2동(현재) 지역에 정착 이주하였다(반송향토지편찬위원회, 2011: 177~178). 1975년 10월 1일 반송 1, 2동으로 분동이 되었고, 1979년에 반송 1, 3동이 분동되었다. 1991년 12월 기초수급자 집단 거주지인 주공 임대아파트 1,710세대가 입주를 시작하였다. 1986년부터 시작된 '무허가 건축물 주택양성화 사업' 이후 1990년 시작된 주거환경 개선사업과 관련한 임시특별법으로 반송 1, 3동은 15평, 반송 2동은 10평을 기준으로 용적률 90%, 4층까지 건축을 허용하여, 한때 반송지역 주민의 숙원을 해결하기도 하였으나, 현재는 열악한 주거환경 문제의 근본이 되고 있다. 반송은 이미 형성되었던 자연부락의 역사성 · 장소성의 의미보다 '정책이주지역'이라는 '규정된' 이미지가 안팎으로 강하게 유포되었다. 반송의 대표적 주거 형태인 10~15평형의 2~4층의 밀집형 주택 구조가 단적으로 이를 증명한다. 현재에도 해운대구 기초생활보장 수급자의 약 40%(2011년 기준)가 이곳에 거주하고 있으며(특히 반송 2동은 1, 3동에 비해 2배 이상 높다), 해운대구의 6개 종합복지관 중 4개의 복지관이 반송에 위치해 있다. 또한 자활후견기관, 지역아동센터, 청소년지원관 등이 밀집되어 있는 현실은 동일한 스케일 내부에서 상대적으로 낙후된 지역임을 반증한다. 철거 이주민 정책의 주 지역인 반송은 지역민의 회고에도 나타나듯이 '철거민 동네', '못사는 동네' 등 '구별 짓기'의 아비투스가 안팎으로 각인됨으로써, 살고 있는 사람으로 하여금 '떠나고 싶은 동네'의 경험과 기억을 '신체화'하였다.

지역공동체는 지역의 제반 물리적 · 역사적 조건 위에서 형성된다. 어떠한 기반 위에서 탄생되었는가. 이것은 지역공동체의 '차이성'을 드러내는 일이기도 하다. 그러므로 지역공동체의 출발은 저마다 다르다. 각각의 장소 고유의 차이는 장소의 차이를 만들어내는 가장 일차적인 요소가 된다. 그러나 동일한 경관이라도 해당 장소를 체험하는 주체에 따라, 혹은 경험하는 형식에 따라 장소의 의미는 달라질 것이다(박규택 · 하용삼 · 배윤기, 2010). 또한 해당 장소에 대한 경험을 어떻게 의미화하는가는 그 장소를 둘러싼 담론화 작업과 연결이 된다. 이처럼 장소성은 물리적 토대가 되는 경관에서 출발하여, 경관을 경험하고 의미화하는 추상의 단계까지, 즉 장소와 인간이 맺는 총체적 관계 양상까지 포함하여 구성된다고 볼 수 있다. 이 과정에서 형성되는 장소성은 어떤 실체로서 존재하기보다는 담론과 실천에 의해 만들어지는 사회적 고안물이다. 그러므로 장소성은 과거 어느 장소에 함의된 규범적 가치로 설명되는 것이 아니라, 장소에 근거를 둔 체험과 이에 관한 공감적 대화를 통해 형성된다. 장소 기반이 이루어지지 못할 때 이에 근거한 장소성은 결국 피동적이고 흔히 조작되는 경향이 있다. 그렇다면 정책이주지에서 출발된 반송이라는 물리적·역사적 조건 위에서 탄생한 공동체 '희망세상'이 지역과 공감적 연대를 어떻게 형성해나가고 있는가.

① 철이 들고 상급학교에 진학하거나 직장을 찾기 위해 반송을 벗어나기만 하면 그렇게 싫어지는 곳이 반송이었다. 동네 친구들은 다른 지역 사람들이 반송을 바라보는 시선을 가장 싫어했다. 그 눈길 속에는 따뜻함보다는 철거민 동네, 촌 동네, 못사는 동네에 대한 무시가 녹아 있었다.[5]

② 주민들도 돈을 벌면 언젠가는 떠나야 할 곳이라는 생각에서 벗어나 내가 살아가고 있고 우리 아이들이 살아갈 반송을 내 힘으로 스스로 바꾸어보아야겠다는 의식이 강해졌으며 각 단체들도 지향하는 바와 가치관은 다르지만 마을을 위한 일, 아이들을 위한 일이라면 모두가 힘을 모으는 공동체성이 강화된 마을이 반송이다.[6]

위의 두 예문은 반송주민들의 의식 변화를 상징적으로 보여준다. ①과 ②의 길목에 반송의 '반송을 사랑하는 사람들'(1998.6)에서 출발한 '희망세

---

5   고창권, 『반송 사람들』(산지니, 2005), 19~20쪽.
6   김혜정, 「주민들과 함께 살기 좋은 마을 만들기」, NGO포럼/(사)부산민주항쟁기념사업회, 『풀뿌리 희망백서』(2008), 30쪽.

상'(2005.1)공동체가 놓여 있다고 평가할 수 있다. '반송을 사랑하는 사람들'의 가장 큰 의미는 '지역주민에 의한' 주민조직이 결성되었다는 점이다. 초창기 창립 멤버인 고창권의 경우 반송에서 태어나 성장하여 상급학교 진학 등으로 반송을 떠나 있다가 다시 반송으로 돌아와 일터를 잡으면서 주민과 함께 지역운동을 시작하였다.[7] 초창기 복지와 교육에 초점을 두고 지역 내의 문제를 해결해나가는 과정에 주민이 참여하면서 '반송을 사랑하는 사람들'은 점차 조직화되었다. 이후 2005년 '희망을 꽃피우는 공동체, 희망세상'으로 조직명을 바꾸고 조직을 재정비하면서 사회적 네트워크를 확장해나갔다.

공동체 희망세상 활동 중에서 가시적 공간으로 드러나는 것은 '느티나무도서관' 건립이다. 반송 2동에 위치하고 있는 '느티나무도서관'은 주민 도서관이면서 '희망세상'의 거점 공간이라고 할 수 있다.

느티나무도서관의 개괄적인 역사를 살펴보자. 2006년 12월 희망세상 총회에서 '어린이도서관 건립'이 발의되었다. 그러나 이 문제는 희망세상 단독으로 처리하기에는 무리가 있었다. 역량에 대한 한계를 인지하고 지역 과제로 이슈화했다. 당시 반송지역의 아동청소년을 대상으로 하는 교육복지운동의 일환인 '희망의 사다리'사업을 공식 안건으로 채택하고, '지역 공동의

----

7 '반송을 사랑하는 사람들'에서 '희망세상'에 이르기까지 구체적 활동은 '희망세상'의 창립 멤버이자 핵심 일꾼인 고창권의 『반송 사람들』이나 현 공동체회장인 김혜정의 「주민들과 함께 살기좋은 만들기」를 참조하면 상세하게 알 수 있다. 또한 외부에서 관찰한 '희망세상'에 대한 글로는 김기현, 『우리시대의 커뮤빌더』(이매진, 2007); 박원순, 『마을에서 희망을 만나다』(검둥소, 2009); 최숙자, 「도시공동체와 지역주민운동에 관한 연구 - '반송을 사랑하는 사람들'을 중심으로」, 부산대학교 대학원 석사학위 논문 (2003) 참조.

1...도서관 내부에 전시되어 있는 도서관 건립 스토리(벽면 가득하게 기부자 이름을 넣은 느티나무 형상이 눈에 띈다).

일'임을 주민에게 환기시키고 지역의 역량을 모아나갔다. 이 과정에서 주민 자치센터, 학교복지관 등 지역에 있는 공공기관의 동참을 유도해냈다. 그러나 느티나무도서관의 경우 건립 초기 가장 큰 문제는 부지 확보와 건축비였으며, 주민의 한계를 일찌감치 노출했다. 마침 '책읽는 사회' 문화재단과 삼성이 공동으로 지원하는 사업 대상으로 선정되면서 작업에 새로운 전기가 마련되었다. 도서관 건립 당시 주민의 '벽돌 한 장 기금'은 전국적으로 전설 같은 감동을 낳았고,[8] 이것은 주민의 자발적 역동성을 도서관으로 모이게 하는 직접적인 촉매제가 되었다.^{사진...1} 이 점에서 느티나무도서관은 민＋관＋산

+학의 긍정적인 모델을 보여주었다. 무엇보다 지역 과제가 주민의 참여로 해결되는 과정을 경험함으로써, 주민이 지역의 능동적 주체로서 위치를 확인하게 되는 계기를 제공했다는 점에서 더욱 의의가 있다.

느티나무도서관은 태생적으로 운영, 활동 면에서 희망세상과 인적·물적인 관계가 아주 밀착되어 있다. 느티나무도서관 건립의 발의와 설립 과정에서 중추적인 역할을 맡은 곳이 '희망세상'이었고, 현재 도서관 상근자의 체제도 '희망세상' 일꾼 안의 상근자 중 두 명이 느티나무도서관 담당으로 배치되어 있다. 느티나무도서관은 '희망세상'이라는 상위의 지역공동체 조직 안에서 교육공동체의 역할을 한다. 지역공동체의 부분적인 조직이면서, 주민도서관으로서의 독자적인 영역을 지니고 있다. 종합해보면 느티나무도서관은 희망세상에서 형성된 사회자본을 바탕으로 출발했으며, 이러한 자본이 작동된 결과로 나타난 긍정적 생산물이면서 다시 사회자본이 재생산되는 회로 역할을 하고 있는 셈이다. 이 도서관이 지역을 강력하게 매개하고 있는 점은 여기에서 발견된다. 어느 곳에나 있는 '공공도서관'이 아니라, 느티나무도서관은 도서관이라는 공적 공간의 성격 이외에도 풀뿌리 동아리주민이 참여해 반송지역 아동청소년을 지원하고 지역 과제를 공동으로 논의하고 협의하는 '거점센터'로 적극 활용되고 있다.

반송 2동의 초입에 위치한 느티나무도서관의 경관은 해당 지역의 이미지 향상에도 기여했다. 도서관이 건립되기 이전에 도서관이 있던 장소는 청소년 탈선 장소로 민원이 제기(인터뷰)되곤 했던 곳이다. 이렇게 보면, 느티나무도서관은 물리적 경관으로서 위치하는 것이 아니라 해당 장소의 문화지형

---

8 자세한 사항은 느티나무도서관 홈페이지(http://www.ntnamu.kr), 언론기사, 광고 등 참조.

을 바꾸는 역할을 담당했다고 할 수 있다. 무엇보다도 이 공간은 상대적 박탈감과 열패감에 빠져 있던 주민의식이 전환되는 거점으로도 작용했다. 이 공간은 지역민이 주체로 나서면서, 요구와 참여가 내부에서, 그리고 아래로부터 생성된 문화공간의 한 사례가 될 수 있다. 또한 지역주민이 도서관 건립의 주체가 되었다는 자부심은 곧 지역에 대한 장소감을 부여했다. 공동체와 장소의 관계는 매우 밀접해서 공동체가 장소의 정체성을, 장소가 공동체의 정체성을 강화시킨다. 이 관계 속에서 경관은 공통된 믿음과 가치의 표출이자 개인 상호 간의 관계맺음의 표현이라 할 수 있다.

'드러남'으로 지역 경관과 지역민의 의식에 변화를 준 것이 느티나무도서관이라면, '드러나지 않음'으로 지역의 변화를 일으킨 경우도 있다. '건설폐기물 매립장 반대운동'[9]이 그것이다. 이는 오랫동안의 반대투쟁(2001.2.15~2002.6.28)을 거쳐 결국 매립장이 반송 주변에 건설되는 것을 막아냈다. 이미 이곳에는 고촌 마을 화장장 반대(1984), 고촌 실로암 묘지 입구 산업폐기물 매립장 반대(1990)의 경험이 있었다. 이미 실천적 투쟁을 통해 이들이 지역의 현안에 대해 보다 적극적으로 대응할 수 있는 내적 네트워크가 다른 지역에 비해 상대적으로 더 잠재되어 있었다고 볼 수 있다. 대부분 이주민이라는 공통된 경험과 여기에서 비롯된 공동의 '감성적 연계'는 일차적으로 이들을 결집시키는 데 크게 작용했을 것이다.[10] 이 감성적 연계는 대부분 이주민으로 구성된

---

9 건설폐기물 매립장으로 지정된 고촌리 무등골은 반송에서 걸어 10분 거리에 있다. 총규모 15만 4,000여 평, 총 매입량은 960만 톤, 작업 기간 8년이 소요되는 상당한 규모였다. 이미 부산시와 시공사에서도 2년 동안 준비를 해왔고, 이에 맞서는 전략도 그만큼 치밀하지 않으면 안 되었다. '희망세상'이 중심이 되어 주민에게 홍보하고 설득하는 작업이 시작되었고, 반송 1, 2, 3동, 고촌, 안평까지 포함한 주민대책위원회가 구성되었다(고창권, 『반송사람들』, 132~148쪽).

이 지역 사람들이 한국 근대의 변두리를 거쳐오면서 잠재된 내부적 결속력, 공통의 정서, 네트워크 등으로 설명될 수 있을 것이다. 또한 이전의 지역 현안과 관련한 몇 번의 투쟁적 실천이 이들 공동체의 결속력을 더욱 단단하게 하는 데 영향을 주었다고 볼 수 있다. 이런 과정을 통해 지역 정체성은 본래적·생태적인 것이 아니라, 이들이 경험한 역사적 시공간 속에서 형성된다는 점이 다시 확인된다.

일련의 사건들을 보면, 국가 차원에서는 '정책이주지', '화장장', '산업폐기물' 등과 인접화시키면서 반송이라는 지역을 더욱더 '외부화'하려고 하지만, 지역주민은 이에 대한 거부와 저항으로 국가의 공간 구획에 수동적으로 포획되지 않음을 보여준 사례라고 할 수 있다. 그러나 이러한 문제는 자칫 지역이기주의를 노출시키는 사례로 되비칠 수 있고, 기계적인 내/외부의 갈등의 문제로 계량화되는 것으로 그칠 수도 있다. 그러나 이 문제를 내가 살아온 삶 터로서의 장소에 대한 애착, 그로 인한 장소의 문화와 표상체계로 이어지는 로컬리티의 관점에서 천착한다면, 매립장 반대운동의 목소리가 놓여 있는 자리의 '옹이'들은 시비의 준거점이 아니라 삶의 근거, 터에 대한 무늬의 흔적으로 물어져야 한다. 이런 점에서 자리를 지켜내고자 했던 공동체적 실천이 설득력을 지닌다.

필자가 '희망세상'에 인터뷰를 할 때, 공동체 활동가가 제일 먼저 한 말이 "반송은 좀 특이해요. 주민의 결속력이라고 할까. 뭐, 이런 것이 다른 지역보

---

10 여기에 대해서는 김혜정, 앞의 글 참조. '이주민'이라는 공통 경험과 의식이 지역을 유지시키는 데 바탕으로 작용했을 것이라는 추론을 확인하는 글로는 차철욱·공윤경, 「한국전쟁 피난민들의 정착과 장소성: 부산 당감동 월남 피난민마을을 중심으로」, ≪석당논총≫, 제47집(2010) 참조.

다 더 강해요"라며 두 건의 신문기사를 소개했다.

하나는 '한국의 신빈곤층'이라는 기획 아래 부산 반송동의 '그늘'에 초점을 맞추고 있다. "엄마·아빠 소리는 제발 하지 마세요", "모(某) 초등교생 17%가 조부모와 살거나 어린 가장", "부산 반송동의 '그늘' 실직… 사업 실패… 피난하듯 모여들어" 등등의 소제목하에 방치된 아이들, 결식아동, 손자손녀들을 돌봐야 하는 병든 할머니 등이 있는 반송의 최빈곤층을 대상으로 인터뷰를 한 기사. 이 인터뷰들은 반송이 "실직이나 사업 실패, 장애, 이혼 등 경제적 어려움에 처한 이들이 싼 집값을 찾아 몰려드는 곳"임을 증명하고 있었다(≪조선일보≫, 2006.3.21).

또 다른 기사의 헤드라인은 "행복을 나누며 살아갑니다 … 부산 해운대구 반송동의 따스한 공동체". 이 기사의 전문은 이렇게 시작한다. "나 하나 살아남기 위해 남을 밟는 무시무시한 세상이 되었다. 하지만 내가 가진 것을 이웃과 나눔으로써 모두가 행복해지는 그런 세상도 있다. 부산 해운대구 반송동에서 벌어지고 있는 동화 같은 이야기다"(≪조선일보≫, 2006.3.31). 이는 카메라가 부모를 대신해 손주들을 돌보는 할머니, 결식아동 등을 초점화하면서 '가난의 늪에 빠져든 사람들이 모여드는 곳, 해운대 반송동'으로 단정지었던 시각과는 판이하다.

두 기사의 간격은 10일가량인데 동일한 지역인데도 이토록 내용이 상이한 것은 무엇 때문일까?[11] 사실관계를 떠나 여기에서 주목할 수 있는 것은 시선의 차이다. 바라보는 관점이 다르고, 발화자의 위치가 다르다. 이러한 차이는 어떻게 발생할 수 있을까. 두 건의 기사에서 '발견된 지역'의 논리 안

---

[11] 2006년 3월 21일 자 기사가 보도되고 난 뒤 희망세상을 중심으로 한 반송 주민들의 강한 항의가 이어졌고, 이에 대한 결과로 3월 31일 자 기사가 보도되었다.

에서 지역을 대상화한 지점과 내부 동력에 의해 '지역 만들기'를 하는 지점이 포착된다. 이토록 극명한 외부와 내부 시선의 거리는 지역 주체의 위치를 다시 확인시켜준다.

특정 공간의 생산 과정에는 공간의 성격을 규정짓는 사회 구조적 조건과 그러한 공간을 의미화하려는 다양한 주체의 공간적 실천행위가 결합되는데, 특정한 공간의 생산 과정에 관여하는 다양한 사회집단은 자신만의 공간에 대한 담론을 생산한다. 주민도서관이나 폐기물 소각장 논의는 결국 이들이 살고 있는 생활공간에 지역주체로서 어떻게 개입할 것인가의 문제와 연결된다. 지역에 다양한 실천이 개입되면서 지역의 물리적 형태의 변화, 의미, 상징의 변화 등이 진행되며, 이것은 다시 구조와 행위에 개입되어 공간의 생산과 재생산에 관여하고 있다. 이러한 물리적 공간, 주체, 사회경제적 맥락이 중첩되어 상호작동하면서 로컬리티의 형상은 구성된다.

그러므로 지역공동체의 위치성은 언제나 '지역(공간) 만들기'와 매개되어 있다. 이러한 점에서 눈여겨볼 수 있는 것은 반송 2동의 주민자치위원회 구성이다. 주민자치위원회에 희망세상의 회원 두 사람이 배치되어 있다. 이것은 순수 민간조직으로 꾸려진 풀뿌리 자치단체이지만, 관의 산하조직인 주민자치위원회의 회원으로 배치되어 제도권 안에서 발언권을 행사한다는 것은 이들의 내적 역량을 보여주는 것이다. 여기에서 무엇보다 주목할 것은 지역 내의 '관계성'이다. 민과 관의 대립 구도가 아니라, 민과 관의 거버넌스를 적극 활용하면서 지역 '만들기'를 하고 있는 점이 주목된다. 예를 들어 현재 진행 중인 '건강반송 만들기'사업은 처음에는 희망세상의 작은 활동으로 시작했지만, 2009년부터는 반송 2동 주민자치위원회 핵심사업으로 선정되었다(김혜정, 2008: 36). 또한 여러 직능단체와 연대나 지역 안팎의 다양한 네트워크사업 등을 통해 민관의 거버넌스를 실천하는 출발점을 확인할 수 있다.

5. 다시, 지금 여기에서

지역공동체운동에 대해 포괄적으로 말하자면, 일상적으로 지역사회에서 발생하는 여러 문제를 주민의 자발적이고 주체적인 참여를 통해 대안적인 지역사회를 스스로 건설하는 운동이라고 한다. 이러한 대안공간으로서의 지역에 대한 구상은 가장 기초적인 주민의 생활에서 출발하며, 이들의 주체 또한 풀뿌리주민에서 비롯한다. "내가 살고 있는 지역을 어떻게 만들까"의 문제는 현재 '내(우리) 삶의 재편'과 연결된다. 이는 일차적으로 나의 생활 영역 경계에 대한 해체와 재구성을 수반하면서 생활공간의 지형에 변화를 가져온다. 나의 경험에서 주민의 경험과 요구로 확장되면서, 다양한 주민의 욕구와 이에 대한 자발적 참여가 지역 단위에서 해결되고, 여러 이해관계가 폭넓게 조율될 수 있는 다양한 커뮤니티 공간이 만들어진다. 이때 이 공간은 수직적으로 주어진 영역이 아니라, 주민의 자율과 자치를 중심으로 형성된 공간으로서 공공성을 확보한다. 이 공간이 지역에서 어떤 대안공간으로 자리 잡느냐의 문제는 주민의 내부에 있는 조건을 어떻게 드러내고 안팎의 갈등 지점을 재구성할 것인가의 문제와 관련된다. 일반적으로 지역공동체의 주체, 방향성 등을 논의할 때, 참여나 주체의 문제를 기존 국가의 대항, 대안 공간으로서 아래로부터 자발적인 참여공간을 상정한다. 이는 국가에 대한 비판적 거점으로 지역공동체에 주목하는 주요한 계기가 된다. 그러므로 지역공동체는 자치적인 새로운 공간의 창출이라는 측면에서 하나의 대안으로 작용될 수 있다(하용삼·문재원, 2012).

반송의 물리적·의식적 공간 변환의 내부적 동력으로 '희망세상'이라는 공동체가 지역 정체성의 재구성에서 개입할 수 있는 필요와 여지는 여기에 있으며, 이를 통해 반송이라는 지역에서 '희망세상'의 의미를 획득한다. 특히 오늘날 더욱 거세진 세계화의 파고에서 내(우리)가 사는 터전을 중심으로 우리의 삶을 재편하는 변화의 마중물로 지역공동체의 위치를 확인할 수 있다. 즉, '체제의 지역'으로부터 '주체의 지역'(조명래, 1996: 93)으로 재구성하는 데 '마중물' 혹은 거점으로 지역공동체의 위치를 확인할 수 있다.

제8장

도시경관, 도시재생
─ 아름다운 것은 적을 두렵게 한다

유진상 | 창원대학교 건축학과 교수

1. 아름다운 것은 적을 두렵게 한다

정조가 수원화성을 축조할 때의 일화이다. 당시 수원화성 축조에는 막대한 재정이 투입되어야 했기 때문에 그야말로 '핫이슈'였으나 정적들의 정치적 반대는 집요했다. 왕권을 상징하는 궁궐은 화려하게 건축하더라도 적을 막는 그깟 성벽에까지 그렇게 많은 인력과 재원을 투입해가며 공력을 집중할 필요는 없다고 매일같이 힐난했다. 적막강산 같았던 정조의 입장을 생각하면 그의 신념과 고뇌, 갈등이 눈에 선하다. 하지만 정조는 한마디 말로 축성에 관한 정쟁을 잠재우고 세계문화유산 수원화성을 완성할 수 있었다.

"아름다운 것은 적을 두렵게 한다.'"

필자는 화두처럼 가슴 뜨겁게 하는 이 문장을 읽을 때마다 그 혜안과 추진력에 소름이 돋곤 한다. 정조의 일갈 앞에 '펜은 칼보다 강하다'는 영국작가 에드워드 불워 리턴(Edward Bulwer-Lytton)의 유명한 명언이 초라해 보일

1...선진 공공 가로 시설물 사례. 일본 지바현의 마쿠하리 베이타운(좌)과 시코쿠 도쿠시마현(중앙), 스위스 바젤(우).

정도다.

최근 파리에서 1년간 객원교수 생활을 마치고 귀국 후 한국을 돌아다니며 이 한마디 문화의 힘을 절감할 수 있었다. 한국은 분명히 쾌적하고, 유럽보다 훨씬 아름답고 역동적인 자연경관을 가지고 있으며, 2~3년 사이 보행자에 대한 배려나 주변 건축물의 디자인도 부쩍 성숙해진 느낌이었다. 하지만 편하게 도시를 즐기고자 할 때면 매번 무언가 2% 부족함을 느꼈다.

외국인은 한국의 자연을 보고 '원더풀 코리아'를 외치지만 도시에 들어서는 순간 말을 아낀다. 공복감의 정체가 아름다운 것에 대한 갈망이라는 것을 깨닫는 데는 긴 시간이 걸리지 않았다. 유럽의 경우처럼, 예뻐서 호주머니에 쏙 넣고 싶은 '그런 인공물'이 한국의 보행로나 도로변에는 도통 눈에 띄질 않았던 것이다. 아니 그러자고 만들어놓은 도로변 난간, 도시조형물은 오히려 우리의 미감을 조롱하는 듯했다. 도시 가로수와 산세를 배경으로 영화 속 주인공이 되려는 보행자들은 매 순간 손바닥에 박힌 가시 같은 이물감을 느낀다. 반짝이거나 화려하거나 요란한 난간과 도시조형물, 광고물 등은 도대체 내 시선을 어디에 어떤 방식으로 두어야 할지 당혹스럽고 불편하게 하

2...국내에서 자주 접하는 가로 난간(좌), 스페인 코르도바의 시민의 일상이 만들어낸 가로 조형물(우).

는 것이다.

정조의 신념처럼 도시공간은 아름다워야 한다. 탄생의 순간부터 지니고 있는 우리의 절대 미감을 충족시켜주어야 한다. 아름다운 것을 창조하여 눈을 즐겁게 하는 최선책이 어려울 때는 현존하는 아름다운 것을 위해 새로 들어서는 인공물을 가급적 드러내지 않는 방식의 차선책을 쓸 수도 있다. 유럽에선 익숙했기에 한국에서 느끼는 공복감 중 하나가 아닌가 싶다.

자신만의 아름다운 공간을 찾고 자신의 방식으로 각색하여 스스로 향유하고 방문객과 공유하는 방식, 그리고 결과물을 창발적으로 유지하는 방식을 지역 도시 문화의 시금석으로 삼아야 할 필요성을 절감한다.

거대하고 화려한 공간도 좋지만, 특히 주목하고 싶은 부분은 지역민의 손때와 삶의 흔적이 고스란히 묻어 있는 소박하고 아름다운 공간이다. 이러한 공간은 물리적 거리감을 넘어 문화적 가치를 상호 공유하는 절대적 아름다움의 지위를 얻을 수 있기 때문이다.

3...스페인 바르셀로나의 뒷골목.

2. 도시 활성 장치: 보존과 재생

위의 사진은 스페인 바르셀로나 뒷골목의 허름하지만 아름다운 공동주택 입면을 찍은 것이다.^{사진...3} 이 뒷골목은 지역민뿐 아니라 관광객의 발길이 꽤 많은 문화예술센터의 이면도로이기 때문에 지방자치단체에서 도시 활성화를 위해 한번쯤은 전면 재개발의 충동을 느꼈을 법한 곳이다.

이곳에서는 어떻게 개발과 보존이라는 동전의 양면과 같은 가치를 동시에 성취했을까? 이들은 시민들 삶의 흔적을 고스란히 보여주는 방식을 존중하는 한편, 구역 전체가 공유하는 강력한 공통 규제를 통해 골목길 풍경을 아름답게 보존하고 있다.

도로는 보행자와 거주자, 때로는 관광객 모두가 이용하는 공공의 공간이다. 그러므로 개인에게 편하거나 아름답게 보이더라도 공공의 입장에서 그렇지 않다면, 관리자 입장에서는 이중의 잣대로 가늠해야 하는 난처한 공간이기도 하다. 이들은 공통의 공간인 도로 쪽 건물의 입면부 일부에만 공통의 코드(규칙, 법규)를 적용해 외관이 난잡해 보이는 것을 막고 있다.

4...스페인 마드리드의 아토차역.

동일한 창에 난간 크기와 위치를 지정하고, 동일한 재질의 지역 정서가 섞인 색채의 블라인드, 화분 등을 사용하도록 강제하거나 권장함으로써 슬럼가로 보일 수 있는 건물외관에 통일감을 부여했다. 최소한의 코드를 적용해 주민 각자의 개성과 삶의 방식이 자연스럽게 표출될 수 있는 여지를 남긴 것이다. 난간에 걸린 세탁물들이 연출하는 풍경이 가로변 쪽 빨래 건조를 엄격하게 규제해 숨막힐 듯 정갈한 파리의 가로 풍경과 대조적이다.

마드리드의 아토차역은 한때 수명을 다할 뻔한 유럽의 근대건축물이다.[사진...4] 철도역사가 제 기능을 수행하는 데 문제를 드러냈고, 주요 구조부에 구조적 위험이 감지됐던 것이다. 이 건물은 1992년 원형을 보존하여 일부를 철도문화 휴식공간으로 제공하는 한편 현대식 철도역사로 증축 및 리모델링하여 사용하는 방식으로 재탄생했다.

현대와 과거의 절묘한 공존은 이곳을 지나는 이들에게 가슴 뿌듯한 즐거움을 선사한다. 이 공공문화 시설물은 방문자에게 아련한 향수를 선물할 뿐 아니라 지역경제를 활성화시켰고, 좋은 건축가(라파엘 모네오)를 통해 창조적 아름다움이라는 공존의 미학을 덤으로 보여주고 있다.

5...최근 철거된 마산의 근대문화유산 삼광청주 공장.

　최근 반대여론과 전문가의 지속적인 보존노력에도 지방자치단체의 의지 부족으로 철거가 강행된 창원시 마산구의 근대문화유산 삼광청주공장사진...5 의 예는 아토차역과 아쉬운 대조를 이룬다.

　현인들은 노인 한 명이 죽으면 도서관 하나가 불타 없어지는 것과 같고, 문화유산이 하나 없어지면 도서관 수십 개가 사라지는 셈이라고 했다. 우리는 후세에게 공동의 자산을 지켜내지 못한, 두고두고 갚지 못할 빚을 진 셈이다.

　문화유산이 온전치 못한 형태로 우리 삶 속에 잔존할 때 그곳에서 삶을 꾸려야 하는 지역민의 고민은 깊을 수밖에 없다. 문화유산은 소중한 자산일 수도 있지만 누군가에게는 지역경제 발전을 저해하는 애물단지일 수도 있기 때문이다.

　같은 상황 다른 해결의 예로 독일 쾰른의 콜룸바 성당을 살펴보자. 중세 건물인 콜룸바 성당은 기초와 창 일부를 포함한 골조만 남아 있어 폐허나 다름없다. 하지만 최근 춤토르(Peter Zumthor)라는 건축가를 통해 흔적처럼 남아 있는 과거의 유적과 증축된 현대 미술관이 하나로 어우러져 지역 일대를 활성화시키는 문화장치로 재탄생했다. 추스르기 힘든 중세유적의 기초와 흔적은 현대식 미술관 내부의 거대 전시물이자 건물 자체로 승화되었다. 이 건물의 재활용으로 인해 지역은 경제 활성화뿐만 아니라 세계 최고

6...독일 쾰른의 콜룸바 미술관+성당(위, 좌)과 내부(위, 우). 암스테르담의 공공조형물(아래, 좌)과 영국 리버풀의 앨버트 독 근대건축문화유산 재활용(아래, 우).

권위의 건축상(프리츠커상)을 받는 자존심도 덤으로 얻었다.

쾰른시와 페터 춤토르가 선택한 방식은 문화유산의 완전한 복원을 목표로 하는 이탈리아와는 사뭇 대조적이고 창조적이다. 하지만 이 창조적 공간 복원 방식을 함부로 벤치마킹했다가는 지역에 돌이키기 힘든 불량경관을 양산할 수 있다는 사실을 주지해야 한다. 콜룸바 성당의 성공은 역사의식을 자양분 삼은 치밀한 디테일과 재료 선택, 좋은 설계자를 배려하는 마음과 누구나 공감할 수 있는 공간적 아름다움을 기반으로 하고 있다.

이번에는 네덜란드의 암스테르담 국립박물관 근처의 공공조형물을 보자. 사진...6 '암스테르담'과 'I am Sterdam'의 중의적 표현을 한 것도 센스 있지만 글씨 자체를 조형물로, 때로는 벤치로, 포토존으로 이용하는 사람들의 다양한 행태가 더 정겹다. 이곳은 도심의 대형 광장 역할을 하는 공간으로, 그 규모에 비해 가로 시설물이나 편의 시설물이 왜소하고 부족한 곳이다. 덩그러니 비어 있는 아스팔트 광장은 보행자들을 담아내기 무척 힘든 공간이었다. 그러나 경제적이고 기발한 아이디어로 방치된 도시의 한쪽을 순식간에 보행자 천국으로 바꾸어놓았다.

영국 리버풀의 앨버트 독처럼 암스테르담과 쾰른의 중간적 도시재생 방식을 취하는 경우도 많다.사진...6 기능을 다한 항구의 대형 구조물과 건축물을 그대로 보존하되 내부 기능, 외관의 극히 일부만을 리모델링하여 미술관, 카페, 서점, 문화 휴식공간 등으로 활용하고 있다.

앨버트 독은 건축문화유산 보존과 창조적 도시재생이라는 두 마리 토끼를 모두 얻어 시민에게 훌륭한 자산으로 돌려주었다. 물론 박제되어 있던 공간이 현대적 공간으로, 시민의 일상으로 돌아오는 방식이 결코 평범하지는 않았을 것이다. 오래된 기둥에 거창한 제스처 없이 기둥색을 빨강과 검정으로 바꾸는 간단하지만 기발한 아이디어만으로 마치 흑백사진을 컬러사진으로 바꾼 듯한 효과를 냈다. 영화감독 빔 벤더스(Wim Wenders)가 〈베를린 천사의 시〉에서 유사하지만 서로 다른 두 공간을 색의 유무로 창조했듯이.

공간주권은 이렇게 때로는 엉뚱하지만 다양하고 진지한 고민을 통해 회복될 수 있다. 단 모든 경우의 진정한 공간적 성과는 경제성, 기능성, 시민의 요구 등을 만족시키는 착한 아름다움(眞)만으로는 보장할 수 없다. 사례에서 알 수 있듯이 어느 정도 절대적 아름다움(美)을 기반으로 하지 않는다면, 회복된 공간의 가치는 시간이 지나 해당 장소의 상징적·장소적·역사적 의미를 사람들이 잊어갈 때 즈음 함께 퇴색하고 만다.

때로 도시 속 공간은 무명화가의 캔버스가 되기도 한다.사진...7 도시와 인간

7...무명화가와 캔버스(좌), 영국 뉴캐슬 강변의 공단 풍경(우).

자화상 사이의 모호한 경계는 공간주권의 본질에 대한 화두를 던진다. 사용자의 행위가 없는 공간은 그림 속 정물일 뿐이다.

다른 사진은 자전거 도로에서 바라본 영국 뉴캐슬 강변의 공단 풍경이다.사진...7 야간에 슬럼화될 수 있는 공업단지 한쪽이 간단한 조명장치로 해질 무렵 오아시스 같은 쉼터로 바뀌었다. 치열한 일터인 공장이 작은 배려로 자신만의 색을 갖는 휴식의 장과 아름다운 풍경을 갖게 되었다. 가로경관은 단순한 기능공간을 넘어 때론 관조하고 사유할 수 있는 공간이 될 때 비로소 사람냄새나는 낭만적 경치가 될 수 있다.

공간주권 회복을 위한 또 다른 화두, 보존과 재생의 단서는 지역성·역사성을 기반으로 이용자의 창발적 행위를 자극할 수 있는 일종의 멍석을 깔아주는 것이다. 또한 그 멍석은 조건 없이 단순한 아름다움(美)이어야 오랜 생명력을 담보할 수 있다.

8...프랑스 파리 에펠탑의 야간조명(위, 좌), 오스트레일리아 시드니의 오페라하우스(위, 우), 스페인의 발렌시아 과학관(아래, 좌), 미국 뉴욕 자유의 여신상(아래, 우).

3. 공간주권 표현의 또 다른 방식, 도시브랜드

공간주권을 표현하는 가장 손쉽고 효과적인 방식으로 도시의 상징물 조성, 이니셜이나 로고 개발 등 도시브랜드화를 들 수 있다. 도시 랜드마크를 연상하면 좀 더 이해하기 쉽겠지만, 엄밀히 따지면 도시브랜드는 랜드마크를 포괄하는 좀 더 상위의 개념이다. 도시브랜드를 표현하는 하나의 수단으로 랜드마크가 사용될 수 있지만, 랜드마크만으로 '환경수도 창원'과 같은

그림 8-1 / **세계 도시의 브랜드와 창원시 도시브랜드 도출**

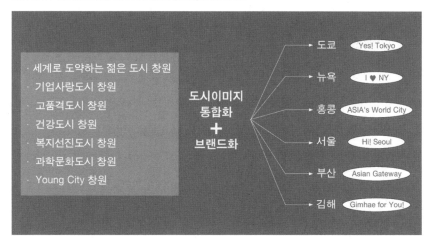

도시의 추상적 브랜드를 포괄하기는 힘들기 때문이다. 그렇더라도 도시 랜드마크는 도시공간을 대표하는 가장 일반적이고 물리적이며 효과적인 방식이다.

한 도시의 브랜드는 그 도시를 대표하는 힘이다. 매력 없는 건축물은 그 도시의 이미지뿐만 아니라 활력마저 떨어뜨린다. 파리의 에펠탑, 시드니의 오페라하우스, 발렌시아의 과학관, 뉴욕 자유의 여신상은 지역의 역사성이나 시민들 삶의 필연적 결과물이 아님에도 매력적인 랜드마크로서 도시의 핵심공간을 점유하고 긍정적 이미지를 연출하고 있다.[사진…8] 반면 자신들만의 홍보 효과는 강렬했지만 잘못된 이미지 형성으로 역사의 오점을 남기는 경우도 있다. 예를 들면 경복궁에 건축되었던 일본의 총독부와 히틀러의 건물이 그렇다. 해당 건물은 장소와 무관하고 위압적이며 오로지 권력의지와 힘만을 상징하고 있다.

이처럼 도시도 그 공간의 긍정적 이미지 창출을 위해 치열한 경쟁력을 갖추어야 하는 현실을 생각한다면 기업의 전략을 무시할 수 없다.

고객이 기업의 브랜드를 보고 물건을 구매하듯이 도시의 고객은 도시의 브랜드를 보고 도시환경을 구매한다. 시민, 이주자, 투자자, 관광객 등은 상품으로서 도시의 대표적인 고객이다. 그러므로 때론 도시공간을 고객에게 만족을 줄 수 있는 하나의 제품으로 인지하고 도시에 대한 긍정적 이미지를 만들어 상품으로서의 가치를 극대화하는 노력을 해야 한다.

도시브랜드는 시민의 다양한 의지와 비전을 함의해야 하며, 나아가 다른 도시와 차별화되고 효율적이며 인지도가 명료해야 한다. 하지만 도시브랜드 또는 랜드마크가 항상 시민의 정체성을 표현하거나 대변한다고 보기는 힘들다. 상당수 랜드마크는 정치적 관점에서 들어서거나 시민의 삶에 대한 충분한 배려 없이 이익집단이나 선도적 건축가, 예술가 개인의 조형의지로서 표출되기 때문이다. 랜드마크는 도시의 정체성을 쉽게 창조할 수 있다는 유혹이 큰 만큼, 제대로 된 민의의 반영 없이 들어설 경우 공간주권에 대한 돌이키기 힘든 박탈감을 양산할 위험도 크다.

4. 공간주권 회복의 첫 단추: 도시경관계획[1]

도시공간을 시민이 원하는 적재적소에 배치하고 연출하며 도시의 가치를 향상시켜주는 가장 효율적인 방식은 도시경관계획의 수립과 관리이다. 아직까지 한국에서 도시경관계획은 민의를 대변하기 힘든 시스템을 가지고 있

---

1   서유석 · 고인석 · 유진상, 「창원시 도시경관 기본계획 보고서」(창원시, 2007). 도시경관 개념 부분을 상황에 맞게 재정리함.

다. 하지만 지방자치단체가 의무적으로 도시경관 기본계획을 수립하도록
규정한 「경관법」이 제정(2007)된 이후 한국 도시의 위상은 급격하게 개선될
것으로 기대되고 있다.

경관은 일반적으로 '경치(景致)'나 '특색 있는 풍경 형태를 가진 일정한 지
역'을 의미한다. 하지만 경관은 이처럼 물리적 개념뿐만 아니라 관찰자가 일
정한 거리를 두고 관조하는 경우에 보이고 형성되는 심상(mental image)이나
이미지를 포함하는 개념이다. 경관을 체험하고 평가하는 주체가 바로 사람
이고 사람들의 심리적ㆍ생리적 특성이 경관의 형성 과정에 영향을 주기 때
문이다.

따라서 도시경관 역시 물리적 측면에서 보면 자연환경이나 건축물ㆍ공작
물 등의 인공환경을 시각적으로 표현하는 도시의 경치를 의미하지만, 보다
광의의 개념으로는 도시의 사회ㆍ문화 등이 복합적으로 작용하여 거주자에
따라 체득되는 종합적 개념이라고 볼 수 있다.

그렇다면 도시계획과 도시경관계획은 어떻게 다른가. 명확한 구분은 아
니지만, 도시계획은 도시의 하드웨어 조성에 가까운 도시 생성 초기의 디자
인이라고 할 수 있고, 도시경관계획은 이미 조성된 도시의 소프트웨어 보강
과 하드웨어 업그레이드라고 할 수 있다.

도시계획을 통해 도시를 용도별로 특화하여 지역지구(주거지, 상업지, 공업
지)를 정한다. 이후 상하수도를 매설하고 도로를 계획하고 건물군을 조성하
였다면, 도시경관계획에서는 신도시 또는 노후도시를 관리하거나 이미지를
연출하고 부족한 하드웨어나 프로그램을 보강한다. 때론 채색이나 화장을
하고 조명을 통해 부정적 이미지를 극복하거나 긍정적 이미지를 부각시켜
도시의 가치를 높이기도 한다.

한편 경관은 인공성 여부에 따라 자연경관과 인공경관으로 구분할 수 있

는데, 도시경관은 농촌경관과 함께 인공경관이라 볼 수 있다. 도시경관은 시각적으로 지각되는 도시의 모든 물체와 공간의 배치, 형태, 구성, 외관, 색채 등을 중시하는 타운스케이프(Townscape)와, 단순히 보이는 경치라는 차원을 넘어서 도시활동과 시민생활, 도시의 심리적 환경 등 눈에 보이지 않는 영역까지 포함하는 어번 랜드스케이프(Urban landscape)라는 용어로 구분하여 사용되기도 한다.

도시경관계획은 도시 내에서 경관이라는 문화적 · 물리적 요소를 계획적으로 조성 혹은 관리하기 위한 수단이다. 따라서 도시경관계획은 물리적 · 도시적 관점에서 보면 도시계획의 전제가 되는 계획이다. 도시경관계획을 통해 밀도나 고도 제한, 각종 도시인프라에 대한 컨트롤, 도시의 어메니티(amenity) 향상과 관광자원화 등을 실현할 수 있다.

또한 도시경관계획은 물리적 · 문화적 요소를 조성하거나 관리하기 위한 수단이므로 도시라는 거대 스케일의 특성상 오랜 시간에 걸쳐 서서히 변화되며, 이는 도시경관계획이 불가피하게 장기적인 플랜이 될 수밖에 없음을 의미한다. 일본이나 유럽 여러 도시의 사례를 살펴보면, 도시경관계획의 가시적 성과를 느끼기 위해서는 최소한 20~30년, 심지어 100년 이상의 장기적 관리가 필요하다.

이와 같은 관점에서 보면 도시경관계획은 도시기본계획의 정수(精髓)로서, 도시계획이 물리적이고 기능적인 하드웨어라면 도시경관계획은 도시의 미와 쾌적성에 집중하는 소프트웨어가 된다. 아무리 성능 좋은 컴퓨터라도 좋은 소프트웨어가 뒷받침되지 않으면 무용지물이듯이, 도시 또한 아무리 넓은 도로와 많은 녹지를 갖추고 있더라도 이들을 조화롭게 구성하지 못한다면 관광요소로 활용하기 어렵다.

이처럼 도시경관계획이 추구하는 이상과 목표는 전체적인 경관에 대한

그림 8-2 / **경관자원 현황 및 문제점 조사 예시(창원 도시경관 기본계획, 2007)**

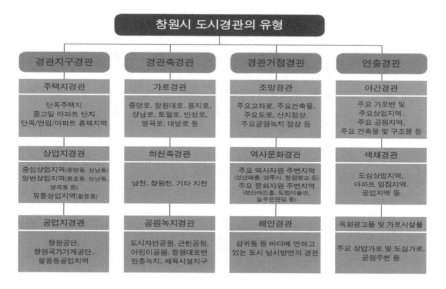

그림 8-3 / **도시브랜드 도출 및 도시경관관리 주제와 방향 예시(창원 도시경관 기본계획, 2007)**

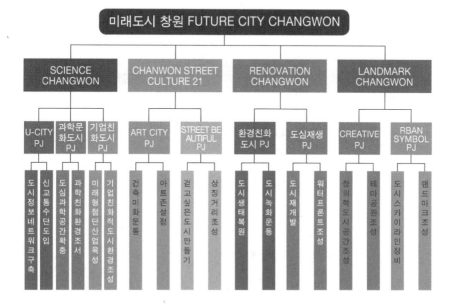

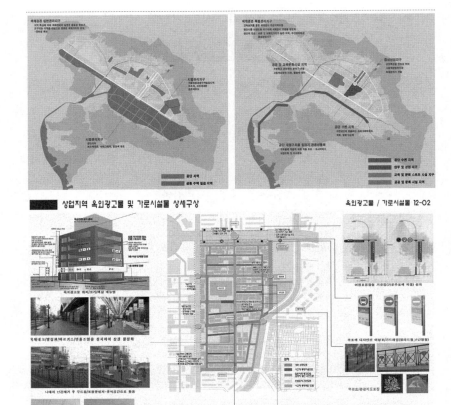

9...경관계획 기본 구상안 제안(개발/보존, 일반관리/특별관리구역 등 제시)(위), 특정지역 상세 구상안 제안(중심상업지역 보차분리체계, 광고물 및 가로시설물 정비 예시)(아래).

마스터플랜 아래 상징거리 조성, 도시 랜드마크 조성, 밀도와 고도 규제, 시가지 조성 기준, 차 없는 거리계획, 구상권 재생 등의 결과물로서 구체적으로 실현된다. 도시경관계획이 성공하기 위해서는 무엇보다도 수준 높은 시민의식이 중요하며, 시민의 합의를 바탕으로 한 적극적인 참여와 행정의 일관성 및 추진력이 뒷받침되어야 한다. 도시경관계획의 가장 중요한 방법론인 '합의'와 '참여'는 우리가 도시경관계획을 공간주권 회복의 첫 단추로 간주해야 하는 이유이기도 하다.

도시는 역동적으로 살아 숨 쉬는 곳이다. 도시는 많은 사람들이 모여 사는 장소로서 활기, 다양한 편의시설, 젊음, 교통 체증, 오염, 범죄 등 긍정적 이미지와 부정적 이미지가 혼재되어 있다. 도시경관관리는 이러한 혼재된 이미지 중에서 긍정적 이미지는 최대화하고 부정적 이미지는 최소화하는 작업이라고 볼 수 있다. 즉, 도시경관관리는 도시환경의 시각적 질과 관련하여 독특하고 개성 있는 경관자원을 찾아내어 보전할 뿐만 아니라 기존의 불량한 경관을 개선·발전시키는 한편, 새로이 조성되는 경관을 바람직한 방향으로 유도하는 것(경관관리)까지를 포함한다.

도시경관계획에 대한 비전문가의 이해를 돕기 위해 계획의 주요 절차를 열거하고 필자가 계획가로 참여한 창원시의 예를 들어보았다.

① 경관자원의 유형과 문제점 조사 후 도시 이미지를 통합한 브랜드 추출

② 도시경관관리의 주제와 방향 제시

③ 도시경관계획 기본구상안 제안(개발/보존, 일반관리/특별관리구역 등 제시)

④ 특정지역 상세구상안 제안(차 없는 거리, 광고물 특별관리, 문화유산 재생 등)

⑤ 경관계획의 이해를 돕기 위한 계획 전후 시뮬레이션

⑥ 하드웨어(공간조성)와 소프트웨어(공간관리, 문화 등) 융합 방법 제시

10...경관계획의 이해를 돕기 위한 계획 전후 시뮬레이션으로 지하보도 정비 전(좌), 지하보도 색채 정비 후(우). 벽면 전체를 장악하는 자연친화형 슈퍼그래픽 사용, 기둥은 원색을 이용하여 생동감 있는 리듬 부여, 천정은 어두운 색으로 상대적 안정감 부여(유진상, 2007).

도시경관관리는 시민 생활환경의 질적 수준을 높이는 것을 목표로 하며, 시민의 생활환경과 관련 있는 자연환경이나 건축물·공작물 등의 인공환경을 관리 대상으로 하는 물리적 측면은 물론, 사회경제적 측면과 문화적 측면 등이 모두 포함된 종합적 행정이다.

이는 도시 전문가나 행정 공무원이 아닌 모든 시민의 적극적 참여와 관심 속에서 보다 효율적으로 이루어지므로, 도시경관의 관리는 자발적인 주민 참여를 유도하는 동시에 체계적인 도시경관관리를 위한 행정적, 실무적 방법과 지침이 제시되어야 한다.

도시경관을 효율적으로 관리하기 위한 방법으로는 도시관리의 원칙을 수립한 후 규제하는 방식, 공공부문 사업 위주로 시범사업을 우선하는 공공투자 우선 방식, 다양한 제도적 뒷받침을 통한 민간 유도적 관리 방식, 문제 지역에 대한 규제 위주의 관리 방식 등이 있다.[2]

---

2 「서울시 도시경관 관리방안 연구(I)(II)」(서울시정개발연구원, 1993, 1994).

표 8-1 / 하드웨어(공간조성)와 소프트웨어(공간관리, 문화 등) 융합 방법 예시

구분		위치	주체		사업단계			비고
경관 유형	사업명		공공	민간	1	2	3	
경관 지구 경관	주택지 경관	단독주택지 가로환 경 개선 시범사업	팔용동	o	o	o			· 담장 허물기, 주택 내부 주차공간 유도, 소규모 커뮤니티 형성/시범사업 후 확 대
		학교 주변 주거지환 경 개선 시범사업	팔용동	o		o			· 학교 공원화, 안전한 등굣길 조성/시범 사업 후 확대
		주택지 하천 정비 시범사업	팔용동, 남양동 가음정천	o			o		· 하천 접근성(보행전용로화), 친환경성 개선에 공원 활용/시범사업 후 확대
	상업지 경관	경관 개선 우수마 을 인센티브사업	주거지, 준주거지	o	o		o	o	· 시민의 자율적 참여 기회 확대
		차 없는 거리 조성 시범사업	용호동, 중앙동, 상남동	o	o		o	o	· 보행자 전용 쇼핑, 식당가 정비 · 일반상업지역 내 차 없는 거리 세 곳 조 성
		가로형 쇼핑가로 조성사업	상남동	o	o	o	o		· 보차 공존형 쇼핑, 식당가 정비 · 일방통행, 시간제 차량 제한 가로 조성
		창원 아트존 조성사업	용호동	o			o	o	· 성산아트홀, 용지공원, 용호상업지역을 연계 문화예술공간 조성
	공업지 경관	공업지역 가로환경 개선 시범사업	공단로, 적현로	o	o		o		· 옹벽 녹화, 원색의 통합가로등, 차폐식 재, 담장 개선, 해안공업지역 절개면 녹 화 - 우수 사례 선정/시범사업 후 확대
		공업지역 진입부 조성사업	창원 대로변	o			o		· 주요 진입부 가각공원 조성, 조형물 설치 · 창원대로변 공단부 차폐식재 밀식

　　지금까지는 규제 위주의 관리 방식을 취함으로써 경관관리의 접근 방식이 경직되고 단순화되었다. 앞으로 도시공간을 공공의 장소이자 우리 혹은 나의 장소로 간주하면서 경관관리의 효율성을 도모하기 위해서는 도시경관관리를 제도화하되 계획에 관리자 · 사용자 · 전문가를 함께 참여시켜야 한다.

5. 파리에서 배우는 도시재생[3]

한국의 도시는 지금 경제적 성장과 양적 팽창을 잠시 멈추고 도시의 질적 성장을 고민하는 중요한 전환점에 와 있다. 도시기반시설을 계획하고 새롭게 상업, 주거시설을 개발하는 등의 기본적 하드웨어투자보다는 기존의 도시를 재활용, 재생하고 도시경관계획을 통해 도시를 이미지 메이킹하거나 영화처럼 연출하는 등 또 다른 차원의 창조적 실험대에 서 있는 것처럼 보인다.

특히 「경관법」이 개정(2011)되면서 도시공간의 질적 성장에 대한 고민이 더욱 구체화되고 있다. 지방자치단체에서는 앞다퉈 도시경관계획을 수립하고 대규모 공공문화공간, 공공디자인을 개발하는 등 새로운 도시를 창조하기 위해 노력하고 있다. 하지만 관성처럼 따라오는 개발 논리, 급조된 디자인, 전시행정이라는 오명 등 오히려 불량경관을 양산하는 경우도 적지 않다.

이하에서는 파리 도시재생(정비) 프로젝트 책임 건축가로 수년간 활동한 미켈로니 교수와의 좌담 내용(2010.11.29)을 정리하여 소개한다.[4] 되도록 좌

---

3 필자와 미켈로니(Pierre Micheloni) 교수의 도시재생 관련 좌담을 요약 재정리, 파리벨빌국립건축대학 IPRAUS(파리벨빌건축대학 소재, 파리 도시건축 연구소), 2010.11.29. 미켈로니 교수는 파리시 도시설계원에서 파리 도시정비 프로젝트 책임 건축가로 활동하며 최근까지 벨빌국립건축대학의 교수로 재직했다. 대표작업으로 ZAC Paris Rive Gauche(파리 리브고슈 협의정비지구), ZAC Reuilly(뢰이 협의정비지구), ZAC Bercy (베르시 협의정비지구), 포르트 들라 샤(Porte de la Chapelle) 지역 재정비계획, 베르시 샤랑통(Bercy-Charenton) 지역 재정비계획 등이 있다. 협의정비지구는 도시정비가 필요한 특정 지역의 시민, 파리시, 건설업체, 도시건축 전문가로 구성된 협의체로 각자의 의견을 수렴하고 실제 사업에 반영하는 지구를 말한다.

4 ≪경남도민일보≫, 2011년 1월 3일 자, 신년특집기사를 윤색하여 수록함.

담 형식을 그대로 살려 필자와 미켈로니 교수의 창조적 도시재생에 관한 생각을 독자가 객관적으로 이해하도록 하였다.

유진상 : 한국의 경우 도시재생과 재개발의 개념, 관련 부서도 비교적 확실하게 구분이 되어 있는 반면 각각의 역할은 모호한 경우가 많습니다. 하지만 프랑스에서는 도시재생과 재개발의 개념 자체를 구분하지 않는 것 같습니다. 프랑스에서 도시재생과 재개발의 관계는 어떤 것인지요?

미켈로니 : 프랑스에서는 엄밀하게 말해 재생, 재건, 재개발의 개념이 따로 분리되어 있지 않다고 봅니다. 왜냐하면 어떤 종류의 재개발도 기존 도시가 가지고 있던 장소적 가치를 최대한 존중하면서 진행되기 때문에 설령 그것이 대규모 재개발이라도 완전히 새로 창조되는 것은 없기 때문입니다.

최근 저희 파리의 창조도시 개념을 벤치마킹하는 도시가 많습니다. 하지만 방문객 수는 많지만 상대적으로 작은 도시, 적은 시민(파리는 서울 면적, 서울 인구의 1/5)으로 구성되었다는 특수성을 감안하여 도시재생 방식을 일방적으로 벤치마킹하는 것은 주의할 필요가 있습니다.

특히 파리의 경우 외곽순환도로라는 명확한 경계가 존재하고 그 내부중심부는 어떠한 형태로 재개발되더라도 개발 수요가 상존하여 그 장소의 이용률이 매우 높습니다. 이처럼 투자비용 회수에 대한 걱정에서 비교적 자유롭기 때문에 공공, 문화공간 창출 방식도 다른 도시에 비해 적극적입니다. 반면 역사성이나 장소적 가치의 보존에 대해서는 철저하리만큼 보수적, 원칙적이라고도 할 수 있습니다.

유진상 : 파리시도 처음부터 도시관리에 성공했던 것 같지는 않습니다. 파리의 도시재생 방식과 과오(성과와 개선점?)를 간단하게 소개해주시기 바랍니다.

미켈로니 : 파리의 주요 도시재생은 대부분 도심 속 이전 적지(도심 속 공장,

저장고, 폐선 부지 등을 이전하여 비우는 장소)를 중심으로 진행되었습니다. 이때 가장 중요한 원칙은 장소의 역사성과 공공성을 중심으로 재생, 재개발을 한다는 점입니다. 이것이 파리의 모든 도시재생 프로젝트의 출발점입니다. 그다음은 자동차를 줄이는 방법을 강구하는 것이고 이후 도시기반시설을 정비하게 됩니다. 이러한 원칙과 계획 순서는 '무엇을, 누구를 위한 도시재생'인가라는 측면에서 매우 중요합니다. 물론 파리도 처음부터 만족스러운 도시관리가 이루어졌던 것은 아닙니다. 1950~1960년대에 파리에서는 기존 도시 시스템을 뒤집는 미숙한 형태의 전면 철거식 재개발(Plan d'urbanisme directeur: PUD. 재개발지구를 지정하여 전면 철거 후 재개발하는 것을 가능하게 한 법제도)이 성행했습니다.

1970년대 중반부터 시민의 비판이 도시관리에 개입되기 시작했고, 도시조직, 공공공간, 외부공간의 질적 문제를 고민하기 시작했습니다. 또한 지구별로 용적률을 차별 적용하여 밀도를 조절하는 토지이용계획을 법제도적으로(Plan d'Occupation des sols: POS) 고민하기 시작합니다. POS법제도는 지구별 건축물의 높이 제한, 용적률 제한, 건축선 지정 등의 원칙을 통해 파리의 전통적 도시경관을 회복, 보존하는 데 일조했다고 생각합니다.

예를 들어 우리는 상업지역에 주거 등 다양한 용도를 섞는 것을 허용하여 야간에 도시 중심이 공동화되는 것을 방지했고, 또한 가로, 블록, 필지, 연속적 도시경관 등 기존 도시 구조가 파괴되지 않도록 개별 건물의 자율성을 제한하였습니다. 대신 고층을 지을수록 도시 밀도가 낮아지도록 설정하여 도심의 비어 있는 공간에는 철저하고 충분하게 시민들이 공공, 문화공간을 만끽하도록 배려하였습니다. 물론 이것이 절대로 고층을 마음대로 지을 수 있는 것을 의미하는 것은 아닙니다.

유진상 : 시민의 영향력, 그리고 파리 시민이 자긍심을 갖는 공공, 문화공간

11...산업건물을 리모델링한 파리 리브고슈 도시재생지구(좌), 와인저장고와 철도폐선을 보존, 창조적으로 재사용한 파리 베르시 도시재생지구(우).

의 생성 요인에 대해 좀 더 구체적으로 설명해주시기 바랍니다.

미켈로니 : 파리는 도시관리 시 시민의 입김이 매우 셉니다. 예를 들어 거주자조합의 경우가 그렇습니다. 특히 도시재생협의체가 있어 관, 시민, 전문가, 건설 주체가 모여서 수십 번의 토의를 합니다. 의견 취합을 반복하면 시민에게 '당신의 프로젝트'였던 것은 바로 '나의 프로젝트'가 되고 공동의 책임의식이 생기게 됩니다.

도시의 성격은 시민의 의식 변화에서 기인하는 바가 큽니다. 예전에 파리 시민은 자동차로 도시외곽으로 나가 삶을 향유하는 것에 관심이 많았습니다. 하지만 현재는 라이프스타일의 변화로 시민이 파리 시내에서 더 많은 시간을 보내기를 원하게 되었습니다.

이 같은 의지는 바로 시정책에 반영되었습니다. 파리시는 시민이 이동을 줄이고 파리 시내에서 공공공간, 삶의 여유를 향유하도록 용도별 조닝(zoining) 개념, 직장과 주거를 분리하는 개념 등을 약화시키고, 도심의 비어 있는 공간에는 무엇보다도 우선적으로 공공, 문화, 공원시설을 공급하였습니다.

그리고 파리시 마레지구와 7구의 일부분은 보존지구(secteur sauvegargdé)로 지정하여 지방자치단체가 아닌 국가 차원의 보존과 관리계획(PSMV)을 수립하였습니다.

유진상 : 때로는 도시에서 정통과 역사성을 가지는 장소가 시민의 자율권보다 우선함을 의미하는 것으로 이해됩니다. 교수님이 강조하시는 도시의 장소성, 역사성에 대해 질문드리겠습니다. 예를 들어 파리 베르시지구는 '포도주 저장고'라는 역사를 보존하면서 도시를 재생할 수 있었습니다. 하지만 변변한 역사적 건물이 적었던 센강 반대편의 파리 리브고슈(철도역사 재생)에서도 역사성을 찾을 수 있을까요? 그리고 무조건 공공공간의 중요성을 강조하다 보면 투자가치 회수 문제에 대한 딜레마에 빠질 수 있습니다. 이러한 현실적 문제의 해법도 아울러 설명 부탁드립니다.

미켈로니 : 그렇습니다. 장소성은 시민의 자율권보다 우선할 수도 있습니다. 우선 두 경우는 규모가 다릅니다. 베르시지구에는 나무, 공원, 도로의 역사가 존재했고, 현재는 정원, 시네마, 호텔, 거주지, 스포츠센터의 기능이 들어섰습니다. 역사는 존재하지만 원래 기능은 대체된 것입니다. 특히 와인저장고는 파리시가 소유권자였기 때문에 보존이 가능했습니다.

서두에 말한 것처럼 파리 내부에는 개발 수요에 비해 가용지가 상대적으로 적기 때문에 개발 시 위험성이 적습니다. 그래서 공공공간을 많이 할애하는 도시재생 재개발이 가능합니다.

질문한 것처럼 얼핏 옛것이 없어 보이는 리브고슈지구에도 3개의 산업건물(공장, 대형 제분소, 아틀리에)이 있습니다. 하지만 전체 규모로 보면 사실상 역사적 건물의 존재는 매우 미미합니다. 그래서 우리는 예전 기찻길 위에 새로운 도로를 만들고 그 큰길을 중심으로 가지 치듯 옛 파리와 새로운 파리, 그리고 주변지역을 연결하는 작은 길들을 냈습니다. 즉, 철도를 역사성으로 간주하고 거기에 새로운 가치를 부여한 것입니다. 물론 앞서 언급한 산업건물도 보존하되 내부를 리모델링하여 사용하였습니다.

유진상 : 파리시는 도시 재개발에 따른 후유증은 없는지, 그리고 역사성 이외의 별도의 도시재생 기준이 있는지요?

미켈로니 : 파리 시내에는 230만 인구가 있습니다. 하지만 일부 구역에 대규모 주거단지를 재건축해도 인구의 이동이 거의 없고, 새 거주지에는 원주민이 거의 정착하기 때문에 갈등의 소지가 별로 없습니다. 파리 주변에도 물론 낙후지가 있었지만 제2차 세계대전 이후 복구 과정에서 자연스럽게 재개발되었습니다. 또한 우리는 규모 있는 도시재생, 재개발은 거의 항상 비어 있던 곳, 즉 이전 적지를 이용하였습니다.

유진상 : 파리시의 경우 일반적으로 APUR(파리시 도시재생 총괄)에서 도시재생 또는 재개발 기본계획을 짜고, 약 50% 지분을 가진 민간, 개발회사 (société d'économie mixte: SEM, 민간협동개발공사)가 계획을 시행하는 데 문제는 없는지요?

미켈로니 : 아무 문제가 없습니다. 개발회사가 땅을 매입한 후 인프라를 먼저 구축한 후에 재판매에서 분양까지 책임집니다. 이 점은 다른 도시와 다른 점입니다. 한 예로 한국의 경우 공동주택단지를 먼저 짓고 주변 공공, 문화시설, 공원 등이 거주자들의 입주 후에 구축되는 경우가 많은 것으로 알고 있습니다. 우리에겐 상상하기 힘든 일입니다. 공동의 공간, 공공공간의 구축이 우선입니다. 최근에는 공모전을 거쳐 도시를 재개발하는 방식도 많이 채택하고 있습니다. 하지만 이처럼 스타급 건축가에게 일방적 기대를 하기보다는 파리시나 개발회사에서 도시 맥락을 먼저 생각하도록 기획을 해주어야 합니다. 물론 파리에도 아랍문화원이나 퐁피두센터처럼 스타급 건축가에 의해 유명해진 곳이 있습니다. 하지만 장기적으로 보면 도시 맥락, 재생 측면에서 연결성이나 유기성이 떨어지는 경우가 많습니다.

유진상 : 이번 좌담을 통해 도시 스스로 가지고 있던 독자적인 정체성을 회복하고 보존하지 않으면 어떠한 개발 논리도 결코 창조적일 수 없다는 교훈을 얻었습니다. 한국의 어느 도시도 결코 파리 같을 수 없고 파리이어서도 안 되는 것 같습니다. 도시에 우리의 일상과 기억을 투영하되 파리시의 인내심과 여유를 배워야 할 것 같습니다.

6. 좋은 도시공간은 '시민의 일상'을 담는다

모든 장소, 모든 사람은 자신만의 정신, 색, 정체성을 보장받아야 한다. 이 화두는 어떠한 이즘(ism)이나 정치적 공공성보다 고귀한 가치이며 눈높이 문화의 근간이 된다.

물론 자유의 여신상(파리, 뉴욕)처럼 때로는 더 큰 공익을 위해 성격이 서로 전혀 다른 장소에 유사한 공간을 제공해야 할 때도 있다.[5] 하지만 사회, 문화, 인문, 자연환경이 다른 각각의 장소에 공통의 가치나 공간을 적용하는 일만큼 어렵고 조심스러운 일은 없다. 피터(Peter)에게 김치를 강제로 먹일 수 없듯이 철수에게 치즈를 강요하기는 어려운 것이다.

우리는 이를 '공간주권(공간의 주인 될 권리)'이라 칭한다. 공간주권은 물리적 대상이 꼭 그 자리에 있어야 할 당위성과 그 공간을 사용하는 인간 의지의 결합을 말한다.

....

5   1886년 프랑스는 미국과의 우호관계를 위해 미국 독립기념일에 거대한 자유의 여신상을 선물로 보냈다. 센강에 있는 자유의 여신상(22미터)은 프랑스혁명 100주년인 3년 후에 뉴욕시로부터 선물 받았으며 뉴욕을 바라보고 있다.

12...한국 도심의 길거리 장(난장, 좌), 프랑스 도심의 길거리 장(상설장, 우).

한국 농촌의 정자나무는 마을과 주변 논밭의 형질과 형태를 지배한다. 정자나무와 마을에 내재된 기억과 거기서 비롯되는 '터무니(장소의 무늬)'의 운치 있는 골목길과 밭고랑 선은 보는 이의 마음까지 여유롭고 기쁘게 한다.

중동지방 사막 속 집합주택들은 일견 무질서하고 답답해 보이지만 그 안에 담겨 있는 문화, 장소적 필연성은 너무나 자연스럽고 아름답다. 적의 침입에 대응하기 위해 골목을 없애고 대신 주민만이 아는 길을 지붕에 둔 그들만의 삶의 흔적이 마을 배치에 고스란히 반영되어 있기 때문이다. 이처럼 공간은 자신의 삶과 밀착되었을 때, 거창하진 않지만 아름답다.

다른 사례를 살펴보면 한국 도심의 길거리 장과 프랑스의 길거리 장에서 자국민들은 아련한 향수와 친근감을 느낄 것이다.^{사진...12} 혹자는 보행의 불편함과 불량경관 양산 등 부정적 이미지를 연상할 수도 있다. 옳고 그름을 논하기는 어렵지만 좀 더 유심히 살펴보면 두 장터가 서는 방식의 차이에서 공간관리에 대한 해법을 찾을 수 있다.

우선 한국의 길거리 장은 불법이지만 묵인된 공간이고 프랑스의 길거리

장은 합법적 공간이라는 점이 다르다. 보행자와 주변 상가 주인의 눈치를 보며 이리저리 피해 배치된 한국 난장의 파라솔이 애처롭다. 난장 상인이 당당하게 공간주권을 행사하기는 쉽지 않아 보인다. 우리네 장터가 유난히 삶의 애환을 표현하는 장소로 자주 인용되는 이유인지도 모르겠다.

반면 프랑스의 길거리 장터에서는 여유로움과 당당함, 질서정연함이 느껴진다. 질서정연함의 본질은 해당 장소의 특징에 대한 철저한 분석과 기획, 즉 이미 준비된 건축 장치에서 비롯된다. 프랑스의 합법적 장터공간(정해진 일반도로)에는 누구든지 동일 규격으로 미리 준비된 천막과 기둥을 설치할 수 있도록 되어 있다. 더 많은 공간을 점유하기 위해 서로 다툴 필요도 없고, 어느 곳에 천막을 설치해야 할지 우왕좌왕할 필요도 없다. 상인과 시에서 스스로 합의하여 정해놓은 일정 시간(약 8~13시, 주 2회)이 지나면 장터는 거짓말처럼 일상의 도로로 환원된다.

이처럼 빠르고 융통성 있는 공간 전환이 잘 준비된 건축 장치만으로 가능해진 것은 아니다. 장터로 활용되는 가변천막 뒤쪽에 상인 각자의 트럭을 정차하도록 배려하여, 신속한 공급과 수거시스템을 인위적으로 제공했기 때문에 가능한 일이다. 장소의 정체성을 감안하는 공간 조성도 중요하지만 섬세한 관리의 묘를 살리는 일 또한 중요하다.

좀 더 규모 있고 흥미로운 사례로 베네치아의 산마르코 광장을 들 수 있다.^{사진...13} 이 광장은 시를 상징하는 중심 건물이지만 화려하지 않으며, 광장을 포함한 주변 건물들은 종교, 정치, 시민의 삶, 그리고 역사가 하나로 축적되어 공간적 가치를 갖는다. 눈여겨보면 광장을 에워싸고 있는 정부청사 건물이 광장 주변 주택과 동일 색과 재료, 유사 규모의 입면을 취하며 융화되고 있고, 광장 반대편의 성당과 궁궐조차도 개구부의 크기와 위치, 규칙 등을 주변 공간에 적응시키려 했음을 알 수 있다. 이 역사적 공간은 왕의 권

13...베네치아의 산마르코 광장(위), 전통유리공예(아래, 좌), 수상도시 베네치아의 상업을 부흥시켰던 곤돌라(아래, 우).

력, 신의 권력 표현이 아닌, 철저하게 주변 시민의 삶 속으로 용해되려 한 의지의 산물로 시민에게 사랑받고 있는 것이다.

물론 도시공간이 잘 갖춰진 물리적 하드웨어로만 성공한 것은 아니다. 베네치아를 거닐어보면 그들 삶의 일부였고 경제적 버팀목이었던 전통유리공예품, 곤돌라(관광용 나룻배),[사진...13] 가면무도회 소품 등이 전통건축과 어우러져 창조적 상품으로써 관광객에게 즐거운 볼거리를 제공하는 것을 볼 수 있다.

14...수시로 바뀌는 파리 시청 앞 광장의 이벤트.

　시민의 삶 자체를 담아내는 소프트웨어적 성과는 다른 나라에서도 빛을 발한다. 파리의 시청 앞 광장은 항상 시민에게 새로운 놀이터를 제공하느라 분주하다.[사진...14] 겨울에는 스케이트장, 봄에는 꽃밭, 다른 계절에는 체험 주제가 있는 다양한 행사장으로 시민에게 다가간다. 오스트리아 빈의 시청사 앞은 주기적 클래식 공연으로 관광객의 발길이 끊이지 않는다.

　이들 도시공간의 성공 비결은 일회성·홍보성 행사에 그치지 않고 시민이 주체가 되고 관이 멍석을 깔아주는 형태를 취하는 '진정성'에 있다. 좋은 도시공간의 가치, 즉 공간주권은 이렇게 엉뚱하지만 다양한 방식으로도 회복될 수 있다. 단, 해당 공간 속에 몸담고 있는 시민의 삶을 기반으로 하지 않는다면, 공간의 가치는 시간이 지나 해당 장소의 상징적·장소적·역사적 의미를 사람들이 잊어갈 때 즈음 함께 퇴색한다.

7. 주도적 공간 찾기

최근 한국사회의 "잊힌 저변문화 공간"을 되찾으려는 시도도 고무적이다. 동네하천 체험행사는 물리적 방식으로 생태하천을 복원하던 방식을 넘어 주민의 의식변화를 먼저 유도하고 있다. 한 예로 창원시의 봉림동 주민자치회에서는 주택가에 아무렇게나 방치된 하천에 생명력을 불어넣기 위해 7년 전부터 썰매타기 체험장을 운영했다.

다른 예로 진주시 강남동 지역의 골목길 유등달기 행사가 있다. 관 주도로 이루어지는 진주 남강의 유등축제와 달리 이 행사는 시민이 자신들의 골목에 작품을 자발적으로 설치하여 공간 가치를 회복하고 있다는 데 주목할 필요가 있다. 유등축제 기간 자신들의 정체성을 표출하고 마을 경제를 회복하기 위해 대문 사이에 동네 역사가 담긴 사진을 걸고 유등을 밝혔다. 반응은 매우 뜨거웠다. 와자지껄한 축제 분위기를 싫어하는 관광객들이 차분한 골목길로 몰렸고 주민들은 자존감을 찾았다.

비슷한 사례로 진주시 대안동의 '골목길 아트페스티벌'을 들 수 있다. 대안축제를 통한 주체적 공간 찾기의 모범 사례라 할 만하다. '골목길 사람들'이라는 지역문화예술인이 주축이 되어 골목길에서 전시와 공연, 골목장터, 골목길 콘서트를 4년째 개최하고 있다. 주민 참여는 기본이고 경상남도와 진주시의 후원을 이끌어냈다. 최근에는 골목길을 꾸미는 지역민이 부쩍 늘어 소극적 도시재생의 형태로까지 진화하고 있다.

본래부터 존재하던 공간에 상징적 의미를 부여하는 노력도 돋보인다. 창원시 사림동의 평생교육센터와 주민자치센터에서는 '느티나무 아래서 한바탕 여름 축제'를 개최한다. 행사는 동네운동회 수준으로 소박하지만 마을 정자나무인 느티나무와 그 주변공간의 소중함을 각인시키기엔 충분하다.

15...통영 동피랑의 벽화(좌), 2010년 철거된 창원시 사파동의 보리밭(우).

유사 사례로 가장 주목받고 흥행에 성공한 공간은 역시 통영 동피랑이라 할 수 있다.[사진...15] 동피랑은 한때 우리의 기억 속에서 완전히 사라질 뻔했다. 2006년 필자가 통영시 도시경관기본계획을 수립하기 시작할 때 이미 동피랑에는 재개발계획이 진행되고 있었다. 동피랑은 많은 사람들의 눈에 정말 볼품없고 기능이 떨어지는 애물단지처럼 보였다. 우리는 통영시장에게 그리스 산토리니의 사례 등을 들어가며 동피랑의 가치를 피력했고, 동피랑 보존과 개선 방안을 어렵게 경관계획 속에 제안하였다.

이후 우리의 제안은 제도권이 아닌, 실천력 강한 미술운동가들과 시민단체에 의해 점차 현실화되었고, 동피랑은 전국에서 수많은 관광객이 찾는 관광상품으로 거듭나고 있다. 하지만 재개발계획은 여전히 꺼지지 않은 불씨 상태로 보류 중이다.

유사한 사례지만 안타깝게 사라진 공간도 있다. 창원시 사파동[사진...15]의 마을 보리밭[6]은 원래 시유지였다. 그러나 인근에 공공시설이나 공원이 절대

6 창원시 사파동 주택가의 100 × 30미터 규모의 보리밭으로 10여 년간 주민의 오아시스

부족하여, 주민들은 이곳에서 매년 계절별로 야생화를 가꾸고 보리를 심어 보리타작 체험을 하고 막걸리를 마셨다. 즉, 이 보리밭은 마을공동체의 상징 같은 공간이었다. 주민들은 이곳에 조형물을 설치하고 허수아비를 놓거나 시를 전시하여 10여 년 동안 지극한 애정을 표현하였다.

차츰 유명세를 탄 이 공간에는 관광객의 발길도 점차 늘어 지역 명소로 자리 잡았지만, 공론 한 번 없이 어느 한순간에 철거되어 다가구 주택이 들어섰다. 이주민 보상책을 핑계로 시에서 땅을 분양한 것이다. 관리자의 입장도 이해는 가지만 시민을 섬기는 시의 입장에서 최선책이었는지에 대한 아쉬움이 남는 건 어쩔 수 없다.

사적 공간을 공적 공간으로 치환하여 공간소통의 가능성을 열어가는 경우도 차츰 많아지고 있다. 예를 들면 안동 군자마을의 전통주택에서 치러지고 있는 가정음악회, 전시장이나 공연장으로 탈바꿈한 명동성당의 모습, 개인병원의 여유 공간을 갤러리나 작품영화 상영관으로 사용하는 사례 등이 그렇다. 이들은 가장 작은 단위의 주민자치 문화예술운동이자 공간주권 회복 사례라 할 수 있다. 대부분 일반가정이나 사적 공간에서 주민과 함께하는 축제로 시작하였다가 사적 공간을 공공에 개방, 확대, 공유하는 방식으로 진화하고 있다.

주체적으로 공간의 외연을 자유롭게 확대하거나 경계 자체를 두지 않는 방식도 있다. 2008년 창원 친환경건축제의 일환으로 필자가 기획, 추진했던 창원시 자전거 시티투어가 한 예이다.사진...16 차량을 이용해 정해진 코스를 일방적으로 답사하는 투어 방식과 차별화를 시도했다. 시민은 건축 또는 역사 전문가와 함께 자전거로 자신이 살고 있는 지역을 투어하면서 지역경관과

역할을 함.

16..버스가 아닌 자전거로
도시를 관광하는 창원시 자
전거 시티투어.

문화를 이해하거나 재발견할 수 있다.

　지역민과 함께하는 도시공간의 경험 방식은 자신이 살고 있는 도시공간
에 대한 이해와 함께 애정을 가질 수 있는 능동적인 소통 방법의 하나이다.
이 같은 공간주권의 회복 방식은 시민들 스스로 도시의 명소를 발굴하고 경
험하는 방식을 진화시킨다는 자긍심을 고취시키기도 한다.

8. 공간주권 회복을 위한 도시관리법

　공간주권 회복을 위해서는 기존의 도시관리 방식에 대한 간단한 진단이
필요하다. 10여 년간 도시경관계획과 관리계획을 세워온 필자와 공동연구
진들의 고민과 제언을 약술해보았다.

　① 기존 한국의 도시는 최소 요건을 충족시켜야 하는 상황에서 가파른 외연
　　확대를 추구해왔다. 그렇기 때문에 도시경관계획이 아닌 도시계획이 도시
　　관리의 주류를 형성해왔고, 도시공간 확보 방식 또한 관 주도나 하드웨어 측

면의 성장에 집중되어왔다.

② 가시적 격차해소 방안에 집중되기 때문에 모든 곳에 동종의, 적당한 질의 공간이 형성되었다. 동종의 공간을 재생산하는 방법은 효과적으로 시민의 불만을 잠재울 수 있고 매우 경제적 방법이어서 관리자가 미래에 대한 고민 없이 손쉽게 채택하는 방법이 된다.

③ 시민의 삶을 담아낼 사용자와의 소통이 절대 부족하다. 따라서 관련 연구 또한 도시 기능의 효율성 향상이나 하드웨어 확충 방안, 각 도시공간의 특성 별, 장르별 활성화 방안[7]이 주류를 이루었다.

④ 최근 주민 참여·주도형, 문화 공존형 공간 활용에 관한 연구가 미약하나 마 지속적으로 시도되고 있다.

최근 한국의 도시공간관리 방식은 다음과 같다.

① 기업형, 소비형 공간 수요가 주류를 이뤄 공간 형성이 자본시장 원리에 좌 우되었다.

② 5~6년 전부터 도시재생사업의 활성화, 「경관법」 제정과 맞물려 주민 참여, 주도형 공간조성과 활동이 도시문화 창조 방안으로 제시되고 있어 하드웨어(도시공간)와 소프트웨어(경제성, 문화, 예술 프로그램) 간 선융합가능성을 보여주고 있다.

③ 다양한 분야에서 다양한 키워드(아름다움, 유니버설공간과 디자인, 지역

---

7 이는 효율적 도시관리를 위해 근대건축 태동기에 제안되었던 지역, 지구 개념의 연장 이다. 최근에는 지역, 지구, 직주분리 이론으로 인한 도심 공동화 현상 초래 등의 문제 가 제기되어 생태도시, 직주결합, 자족도시에 대한 관심과 연구가 시도되고 있다.

문화, 다문화공간, 스마트공간, 주민 참여와 주도형 공간)로 관리 방식의 전환을 시도하고 있다.

상기했던 다양한 선례와 실험을 바탕으로 공간주권을 회복하기 위한 정책의 가능성을 약술해보았다.

① 체계적·효율적으로 공간 발굴
· 공간 되찾기에 대한 체계적, 연차별계획과 조례 제정 필요(예를 들면 근대문화유산 보호 등)
· 법적 구속력을 갖는 것이 무엇보다도 중요
· 경남도 또는 지역에서 조성하거나 재생하는 공공공간에 시민이 주권을 행사할 수 있는 지원책을 행정적으로 뒷받침해야 함
② 도시경관, 재생 지원협의체 구축
· 공공 차원의 통합협의 체계 구축(1단계): 도시과, 문화예술과, 관광과, 시민문화과, 지역전략사업단 등이 상호공동의 자산으로 간주할 수 있도록 공동파악 및 관리
· 각종 사업의 단계별 추진과 인센티브 개발
· 새로운 공간 구축 시 경제, 문화, 예술 활동 프로그램 지원 병행 명문화
③ 관련 전담부서 설치
· 협의 체계의 일원화를 통해 전담부서 설치
· 도시경관, 재생 관련 '공동 운영 체계' 구축
· 참여형 도시경관, 도시재생 심의기구: 민간 지원에 대한 합리성 검토
· 참여형 도시경관, 도시재생 자문기구: 조언과 상담
· 참여형 도시경관, 도시재생 계획추진기구: 프로그램 개발과 실천성 강화

④ 시민조직 육성

· 도시경관 코디네이터 제도: 시민의 요구 시, 혹은 시민과 행정조직의 협의가 필요한 경우 시 차원에서 위촉된 해당 분야 전문가를 코디네이터로 지정, 자문, 협의 추진

· 기존 자치조직 활성화, 주민단체와 시민 주체 지원, 필요시 전문가 지원

· 주민, 관, 전문가, 시행사로 구성된 추진위원회 도입

· 시민주도형 사업의 홍보 지원

참고문헌

서론

강수돌. 2007.4.14. "이제 '시간주권'을 말하자". ≪한겨레≫.

경향신문 편집진. 2010. "주거의 사회학". ≪경향신문≫. 봄 특집.

고미숙. 2011.10.28. "'투명 가방끈들'의 역습". ≪경향신문≫.

고병권 외. 2007. 『코뮨주의 선언: 우정과 기쁨의 정치학』. 교양인.

고성호. 2012.1.27. 「사회적 역할을 갖는 도시재생 디자인」. 부산발전연구원 부발사랑방모임 발제문.

그리프, 마크(Mark Grief). 2011. 「드럼 서클에 관한 고찰」. 슬라보예 지젝 외. 『점령하라』. 유영훈
옮김. 알에치코리아.

김미월. 2010. 『여덟 번째 방』. 민음사.

김원영. 2010. 『나는 차가운 희망보다 뜨거운 욕망이고 싶다』. 푸른숲.

김향미 · 남지원 · 이혜인. 2011.10.28. "저소득층 월세 연체 증가 임대주택 강제퇴거 속출". ≪경향
신문≫.

김현진. 2011.10.29. "서울의 '여백'을 남겨달라". ≪한겨레≫.

네그리 · 하트(Antonio Negri & Michael Hardt). 2001. 『제국』. 윤수종 옮김. 이학사.

달마이어, 프레드(Fred Dallmayr). 2012. 『다른 하이데거―정치철학의 시선으로 조명한 새로운 하
이데거론』. 신충식 옮김. 문학과지성사.

데이비스, 앤절라(Angela Davis). 2011. 「점령하지 마라」. 슬라보예 지젝 외. 『점령하라』. 유영훈
옮김. 알에치코리아.

두메루, 뱅상(Vincent Doumayrou). 2010.4. "이동의 무한자유를 위해 안정적 주거권을 약탈하다".
≪르몽드 디플로마티크≫.

딘, 조디(Jodi Dean). 2011. 「점령에 대한 착각과 오도들」. 슬라보예 지젝 외. 『점령하라』. 유영훈
옮김. 알에치코리아.

레스닉 · 게센 · 레너드(Sarah Resnick, Keith Gessen & Sarah Leonard). 2011. 「주인공은 경찰이 아니
라 우리」. 슬라보예 지젝 외. 『점령하라』. 유영훈 옮김. 알에치코리아.

매해러왈, 머니사(Manissa Maharawal). 2011. 「일어나라」. 슬라보예 지젝 외. 『점령하라』. 유영훈
옮김. 알에치코리아.

무페, 샹탈(Chantal Mouffe). 2007. 『정치적인 것의 귀환』. 이보경 옮김. 후마니타스.

바버, 벤자민 R.(Benjamin R. Barber). 2006. 『강한 시민사회 강한 민주주의』. 이선향 옮김. 일신사.

바우만, 지그문트(Zygmunt Bauman). 2005. 『액체근대』. 강.

박영택. 2011.6.25. "박영택의 전시장 가는 길 — 공간과의 대화". ≪경향신문≫.

박정수. 2011.3.12. 「수유 + 너머(N) 주최 〈불온한 인문학〉 심포지엄」. 발표문.

박주희. 2011.10.29. "차 마시며 대구 근대문화 음미하세요". ≪한겨레≫.

발렌타인, 질(Gill Valentine). 2009. 『사회지리학: 공간과 사회』. 논형.

버틀러, 주디스(Judith Butler). 2011. 「우리가 몸통이고, 우리가 국민이다」. 슬라보예 지젝 외. 『점령하라』. 유영훈 옮김. 알에치코리아.

부르디외, 피에르(Pierre Bourdieu). 1997. 『파스칼적 명상』. 김웅권 옮김. 동문선.

블랑쇼·낭시(Maurice Blanchot & Jean-Luc Nancy). 2005. 『밝힐 수 없는 공동체/마주한 공동체』. 박준상 옮김. 문학과지성사.

슈미트·테일러·그리프(Eli Schmitt, Astra Taylor & Mark Grief). 2011. 「점령의 탄생, 시위대는 어디에 있는가?」. 슬라보예 지젝 외. 『점령하라』. 유영훈 옮김. 알에치코리아.

슈미트, 카를(Carl Schmitt). 2010. 『정치신학 — 주권론에 관한 네 개의 장』. 김항 옮김. 그린비.

시트린, 마리나(Marina Sitrin). 2011. 「'노'는 하나, 다양한 '예스들'」. 슬라보예 지젝 외. 『점령하라』. 유영훈 옮김. 알에치코리아.

아감벤, 조르조(Giorgio Agamben). 2008. 『호모 사케르: 주권 권력과 벌거벗은 생명』. 박진우 옮김. 새물결.

아우버한트·다알렌(Andre Ouwehand & Gelske van Daalen). 2005. 『가난한 사람들을 위한 부동산개발: 네덜란드의 주택정책과 주택협회』. 주택발전소 옮김. 한울아카데미.

안드레아센·마크스(Bard A. Andreassen & Stephen P. Marks) 편. 2010. 『인권을 생각하는 개발 지침서』. 양영미·김신 옮김. 후마니타스.

오제 아키라. 2012a. 『우리마을 이야기 1』. 이기진 옮김. 길찾기.

_____. 2012b. 『우리마을 이야기 3』. 이기진 옮김. 길찾기.

이와사부로 코소. 2012. 『유체도시를 구축하라!』. 서울다리티 옮김. 갈무리.

장귀연. 2011.10.27. "로자 파크스와 세상을 바꾸는 길". ≪한겨레≫.

정기용. 1993. 「도시공간의 정치학」. ≪문화과학≫, 제3호.

줄레조, 발레리(Valerie Gelezeau). 2007. 『아파트공화국』. 길혜연 역. 후마니타스.

최민섭 외. 2010. 『주거 신분사회』. 창비.

최형익. 2005. 『칼 마르크스의 노동과 권리의 정치이론』. 한국학술정보.

콜로미나, 베아트리즈(Beatriz Colomina) 편. 2005. 『섹슈얼리티와 공간』. 강미선 옮김. 동녘.

페인, 레이첼(Rachel Pain) 외. 2008. 『사회지리학의 이해』. 이원호·안영진 옮김. 푸른길.

포셰, 프레드(Fred Poché). 2010.10.14. 「레비나스 철학에서 이방인에 대한 배려: 환대가 인정에 우선할 때」. 부산대 강연.

푸코, 미셸(Michel Foucault). 1994. 『감시와 처벌: 감옥의 역사』. 오생근 옮김. 나남출판.

프레드먼, 샌드라(Sandra Fredman). 2009. 『인권의 대전환: 인권 공화국을 위한 법과 국가의 역할』. 조효제 옮김. 교양인.

하버마스, 위르겐(Jürgen Habermas). 2000. 『사실성과 타당성』. 한상진 · 박영도 옮김. 나남출판.

하비, 데이비드(David Harvey). 2009. 「도시에 대한 권리」. 김철효 외 옮김. ≪뉴레프트리뷰 2≫. 길.

하용삼. 2012. 「자본의 종교화와 세속화: 사유지로서 해운대」. ≪로컬리티의 인문학≫, Vol. 25.

하이데거, 마르틴(Martin Heidegger). 2008. 『숲길』. 신상희 옮김. 나남출판.

해러웨이, 다나 J.(Donna J. Haraway). 1991. 『유인원, 사이보그, 그리고 여자: 자연의 재발명』. 민경
　　숙 옮김. 동문선.

회, 페터(Peter H ø eg). 2009. 『경계에 선 아이들』. 박현주 옮김. 뿔.

Brenner, Neil and Stuart Elden(eds.). 2009. *State, Space, World: Selected Essays/ Henri
　　Lefebvre*. Minneapolis: University of Minnesota Press.

Bourdieu, Pierre. 1998. *Practical Reason: On the Theory of Action*. Stanford: Stanford University
　　Press.

Elshtain, Jean Bethke. 1981. *Public Man, Private Woman: Women in Social and Political
　　Thought*. Princeton: Princeton University Press.

Fitzpatrick, Peter. 2005. "Bare Sovereignty: Homo Sacer and the Insistence of Law." in Andrew
　　Norris(ed.). *Politics, Metaphysics, and Death-Essays on Giorgio Agamben's Homo Sacer*.
　　Durham, NC: Duke University Press.

Lefort, Claude. 1986. *The Political Forms of Modern Society: Bureaucracy, Democracy,
　　Totalitarianism*. Edited and Introduced by John B. Thompson. Cambridge: The MIT
　　Press.

Low, Setha and Neil Smith. 2006. *The Politics of Public Space*. New York and London:
　　Routledge.

Mitchell, Don. 2003. *The Right to the City: Social Justice and the Fight for Public Space*. New
　　York and London: The Guilford Press.

Okin, Susan Moller. 1989. *Justice, Gender, and the Family*. New York: Basic Books.

Sennett, Richard. 1992. *The Conscience of the Eye: The Design and Social Life of Cities*. New
　　York: W. W. Norton & Company.

Transition Town Totnes. 2010. *Transition in Action*. Transition Town Totnes.

제1장

데리다, 자크(Jacques Derrida). 2009. 「독립 선언들」. 『법의 힘』. 진태원 옮김. 문학과 지성사.

로크, 존(John Locke). 1996. 『통치론』. 강정인 · 문지영 옮김. 까치.

루소, 장 자크(Jean-Jacques Rousseau). 1999. 『사회계약론』. 이환 옮김. 서울대학교 출판부.

베카리아, 체자레(Cesare Beccaria). 2006. 『범죄와 형벌』. 한인섭 옮김. 박영사.

서경식. 2006. 『난민과 국민 사이』. 임성모 · 이규수 옮김. 돌베개.

아감벤, 조르주. 2009. 『예외상태』. 김항 옮김. 새물결.

아렌트, 한나(Hannah Arendt). 2006. 『전체주의의 기원 1』. 이진우 · 박미애 옮김. 한길사.

전진성. 2001. 『보수혁명 ─ 독일 지식인들의 허무주의적 이상』. 책세상.

주경철. 2008. 『대항해시대』. 서울대학교 출판부.

진, 하워드(Howard Zinn). 2006. 『미국민중사 2』. 유강은 옮김. 이후.

칸트, 임마누엘(Immanuel Kant). 2011. 『영원한 평화를 위하여』. 오진석 옮김. 인터넷서점 도서출판 b.

Dupeux, Louis. 1984. "Kulturpessimismus, révolution conservatrice et modernité." in Gérard Raulet(éd.). *Weimar ou l'explosion de la modernité.* Paris: éditions anthropos.

Patterson, Orlando. 1982. *Slavery and Social Death.* Cambridge, Massachusetts: Harvard University Press.

제2장

강현수. 2009. 「도시에 대한 권리 개념 및 관련 실천운동의 흐름」. ≪공간과 사회≫, 통권 제32호.

_____. 2010. 『도시에 대한 권리-도시의 주인은 누구인가』. 책세상.

국가인권위원회. 2005a. 『유엔인권해설집 ─ 강제퇴거와 인권』[유엔인권해설집(Human Rights Fact Sheet) 제25권 국역 내용임].

_____. 2005b. 『유엔인권해설집 ─ 경제 사회 문화적 권리』[유엔인권해설집(Human Rights Fact Sheet) 제16권 국역 내용임].

_____. 2006. 『유엔인권조약감시기구의 일반논평 및 일반권고 ─ 경제적·사회적 및 문화적 권리 위원회』.

_____. 2010. 『유엔 경제적, 사회적, 문화적 권리 위원회 대한민국 제3차 최종견해 평가 및 이행전략 모색을 위한 토론회 자료집』.

미류. 2011. 「강제퇴거 금지법 제정의 의의 및 향후 추진방안」. 『용산참사 재발 방지를 위한 강제퇴거금지법 제정 토론회 자료집』.

서종균. 2011. 「주거복지와 주거권」. 한국도시연구소 기획. 『주거복지의 새로운 패러다임』. 사회평론.

이계수. 2011. 「주거권의 재산권적 재구성: 강제퇴거금지법 제정운동에 붙여」. ≪민주법학≫, 제46호.

조효제. 2011. 『인권을 찾아서 ─ 신세대를 위한 세계인권선언』. 한울.

하성규. 2010. 「헌법과 국제인권규범을 통해서 본 주거권과 "적절한 주거(Adequate housing)" 확보 방안」. ≪한국사회정책≫, 제17집 제1호.

한국도시연구소. 1999. 『주거기본법 제정을 위한 연구』.

Centre on Housing Rights and Evictions. 2007. *Fair Play for Housing Rights: Mega-Events, Olympic Games and Housing Rights.* Geneva: COHRE.

Harvey, David. 2003. "Debates and developments: the right to the city." *International Journal of Urban and Regional Research.* Vol. 27, No. 4.

_____. 2008. "The Right to the City." *New Left Review* 53. September-October.

Lefebvre, Henri. 1996. *Writings on Cities.* in E. Kofman and E. Lebas(eds.). Oxford: Blackwell Publishing.

Mitchell, D. 2003. *The Right to the City: Social justice and the fight for public space.* New York, London: The Guilford Press.

Parnell, S. and E. Pieterse. 2010. "The Right to the City: Institutional Imperatives of a Developmental State." *International Journal of Urban and Regional Research.* Vol. 34, Issue. 1.

Purcell, M. 2003. "Citizenship and the right to the global city: reimagining the capitalist world order." *International Journal of Urban and Regional Research*, Vol. 27, No. 3.

_____. 2008. *Recapturing Democracy: Neoliberalization and the struggle for alternative urban futures.* New York: Routledge.

UNESCO, UN-HABITAT. 2009. *Urban Policies and the Right to the City-Rights, responsibilities and citizenship.* Paris: UNESCO, MOST.

http://www.unhchr.ch(유엔인권고등판무관실, OHCHR).

제3장

랑시에르, 자크(Jacques Rancière). 2008. 『정치적인 것의 가장자리에서』. 양창렬 옮김. 길.

맥도웰, 린다(Linda McDowell). 2010. 『젠더, 정체성, 장소: 여성과 공간 연구회 옮김. 한울.

하비, 데이비드(David Harvey). 2010. 『신자유주의 세계화의 공간들』. 임동근 옮김. 문화과학사.

제4장

강현수. 2010. 『도시에 대한 권리 – 도시의 주인은 누구인가』. 책세상.

권석천. 2008.12.7. "축구 하고 군대 가는 여대생 만들겠다". ≪중앙일보≫.

김용식. 2011.1.19. "'남성 전업주부' 5년새 35% 늘었다". ≪한국일보≫.

김현미. 2008. 「페미니스트 지리학」. ≪여/성이론≫, 통권 제19호.

김혜정. 2006. 『차이와 차별: 건축의 존재와 희망』. 공간사.

레디앙. 2011.3.30. "남성 전업주부도 괜찮아, 70.2%". ≪레디앙≫.

로즈, 질리언(Gillian Rose). 2011. 『페미니즘과 지리학: 지리학적 지식의 한계』. 정현주 옮김. 한길사.

르페브르, 앙리(Henri Lefebvre). 2011. 『공간의 생산』. 양영란 옮김. 에코리브르.

매시, 도린(Doreen Massey). 1996. 「정치와 공간 · 시간」. ≪공간과 사회≫, 제7호.

맥도웰, 린다(Linda McDowell). 2010. 『젠더, 정체성, 장소: 페미니스트 지리학의 이해』. 여성과 공간 연구회 옮김. 한울.

모울 · 풀러(Graham Mowl and Dunkan Fuller). 2008. 「장애의 지리」. 『사회지리학의 이해』. 이원호 · 안영진 옮김. 푸른길.

미첼, 돈(Don Mitchell). 2011. 『문화정치 문화전쟁』. 류제헌 외 옮김. 살림출판사.

박경환. 2011. 「글로벌, 로컬, 스케일: 공간과 장소를 둘러싼 정치」. ≪로컬리티 인문학≫, 제5호.

박성진. 2010.9.14. "여대 학군단 7대 1경쟁 … 숙명여대가 뽑혔다". ≪경향신문≫.

발렌타인, 질(Gill Valentine). 2009. 『사회지리학: 공간과 사회』. 박경환 옮김. 논형.

벡 · 벡-게른샤임(Ulrich Beck und Elizabeth Beck-Gernsheim). 1999. 『사랑은 지독한, 그러나 너무

나 정상적인 혼란』. 배은경 외 옮김. 새물결.

볼노, 오토 프리드리히(Otto Friedrich Bollnow). 2011. 『인간과 공간』. 이기숙 옮김. 에코리브르.

샤프, 조앤(Joanne Sharp). 2011. 『포스트 식민주의의 지리』. 이영민·박경환 옮김. 도서출판 여이연.

안숙영. 2011a. 「젠더와 공간의 만남을 위한 시론: 젠더평등의 관점에서」. ≪여성학연구≫, 제21권 제2호.

_____. 2011b. 「젠더의 렌즈로 본 공간, 공간의 렌즈로 본 젠더」. ≪로컬리티 인문학≫, 제5호.

_____. 2011c. 「왜 지금 젠더가 문제인가」. 부산대 여성연구소 엮음. 『왜 아직도 젠더인가? 현대사회와 젠더』. 부산대 출판부.

이옥순. 2002. 『우리 안의 오리엔탈리즘』. 도서출판 푸른역사.

이현재. 2012. 「코라(Chora) 공간으로서의 도시와 여성주의적 도시권의 가능성: 깁슨― 그래함의 『자본주의의 종말』을 중심으로」. ≪여성학연구≫, 제22권 제1호.

이형섭. 2011.6.8. "새 여성운동, '슬럿워크' 논란 속 확산". ≪한겨레≫.

정현주. 2008. 「이주, 젠더, 스케일: 페미니스트 이주 연구의 새로운 지형과 쟁점」. ≪대한지리학회지≫, 제43권 제6호.

조영미. 2009.6.13. 「여성친화 도시 만들기 정책의 실제와 과제: 서울시 여행프로젝트를 중심으로」. 한국여성학회 제25차 춘계학술대회 「발전의 시대, 공간의 젠더정치」 자료집 발표문.

최경준. 2011.10.22. "'정치노숙'은 겨울도 견뎌 … 다른 점령장소 물색 중". ≪오마이뉴스≫.

최병두. 2009. 『도시 공간의 미로 속에서』. 한울.

페인, 레이철(Rachel Pain). 2008a. 「서론」. 『사회지리학의 이해』. 이원호·안영진 옮김. 푸른길.

_____, 2008b. 「젠더와 섹슈얼리티의 지리」. 『사회지리학의 이해』. 이원호·안영진 옮김. 푸른길.

Blunt, Alison and Robyn Dowling. 2006. *Home(Key Ideas in Geography)*. London: Routledge.

Duncan, Nancy(ed.). 1996. *BodySpace: Destabilizing Geographies of Gender and Sexuality*. London and New York: Routledge.

Elshtain, Jean Bethke. 1981. *Public Man, Private Woman: Women in Social and Political Though*. Princeton: Princeton University Press.

Fenster, Tovi. 2005. "The Right to the Gendered City: Different Formations of Belonging in Everyday Life." *Journal of Gender Studies*, Vol. 14, No. 3.

Fraser, Nancy. 1990. "Rethinking the Public Sphere: A Contribution to the Critique of Actually Existing Democracy." *Social Text*, 25~26.

Freeman, Carla. 2001. "Is Local: Global as Feminine: Masculine? Rethinking the Gender of Globalization." *Signs: Journal of Women in Culture and Society*, Vol. 26, No. 4.

Hayden, Dolores. 1984. *Redesigning the American Dream*. New York and London: W. W. Norton & Company.

Löw, Martina. 2006. "The Social Construction of Space and Gender." *European Journal of Women's Studies*, Vol. 13, No. 2.

Mitchell, Don. 2003. *The Right to the City: Social Justice and the Fight for Public Space*. New

York and London: The Guilford Press.

Peterson, Spike. 2005. "How (the meaning of) gender matters in political economy." *New Political Economy*, Vol. 10, No. 4.

Schaffner, Sebastian. 2010. "Den Kontinent wie eine Frau erobert: Kasseler Doktorandin erforscht Geschlechterbild in Berichten des Reiseschriftstellers Georg Forster." *HNA*. 6, Dezember.

Smith, Lisa. 2008.9. "Gender and Public Space in Divided Cities: dynamics of everyday urban life." *Draft Working Paper, Conflict in Cities and the Contested State*. Workshop, Belfast.

Wilson, Elizabeth. 1991. *The Sphinx in the City: Urban Life, the Control of Disorder, and Women*. Berkely: University of California Press.

제5장

고병권. 2011. 『민주주의란 무엇인가?』. 그린비.

김대호. 2007.8. 「일제강점 이후 경복궁의 훼철과 활용 (1910-현재)」. ≪서울학연구≫, 제XXIX집.

김정동. 2000. 『남아 있는 역사, 사라지는 건축물』. 대원사.

손정목. 1996. 『일제강점기 도시사회상연구』. 일지사.

이기봉. 2005. 「지역과 공간 그리고 장소」. ≪문화역사지리≫, 제17권 제1호.

장세룡. 2009. 「헤테로토피아: (탈)근대 공간 이해를 위한 시론」. ≪대구사학≫, 제95집.

컨, 스티븐(Stephen Kern). 2004. 『시간과 공간의 문화사』. 박성관 옮김. 휴머니스트.

버체트, 윌프레드(Wilfred G Burchett). 1995. 『히로시마의 그늘』. 표완수 옮김. 창작과비평사.

부루마, 이안(Ian Buruma). 2002. 『아우슈비츠와 히로시마: 독일인과 일본인의 전쟁기억』. 정용환 옮김. 한겨레신문사.

하비, 데이비드(David Harvey). 1994. 『포스트모더니티의 조건』. 구동회 · 박영민 옮김. 한울.

홍순민. 2004. 「일제의 식민 침탈과 경복궁 훼손」. ≪문명연지≫, 제5집 제1호.

Appadurai, Arjun. 1990. "Disjuncture and Difference in the global cultural economy." *Theory, Culture and Society*, No. 7.

_____. 1996a. *Modernity at large: Cultural Dimensions of Globalizations*. University Of Minnesota Press.

_____. 1996b. "Sovereignty without Territoriality: Notes for a Postnational Geography." in P. Yeager(ed.). *The Geography of Identity*. University of Michigan Press.

Augé, Marc. 2000. *Non-Places: Introduction to an Anthropology of Supermodernity(1992)*. Verso

Castells, Manuel. 2009. *The Rise of the Network Society, With a New Preface, Vol. 1: The Information Age. Economy, Society, and Culture*. Wiley-Blackwell.

de Certeau, Michel. 1988. *Practice of Everyday Life*. University of California Press.

Foucault, Michel. 1980. "Questions on Geography." in C. Gordon(ed.). *Power/Knowledge: Selected Interviews and Other Writings 1972~1977*. Vintage.

Heidegger, Martin. 2001. *Sein und Zeit*. Max Niemeyer Verlag Tübingen.

Huyssen, Andreas. 1995. *Twilight Memories. Marking Time in a Culture of Amnesia*. Routledge.

Jameson, Fredric. 1991. *Postmodernism, Or, the Cultural Logic of Late Capitalism*. Duke University Press Books.

Kim, Michael. 2010. "Collective Memory and Commemorative Space: Reflections on Korean Modernity and the Kyŏngbok Palace Reconstruction 1865~2010." *International Area Review*, Vol. 13, No. 4(winter).

LaCapra, Dominick. 1994. *Representing the Holocaust: History, Theory, Trauma*. Cornell University Press.

Lefebvre, Henri. 2003. *The Urban Revolution*. University Of Minnesota Press.

Leys, Ruth. 2000. *Trauma, A Genealogy*. University of Chicago Press.

Maleuvre, Didier. 1999. *Museum Memories: History, Technology, Art*. Stanford University Press.

Soja, Edward W. 1996. *Thirdspace: Journeys to Los Angeles and Other Real-and-Imagined Places*. Wiley-Blackwell.

van der Kolk, Bessel A. and Onno van der Hart, 1995. "The Intrusive Past: The Flexibility of Memory and the Engraving of Trauma." in Cathy Caruth(ed.). *Trauma: Explorations in Memory*. The Johns Hopkins University Press.

Yoneyama, Lisa. 1999. "Ethnic and Colonial Memories: The Korean Atom Bomb Memorial." *Hiroshima Traces: Time, Space, and the Dialectics of Memory*. University of California Press

Zacharias, Wolfgang. 1990. *Zeitphänomen Musealisierung*. Klartext-Verlag.

제6장

아감벤, 조르조(Giorgio Agamben). 2008. 『호모 사케르』. 박진우 옮김. 새물결.

야누흐, 구스타프(Gustav Janouch). 2007. 『카프카와의 대화』. 편영수 옮김. 문학과지성사.

제7장

강수돌. 2007. 「대안 공동체 운동의 평가와 전망」. ≪진보평론≫, 제32호.

고창권. 2005. 『반송 사람들』. 산지니.

곽노완. 2010. 「글로벌아고라의 도시철학」. 서울시립대 도시인문학연구소 편. 『글로벌폴리스의 양 가성과 도시인문학의 모색』. 메이데이.

권정화. 1995. 「미로 속의 사회 ─ 공간 이론과 대중문화 연구의 유혹」. ≪공간과 사회≫, 제5호.

김용규. 2009. 「로컬리티의 문화정치학과 비판적 로컬리티 연구」. ≪한국민족문화≫, 제32호.

김원영. 2010. 『나는 차가운 희망보다 뜨거운 욕망이고 싶다』. 푸른숲.

김혜정. 2008. 「주민들과 함께 살기 좋은 마을 만들기」. NGO포럼/(사)부산민주항쟁기념사업회. 『풀뿌리 희망백서』.

매시, 도린(Doreen Massey). 1996. 「정치와 공간·시간」. ≪공간과 사회≫, 제7호.

문재원. 2010. 「문화전략으로서 장소와 장소성」. 부산대 한국민족문화연구소 편. 『장소성의 형성과 재현』. 혜안.

바우만, 지그문트(Zygmunt Bauman). 2003. 『지구화, 야누스의 두 얼굴』. 김동택 옮김. 한길사.

박규택·하용삼·배윤기. 2010. 「(탈)중심화 경관의 해석을 위한 틀: 권력, 주체성, 수행성」. ≪한국지역지리학회지≫, 제16권 제4호.

박원순. 2009. 『마을에서 희망을 만나다』. 검둥소.

박주원. 2008. 「대안 공동체론에 나타난 '대안' 개념과 '공동체' 개념의 정치 사상적 성찰」. ≪역사비평≫, 제82호.

반송향토지편찬위원회. 2011. 『盤松鄕土誌』.

배윤기. 2010. 「의식의 공간으로서 로컬과 로컬리티의 정치」. ≪로컬리티인문학≫, 제3호.

야마자키 다카시. 2010. 「글로벌 스케일 또는 로컬 스케일과 정치」. 미즈우치 도시오 편. 『공간의 정치지리』. 심정보 옮김. 푸른길.

장희권. 2007. 「문화연구와 로컬리티: 실천과 소통의 지역인문학 모색」. ≪비교문학≫, 제47호.

조명래. 2003. 「지역사회에의 도전」. 한국도시연구소 편. 『도시공동체론』. 한울.

차철욱·공윤경. 2010. 「한국전쟁 피난민들의 정착과 장소성: 부산 당감동 월남 피난민마을을 중심으로」. ≪석당논총≫, 제47호.

최숙자. 2003. 「도시공동체와 지역주민운동에 관한 연구 ― '반송을 사랑하는 사람들'을 중심으로」. 부산대학교 대학원 석사학위 논문.

하비, 데이비드(David Harvey). 1994. 『포스트모더니티의 조건』. 구동회·박영민 옮김. 한울.

_____. 2001. 『희망의 공간』. 최병두 옮김. 한울.

하용삼·문재원. 2012. 「공공성과 로컬리티의 재구성 ― 공공영역으로서 주민도서관을 중심으로」. ≪철학논총≫, 제66호.

한국공간환경학회. 2000. 『공간의 정치경제학』. 아카넷.

느티나무도서관 홈페이지(http://www.ntnamu.kr). 2011.3.

제8장

≪경남도민일보≫. 2011.1.3. 신년특집기사.

서유석·고인석·유진상. 2007. 「창원시 도시경관 기본계획」. 창원시.

유진상. 2011.11.12/2012.1.2. 「두바퀴 ― 유럽문화기행」. 창원경륜공단.

찾아보기

인명

SSK 공간주권 연구팀

'SSK 공간주권 연구팀'은 한국사회의 위기를 공간의 프레임으로 분석한 후, 공간과 주권의 결합을 통해 '공간주권(Space Sovereignty)'이라는 새로운 의제를 제시하고자 노력하고 있다. '주권'이라는 표현을 사용함으로써 시민들 스스로가 공간을 구성하고 운영하는 데 최고의 권한을 갖고 책임감 있게 지속적으로 이를 수행해야 함을 강조하고자 한다. 이런 문제의식하에서 다양한 영역의 공간에 담긴 사회적 관계들을 분석의 대상으로 설정한 가운데, 공공성·민주성·인간성·생태성의 원리에 기초한 새로운 공간구성의 미래적 비전을 탐색하고 있다. 2010년 9월 교육과학기술부와 한국연구재단이 공동으로 추진한 '2010년 한국사회기반연구사업(Social Science Korea: SSK 사업)'에 선정되어 공간주권의 구현을 위한 방안을 연구하기 시작한 이후로, 현재는 3년차 연구를 진행 중에 있다.

연구책임자

오정진 부산대학교 법학전문대학원 교수

함께한/하는 사람들

문경희 창원대학교 국제관계학과 교수
안숙영 계명대학교 정책대학원 여성학과 교수
이선순 부산대학교 대학원 법학과 박사
임애정 부산대학교 대학원 법학과 박사과정 수료
응엔 티 미 유엔 창원대학교 대학원 국제관계학과 석사

강현수

서울대학교 행정학 박사
현재 중부대학교 도시행정학과 교수
주요 저서: 『도시와 권리』(공저, 2012), 『도시에 대한 권리』(2010), 『신지역발전론』(공저, 2009)
주요 논문: 「인도 케랄라의 급진적 개혁을 통한 지역 발전 사례」(2010)

김현경

프랑스 사회과학 고등연구원(EHESS) 역사학 박사

현재 연세대학교 문화인류학과 강사

주요 논문: 「민중에 대한 빚」(2008), 「공적 공간에서의 무시와 모욕의 의미에 대하여」(2007)
  외 다수

문재원

부산대학교 문학 박사

현재 부산대학교 한국민족문화연구소 HK교수

주요 저서: 『지역 예술을 말하다』(2012), 『로컬리티, 인문학의 새로운 지평』(2009) 외 다수

주요 논문: 「고향의 발견과 서울/지방의 (탈)구축」(2012), "Production of Space and Locality"(2012)
  외 다수

미류

현재 인권운동사랑방 상임활동가

주요 저서: 『집은 인권이다』(공저, 2010)

박정수

서강대학교 국문학 박사

현재 수유너머 R 연구원

주요 저서: 『청소년을 위한 꿈의 해석』(2011), 『잃어버린 대의를 옹호하며』(역서, 2009), 『부커진
  R2: 전지구적 자본주의와 한국사회』(공저, 2008), 『코뮨주의 선언』(공저, 2007), 『How To
  Read 라캉』(역서, 2007), 『그들은 자기가 하는 일을 알지 못하나이다』(역서, 2004), 『현대
  소설과 환상』(2002)

안숙영

독일 베를린 자유대학교(Freie Universität) 정치학 박사

현재 계명대학교 정책대학원 여성학과 교수

주요 저서: 『왜 아직도 젠더인가? 현대사회와 젠더』(공저, 2011) 외 다수

주요 논문: 「젠더의 렌즈로 본 복지공간: 이론적 현황과 전망」(2012) 외 다수

오정진

서울대학교 법학 박사

현재 부산대학교 법학전문대학원 교수

주요 저서: 『법여성학』(공저, 2011)

주요 논문: 「주권개념의 변환을 위한 시론」(2012), 「재개발 관련 헌법재판소 결정에 대한 비판적 고찰: 공익이라는 전제 대 정주에의 권리」(2012) 외 다수

유진상

서울대학교 건축학 박사

현재 창원대학교 건축학과 교수

주요 저서: 『지능형홈과 디지털건축』(2011), 『창원시 도시경관 기본계획』(공저, 2007), 『통영시 도시경관 기본계획』(공저, 2008)

주요 논문: 「창원시 도시디자인 제고를 위한 지역디자인센터 역할 연구」(2008), 「산티아고 깔라뜨라바 건축 구조미표현과 구축방식 연구」(2009) 외 다수

전진성

독일 베를린 훔볼트대학교(Humboldt Universität) 역사학 박사

현재 부산교육대학교 사회교육과 교수

주요 저서: 『역사가 기억을 말하다: 이론과 실천을 위한 기억의 문화사』(2005) 외 다수

주요 논문: 「통일 독일 수도 베를린의 발명- 도시공간의 형성과 기억의 도구화에 관하여」(2012) 외 다수

한울아카데미 **1544**

공간주권으로의 초대

ⓒ SSK 공간주권 연구팀, 2013

엮은이 | SSK 공간주권 연구팀
지은이 | 강현수·김현경·문재원·미류·박정수·안숙영·오정진·유진상·전진성
펴낸이 | 김종수
펴낸곳 | 도서출판 한울

책임편집 | 이교혜
편집 | 이원숙

초판 1쇄 인쇄 | 2013년 4월 12일
초판 1쇄 발행 | 2013년 4월 26일

주소 | 413-756 경기도 파주시 파주출판도시 광인사길 153(문발동 507-14)
      한울시소빌딩 3층
전화 | 031-955-0655
팩스 | 031-955-0656
홈페이지 | www.hanulbooks.co.kr
등록번호 | 제406-2003-000051호

Printed in Korea.
ISBN 978-89-460-5544-5 93330

* 책값은 겉표지에 표시되어 있습니다.

이 저서는 2010년 정부(교육과학기술부)의 재원으로 한국연구재단의 지원을 받아 수행된 연구입니다(NRF-2010-330-B00239).